ÉCRITS
Tome 2

DU MÊME AUTEUR

CHEZ LE MÊME ÉDITEUR

Essai sur le « Cratyle », contribution à l'histoire de la pensée de Platon (Champion, 1940), 1981.

Le système stoïcien et l'idée de temps, 4e éd.; revue et augmentée, 1979.

Questions platoniciennes, 1970.

Anthropologie et politique, les principes du système de Rousseau, 1974. Ouvrage couronné par l'Académie des Sciences morales et politiques (Prix Saintour) et le Collège de France.

La doctrine d'Épicure et le droit, 1977.

Temps physique et temps tragique chez Aristote. Commentaire sur le Quatrième livre de la *Physique* (10-14) et sur la *Poétique,* 1982.

CHEZ D'AUTRES ÉDITEURS

Les Dialogues de Platon, structure et méthode dialectique, 3e éd., Paris, P.U.F., 1971. Prix Paul-Pelliot. Ouvrage couronné par l'Association des Études Grecques.

Le Paradigme dans la dialectique platonicienne, Paris, P.U.F., 1947. Ouvrage couronné par l'Association des Études Grecques, Réédition en préparation.

La Religion de Platon, Paris, P.U.F., 1949. Trad. en portugais, 2e éd., Difusão Européia do Livro, São Paulo, 1970.

Platonisme et pensée contemporaine, Paris, Aubier, Éditions Montaigne, 1970 (I. *La Religion de Platon,* 2e éd. ; II. *Les Querelles sur le platonisme*).

Introduction à Montesquieu, *De l'Esprit des Lois,* Paris, Garnier-Flammarion, 1979.

BIBLIOTHÈQUE D'HISTOIRE DE LA PHILOSOPHIE

ÉCRITS

Tome 2

ÉTUDES DE PHILOSOPHIE MODERNE

Spinoza — Montesquieu — Rousseau
Hegel — Schopenhauer

par

VICTOR GOLDSCHMIDT

PARIS
LIBRAIRIE PHILOSOPHIQUE J. VRIN
6, PLACE DE LA SORBONNE, V^e^
—
1984

Les présents « Ecrits » n'ont été rendus possibles que grâce à l'aimable autorisation des éditeurs qui les ont publiés pour la première fois. Qu'ils trouvent, ici, l'expression de nos remerciements reconnaissants.
Librairie J. VRIN.

ISBN 2-7116-0853-0

PREMIERE PARTIE

ETUDES

I. SPINOZA

LA PLACE DE LA THÉORIE POLITIQUE DANS LA PHILOSOPHIE DE SPINOZA *

1. La théorie politique de Spinoza est exposée dans les deux traités dont le titre annonce ce thème. Le rapport de cette théorie avec la métaphysique spinoziste n'est pas apparent et peut même paraître inexistant, surtout si l'on considère les deux traités comme des écrits de circonstances ("Tendenzschrift", dit Gebhardt, en parlant du *T.T.P.*). Ce rapport, pourtant, est difficilement contestable. Le *Traité politique* rappelle, dans son second chapitre, des enseignements de *l'Ethique;* le *Court Traité,* d'autre part, insiste déjà, tout comme le fera plus tard la fin du second livre de l'*Ethique,* sur l'utilité de la philosophie spinoziste pour le "Bien commun" (II, XVIII, 5) et explique la différence entre les lois divines et les lois humaines (II, XXIV, 5-6), distinction reprise et précisée dans le *T.T.P.* Enfin, l'*Ethique* se réfère, fût-ce allusivement et sous une forme qu'il reste à examiner, à la théorie politique. Or si l'on admet, comme personne n'en doute, que la philosophie de Spinoza forme un système, que ce système est construit selon une méthode et qu'il trouve son expression achevée dans l'*Ethique,* il n'est pas indifférent de savoir à quel endroit il y est fait mention du problème politique. Lors même, en effet, que les quelques indications données par l'*Ethique* n'ajouteraient rien, du point de vue doctrinal, à l'enseignement contenu dans les deux traités politiques, elles devraient nous aider à *situer* cet enseignement dans l'ensemble de la doctrine. Par où l'on entend, à la fois, déterminer le *lieu* que la théorie politique occupe dans l'ensemble du système, et le moment où la réflexion philosophique rencontre le problème politique. Or ce problème est envisagé au IVe livre, et dans ce livre seulement: deux textes précédents y renvoient plus ou moins explicitement (Livre I, Append., Van Vloten et Land, I, 70

* Communication presentée au Colloque Spinoza de Leyde-Amiens, Juin-Septembre 1977.

i.f., Appuhn, I, 108 déb.; livre II, vers la fin du scolie à la prop. 49, sous le n° III, où l'on s'accorde pour corriger: "...ut in *quarta* Parte ostendam"). Il s'agit donc d'abord de savoir quelle est la place du IVe livre dans la structure de l'*Ethique.*

I

2. Il n'est pas indispensable, ici, de développer dans son ensemble le problème de la composition de l'*Ethique,* problème dont les données sont diverses et d'un intérêt inégal: le rapport de l'*Ethique* avec le *Court Traité;* la comparaison de l'état actuel de l'oeuvre avec les versions antérieures dont il subsiste des traces dans la rédaction définitive et dans les *Lettres:* selon Freudenthal, le plan primitif n'aurait prévu que trois parties; enfin la confrontation du texte avec les traités antiques et médiévaux: dans son savant commentaire, Wolfson a eu le mérite de s'atteler à cette tâche dont la portée n'est pas, il s'en faut, d'ordre purement érudit. Il suffit ici de considérer l'oeuvre sous sa forme actuelle. La division en cinq parties doit être tenue pour fondamentale, quel qu'ait pu être le nombre initialement prévu par l'auteur, puisqu'elle est renforcée du fait qu'à l'exception de la première, les autres parties sont introduites, chacune, par une préface.

Cette constatation toute simple n'est pas sans conséquences pour l'interprétation. Elle suffit, par exemple, à opposer une question préjudicielle à la tentative, faite par Wolfson, de regrouper les propositions des trois dernières parties selon la tripartition des genres de connaissance, de telle sorte qu'à chaque fois, la division proposée empiéterait sur la division des parties (*The Ph. of Sp.*, II, 261); à briser ainsi la structure que l'auteur a donnée à son oeuvre, on risque de fournir une illustration involontaire à ce que le *Phèdre* avait dit du mauvais cuisinier.

3. Il semble bien que les trois premiers livres forment une déduction continue. Sans doute y a-t-il, à partir du second livre, un changement d'objet, puisqu'on passe de la métaphysique à la physique et, à l'intérieur de celle-ci, n'envisage que "ce qui peut nous conduire comme par la main à la connaissance de l'âme humaine et de sa béatitude suprême". On peut, de ce fait, opposer le Ier livre à l'ensemble des autres et, plaçant un "point de rupture" dans les "axiomes énoncés en tête de la IIe Partie", contester l'homogénéité des "séries de déductions qui se développent à travers les cinq parties de l'*Ethique*". (L. Brunschvicg, *Ecrits philosophiques,* I, 167). — Il n'en est pas moins vrai que les trois premiers livres constituent un ensemble qui reçoit son unité de sa méthode et, surtout, de son point de départ. C'est ce qu'indique clairement la Préface du IIIe livre: elle proclame, après Hobbes (*De Cive, epist. dedic.,* p. 137, G. Molesworth) la validité de la méthode géométrique, même appliquée aux affections, et elle insiste sur la continuité de la démarche: "Je traiterai donc de la nature des Affections et de leurs forces. . . suivant la même Méthode que dans les parties précédentes de Dieu et de l'Âme". Après la théologie du Ier livre, les deux livres suivants exposent une anthropologie et, semble-t-il, une anthropologie complète: celle-ci inclut, dans la psychologie proprement dite, la "connaissance adéquate de l'essence éternelle et infinie de Dieu" (II, prop. 47) et, dans la théorie des passions, les affections actives (III, prop. 58 et 59). Ayant pris son départ en Dieu et ayant poursuivi, comme cela avait déjà été formulé dans le *Court Traité,* par "l'étude des choses particulières et finies; non de toutes cependant, car elles sont innombrables, mais nous traiterons seulement de celles qui concernent l'homme" (*C.T.,* II, préf., 1), — il semble que la démarche déductive soit parvenue à son terme. On pourrait soutenir, avec paradoxe mais non sans fondement, que, du seul point de vue ontologique, l'enseignement des trois premiers livres forme un tout achevé, et que les deux livres suivants n'ajoutent rien à la vérité objective qui s'y trouve exposée.

Sans doute, l'utilité de la doctrine qu'avait affirmée la fin du IIe livre, n'a-t-elle pas encore été démontrée, ni même montrée, et la béatitude qu'avait annoncée la préface de ce même livre est restée, jusqu'à présent, une promesse non tenue. Mais ces deux points ne concernent pas l'énoncé objectif de la doctrine, mais son *appropriation* subjective par le lecteur. Or il semble qu'avec le point de départ choisi (qui soutient la chaîne continue des démonstrations jusqu'à la fin du IIIe livre) on ne puisse pas aller plus loin.

4. Ce point de départ était Dieu. Mais, comme l'indique si bien la phrase rapportée par Leibniz: *Se incipere a Deo,* et non pas: "Les choses ont commencé par Dieu", ce qui serait une assertion métaphysique sur laquelle Descartes aussi bien que les philosophes de l'Ecole (le *vulgus philosophicum*) s'accorderaient entièrement avec Spinoza. La phrase a un sens uniquement méthodologique, et c'est pourquoi le point de départ n'est pas Dieu, s'explicitant et se déployant à la manière des systèmes néoplatoniciens et émanatistes, mais Dieu, choisi comme point de départ par le philosophe. C'est ce qu'indiquent, et cela dès la première définition du Ier livre, des formules telles que "Per causam sui intelligo...", formules sur lesquelles il est parfaitement vain de gloser: le philosophe est présent dès le début dans l'*Ethique,* tout comme Euclide dans ses *Eléments.* A cet égard, la démarche de Spinoza est foncièrement cartésienne et défère, peut-on dire, à la vérité inamissible du *Cogito,* encore que celui-ci, pris dans son contenu même, soit dégradé, dans les axiomes du IIe livre, au niveau des vérités d'expérience, comme l'a bien marqué L. Brunschvicg (*Sp. et ses contemporains,* 4e éd., p. 59). Au schème émanatiste est donc substituée une démarche de méthode, celle que Descartes avait appelée synthétique (cf. préf. de Louis Meyer aux *Principes de la philosophie de Descartes*), mais qui, chez Spinoza, sera entièrement renouvelée par le procédé de la définition génétique, déjà exposé dans le *Traité de Réforme,* à la suite de Hobbes, comme cela a été montré, pour la première fois et par des comparaisons de textes précises, par E. Cassirer (*Erkenntnisproblem,* t. II, pp. 96-101).

La conduite de cette démarche est confiée au philosophe seul, c'est-à-dire au sujet connaissant, et elle répudie toute considération finaliste, c'est-à-dire proprement humaine (au sens où Pascal parle du "moi humain"): les notions de béatitude ou d'utilité peuvent bien servir, l'une à délimiter l'objet des déductions (II, préf.), l'autre à protéger celles-ci contre des objections ou *scrupules* (II, prop. 49, scol. déb.): elles ne les motivent pas. En face de cette homogénéité méthodologique, on constate, dès le début de la Préface du IVe livre, une rupture, que l'on peut caractériser comme l'intrusion, dans la démarche, du moi empirique.

Il ne semble pas que les commentateurs aient accordé quelque attention à ce problème d'exégèse. Et il est vrai qu'à l'endroit correspondant du *Court Traité,* l'introduction des notions de perfection, de bien et de mal se fait sans heurt ni coupure (*C.T.*, II, iv, 5-7); il est vrai aussi que, dans l'*Ethique,* cette rupture ne détermine aucun changement dans l'usage de la méthode qui, après la préface du IVe livre reste apparemment la même (ce qui semble d'ailleurs résulter aussi de la fin de la préface du IIIe livre).

II

5. "J'appelle servitude l'impuissance de l'homme à gouverner et à réduire ses affections; soumis aux affections, en effet, l'homme ne relève pas de lui-même, mais de la fortune, dont le pouvoir est

tel sur lui que souvent il est contraint, voyant le meilleur, de faire le pire" (trad. Appuhn).

Au IIIe livre, les affections, étudiées comme s'il s'agissait de "lignes, de surfaces et de solides" étaient "considérées en elles-mêmes" (*in se considerati*), et cette étude nous donnait de la joie (*cuius sola contemplatione delectamur*): à "nous", c'est-à-dire au sujet connaissant. A présent, il n'est plus question de lignes et de surfaces, mais de choses bonnes et mauvaises; les affections ne sont plus considérées en elles-mêmes, mais sont ressenties comme une servitude; enfin la joie de la connaissance philosophique fait place au déchirement du sujet moral quand, "voyant le meilleur, il est contraint de faire le pire": cette expérience, bien au contraire, "accroît sa douleur" (IV, prop. 17, scol., en rappelant cette même citation d'Ovide. En III, prop. 2, scol., ces vers sont bien allégués aussi, mais à une fin toute différente, puisqu'il s'agit alors de réfuter l'idée que le vulgaire se fait de la liberté; il est possible, en revanche, que cette citation se trouve déjà, fût-ce par allusion, dans le *Court Traité,* II, xxi, 1, et avec un sens plus proche de notre texte).

On est bien toujours, au IVe livre comme au livre III, en face des mêmes phénomènes et des mêmes modes finis. Mais en III, ces choses sont déduites comme suivant "de la même nécessité et de la même vertu de la Nature que les autres choses singulières": au début de la préface du livre IV, cette nécessité, établie auparavant par le philosophe, est vécue par le vulgaire comme un asservissement à la fortune. Il est clair que, s'agissant du même objet, ce n'est plus le même sujet qui en parle. Ou bien, si l'on veut que ce soit toujours le philosophe qui garde la parole, il faudrait dire alors que c'est le philosophe en tant qu'il fait partie de la foule — ou en avait fait partie. Il semble bien, en effet, que nous soyons ici au même niveau philosophique, ou plus précisément pré-philosophique, qu'au début du *Traité de Réforme,* et que la démarche prenne ici un nouveau départ qui n'est plus, ni Dieu, ni même l'Âme (c'est-à-dire le *Cogito: Cartesium incepisse a Mente*), mais bien le moi empirique, la conscience individuelle aux prises avec son expérience: *Postquam me Experientia docuit*... commence le *Traité de Réforme.* De cette observation, plusieurs conséquences se dégagent:

6. 1° Ce nouveau point de départ de la philosophie se situe en amont de la philosophie même: il est dans l'expérience pré-philosophique, retracée dans les §§ 1-11 du *Traité de Réforme* et qui, au début de la préface du IVe livre, est simplement résumée, mais n'en est pas moins présente.

Une comparaison, ici, s'impose, une fois de plus, avec le cartésianisme. Le point de départ de la méditation cartésienne n'est pas, exactement, le doute méthodique: il est dans une expérience antécédente, qu'on appellerait le doute pré-méthodique, et qui est exposée dans les "Considérations touchant les sciences", c'est-à-dire dans la Ière Partie du *Discours.* C'est cette expérience préalable qui, seule, peut motiver le projet philosophique de chercher un fondement inébranlable aux sciences: aussi est-elle rappelée expressément et résumée dans le premier alinéa des *Méditations.* Dans le spinozisme, de même, la recherche philosophique de la béatitude présuppose l'expérience, pré-philosophique, de la *vanité* et de la *futilité* des biens et des maux qui "arrivent couramment dans la vie ordinaire" (*T. de R.,* 1) ; aussi cette expérience est-elle rappelée dans la phrase initiale de la préface du livre IV;

2° Dans l'*Ethique* comme dans le *Traité,* cette expérience, pré-philosophique encore une fois et, au sens antique du terme, *protreptique,* va donner naissance à un même projet, impossible à déduire de ce qui précède, et apporter un fondement à des notions qui, dans ce qui précède, avaient été sévèrement critiquées: le projet est celui de la formation d'un *exemplar* de l'homme, et les notions, introduites à titre de moyens, sont celles de perfection, de bien et de mal. Comme dans le *Court Traité,* Spinoza propose ce projet et recommande l'usage de ces notions, tout en rappelant qu'elles "n'ont rien de positif dans les choses, considérées du moins en elles-mêmes" (Préf. IV), sans y voir apparemment de difficulté. C'est qu'en effet, ni ce projet ni ces notions ne peuvent tirer leur justification de la méthode précédemment mise en oeuvre, c'est-à-dire ne peuvent être déduites de Dieu, mais s'expliquent et se légitiment entièrement à partir du moi empirique, encore séparé de Dieu;

3° Que cette expérience, c'est-à-dire cette prise de conscience soit requise pour donner un nouveau départ et une nouvelle impulsion au mouvement de l'*Ethique,* montre, ici encore, l'inspiration cartésienne de cette philosophie. Rien de semblable n'est exigé — ni même concevable — dans un système émanatiste. Dans la doctrine de Plotin, la fonction cosmique et *démonique* confiée dès l'abord à l'Âme suffit, tout ensemble, à fonder et à motiver la *conversion;*

4° A partir de là, il se produit un renversement qui, seul, permettra de passer de l'anthropologie des deux livres précédents à l'éthique proprement dite. Auparavant les "choses particulières", considérées en elles-mêmes et déterminées selon les "lois et règles de la Nature" (Préf. III), étaient investies d'une perfection ontologique, définie "seulement par leur nature et leur puissance" (I, Append., *i.f.*). Ces mêmes choses, à présent, vont prendre conscience d'elles-mêmes, éprouver leur détermination par la Nature comme un asservissement, et tendre vers une perfection éthique qui sera définie, non plus par leur individualité, mais par un "modèle" commun. On peut caractériser ce renversement à l'aide de la métaphore paulinienne du potier (*Rom.*, 9, 20-23: *T.T.P.*, XVI, n. 34, p. 246 Wernham, *T.P.*, II, 22, *Lettres* 75 et 78 à Oldenburg), métaphore qui figure comme l'image médiatrice de l'intuition centrale du spinozisme, ou encore à l'aide de la comparaison avec l'horloger qui peut bien avoir eu pour dessein de fabriquer une montre détraquée (*Court Traité,* I, vi, 8), comparaison volontairement scandaleuse au siècle des machines.

Or le point de vue — si cette expression est admissible ici — des trois premiers livres était celui de l'horloger ou du potier: ses oeuvres, ainsi envisagées, offraient, chacune, une perfection, diverse mais réelle ("omnia, ex summo nimirum and infimum perfectionis gradum, creanda"; I, Append., *i.f.*). Chacune de ces oeuvres s'accordait avec son essence, et c'est en cela que se manifestait sa perfection: "Par exemple, si Dieu avait créé tous les hommes tels qu'Adam avant la chute, il n'aurait cependant créé qu'un Adam, et non Pierre et Paul; tandis qu'au contraire la perfection de Dieu consiste en ce qu'il donne à tous les êtres, des plus petits aux plus grands, leur essence; ou, pour mieux dire, qu'il a tout parfait en lui-même... Nous concluons en disant que Pierre doit s'accorder avec l'idée de Pierre comme il est nécessaire, et non avec l'idée de l'Homme" (*Court Traité,* 1, vi, 7 et 9). Dans la préface de IV, le point de vue adopté est celui de Pierre, vivant concrètement sa perfection ontologique comme une servitude insupportable, et concevant le projet de s'accorder, désormais, non plus avec l'idée de Pierre, mais avec le modèle, l'*exemplar,* de s'accorder, autrement dit, "avec l'idée de l'Homme" et sans que, pour autant, comme la fin de la Préface nous en avertit, sa propre essence risque d'en être détruite. (Indiquons seulement qu'il n'y a aucune contradiction entre ces deux textes: l'idée de l'Homme, dans le *C.T.* étant une idée abstraite, alors que l'*exemplar* de l'*Ethique* est une notion commune).

Il y a donc bien ici, dans le démarche de *l'Ethique,* un point de rupture à partir duquel la perfection ontologique des trois premiers livres sera remplacée par un projet de perfection éthique, et cette coupure, méthodologiquement, est bien plus radicale que celle que L. Brunschvicg avait cru devoir constater entre les deux premiers livres.

III

7. Cette rupture peut s'apprécier et se commenter diversement. Le plus simple est de la passer sous silence, comme le font la plupart des commentateurs, et comme semble le permettre le texte même, où la coupure n'est marquée que par la phrase initiale de la Préface, sans que l'usage de la méthode géométrique, dans la suite du livre, en soit affecté. Une lecture plus attentive, sinon plus compréhensive, consisterait à s'appuyer sur l'ensemble de la préface (ou sur le texte parallèle du *Traité de Réforme*), pour essayer de mettre le système en difficulté. Il y aurait contradiction, en effet, comme cela a été soutenu, après H. H. Joachim (*A Study of the Ethics of Spinoza,* 1901, 253-254), par Ph. Merlan (*From Platonism to Neoplatonism,* 1953, 113, n.), entre un monisme métaphysique et un dualisme éthique. Dans le même sens et commentant, précisément, le § 12 du *Traité de Réforme* où est légitimé l'usage de mots de bien et de mal, de parfait et d'imparfait, A. Koyré écrit dans son édition: "Quant à l'obscurité de ce passage, elle est réelle, parce qu'il nous montre Spinoza aux prises avec son déterminisme absolu" (p. 98).

Sous ces deux énoncés qu'on vient de rappeler, l'aporie relève peut-être de la "philosophie générale" (c'est-à-dire du jeu des idées abstraites), plutôt que de l'histoire de la philosophie (c'est-à-dire de l'exégèse), et elle est formulée, délibérément, dirait-on, d'une manière propre à décourager d'avance toute tentative de solution. De fait, une telle tentative, appliquée, non plus aux *notions générales* qui prétendent formuler le problème, mais concrètement à la doctrine de Spinoza dont l'essence particulière échappe à de telles notions, devrait procéder d'abord à une comparaison structurale de l'ensemble de l'*Ethique* avec le *Traité de Réforme,* et s'attacher à une définition des rapports qui existent dans cette doctrine entre logique et "philosophie". Il ne saurait être question de s'engager ici dans cette entreprise. Il suffit de s'en tenir à l'entrée en scène du moi empirique comme nouveau point de départ, et de se demander, en complément à ce qui a été dit, d'abord en quoi consiste au juste l'expérience qui ouvre le livre IV, puis ce qu'il en résulte pour la composition de ce livre.

8. L'expérience évoquée au début de la Préface et celle que décrivent les onze premiers paragraphes du *Traité* ne sont pas, sans doute, exactement les mêmes. Sans entrer ici dans une étude comparée des deux textes ni, quant à ce dernier, dans l'examen des divers problèmes, faux ou réels, qu'il a pu soulever, il suffit de constater l'inspiration stoïcienne du début du *Traité* (comme Dilthey l'avait bien vu) et de marquer l'inspiration paulinienne et augustinienne du début de la Préface. Cette différence, toutefois, qui rend d'ailleurs les deux textes complémentaires plutôt qu'opposés, est largement compensée par leur visée et leur résultat identiques. L'expérience à chaque fois décrite a une même origine: l'insatisfaction du sujet à l'égard de l'ordre ontologique où il se sent enserré; elle conduit au même résultat: l'établissement d'un modèle de perfection et la validation des notions de bien et de mal; son récit, enfin, procède de la même intention protreptique, laquelle, précisément, permet de comprendre que c'est bien du moi empirique que partent les deux textes, afin de le conduire à la connaissance et à l'amour de ce même ordre ontologique qui, d'abord, avait paru l'écraser.

On ajoutera que, sans cette introduction du moi au début du IVe livre, serait incompréhensible et injustifié cet autre renversement qu'accomplit, à son tour, le Ve livre dès son départ: la première proposition contenant une réinterprétation du parallélisme enseigné en II, prop. 7, réinterprétation qui effectue, proprement, un renversement du pour au contre.

9. La composition du IVe livre est indiquée très clairement par l'auteur même, au début du scolie de la prop. 18. Elle comprend essentiellement deux parties: 1) "Les causes de l'impuissance et de l'inconstance de l'homme et pourquoi les hommes n'observent pas les préceptes de la Raison" (prop. 1-18); — 2) "Ce que la raison nous prescrit et quelles affections s'accordent avec les règles de la Raison humaine et quelles leur sont contraires": cette partie, comprenant les propositions 19-66, se subdivise, selon la formule même de Spinoza, en a) les préceptes de la raison qui définissent la "vertu véritable" (prop. 37, scol. 1) et s'achève avec la prop. 37 (et non pas, comme le veut Wolfson, avec la prop. 40); b) le bon usage des affections: prop. 38-66; — à quoi l'on peut ajouter: 3) comme troisième partie les observations sur l'"homme libre" (prop. 66; scol. *i.f.*), c'est-à-dire les propositions 67-73.

On pourrait, et même devrait s'étonner que le titre de *Servitude humaine* couvre l'ensemble du IVe livre, alors qu'il ne paraît convenir exactement qu'à sa première partie. Aussi bien la plupart des commentateurs, sans d'ailleurs clairement poser cette question, rattachent-ils, implicitement (V. Delbos, E. Bréhier) ou même explicitement (Wolfson, II, p. 261) les deux dernières parties de ce livre à celui qui suit, et en traitent sous le titre de "Liberté humaine". Or il semble bien que le début de la Préface rende entièrement compte de la composition du IVe livre et de la signification exacte du titre.

La servitude est l'"impuissance de l'homme à gouverner et réduire ses affections", et cette impuissance est ressentie comme la contrainte, "voyant le meilleur, de faire le pire". Ces vers du "poète" (IV, prop. 17, scol.) évoquent invinciblement des formules de l'*Epître aux Romains,* comme celle (4,15) qu'avait citée le *T.T.P.*, (XVI, p. 126, 4-6, Wernham) et celles (3,20: "C'est par la loi que vient la connaissance du péché"; 7,19: "Car je ne fais pas le bien que je veux, et je fais le mal que je ne veux pas") qui sont commentées par saint Augustin (*De div. quaest.*, 66; *De quaest. ad Simplicianum,* I, vers. 15). Plus loin, le mot du "poète" est rapproché de la parole de l'Ecclésiaste: "Qui accroît sa science accroît sa douleur" (prop. 17, scol.). Or cette douleur est la connaissance, tout ensemble, de la loi et du péché, du "meilleur" et du "pire", c'est-à-dire cette expérience, précisément, qu'avait résumée le début de la Préface. La servitude humaine inclut inséparablement la conscience de notre faiblesse à l'égard des normes et la connaissance même de ces normes, parce que ce sont deux faces d'une seule et même expérience. (On retrouve ici, bien que dans un tout autre sens, l'antique vérité que la science des contraires est une).

C'est en cette science du bien et du mal que réside, pour Spinoza, la *servitude,* et c'est pourquoi le code des "préceptes de la raison" se trouve nécessairement exposé dans le livre qui porte ce titre. La liberté, elle, ne consiste, ni à connaître les préceptes de la raison, ni même à les mettre en pratique en tant que "remèdes aux affections" (V, 1-20). Elle consiste à n'en avoir pas besoin et, au juste, à les ignorer, et c'est pourquoi, toujours conformement à la tradition biblique qu'on vient d'évoquer, il sera dit plus loin que: "Si les hommes naissaient libres, ils ne formeraient aucun concept de chose bonne ou mauvaise aussi longtemps qu'ils seraient libres": à la lumière du scolie de cette même proposition 68, on pourrait interpréter l'ensemble du IVe livre comme la thématisation du récit de la chute.

Dans la "troisième" partie du livre, enfin, se conjuguent les deux traditions indiquées plus haut: les propositions consacrées à l'"homme libre" pouvant se comprendre à la fois comme le portrait du sage et, ne serait-ce que par "hypothèse" (IV, 68, scol. déb.), comme celui de l'homme d'avant la chute.

IV

Il n'est pas utile pour notre propos de pousser ces analyses plus avant ni d'en tirer, ici, des conclusions qui ne concerneraient pas directement le problème initialement posé. Celui-ci peut se spécifier en deux questions: 1. Quel est le *lieu* de la théorie politique dans le mouvement de l'*Ethique?* — 2. Le *Traité politique* peut-il être situé au même moment de cette démarche?

10. La première question ne soulève pas, apparemment, de difficultés. L'essentiel de l'enseignement politique est concentré dans le 2nd scolie de la proposition 37 du livre IV, c'est-à-dire qu'il est compris dans les "préceptes de la raison". Cela paraît tout à fait satisfaisant. Cela semble s'accorder encore avec le *Traité théologico--politique* ("...quanto sit hominibus utilius secundum leges et certa nostrae rationis dictamina vivere... nemo potest dubitare": chap. XVI, p. 128 Wernham) et avec la doctrine de Hobbes (*De Cive,* II, 2 sqq.). Bien mieux, toute la finalité de ces préceptes, telle qu'elle est définie dans le résumé préliminaire qu'en donne le scolie de la proposition 18, paraît tendre à l'instauration d'une société en vue de l'utilité commune, et cela "sous la conduite de la raison". Plus loin, enfin, après avoir caractérisé l'*honestum* comme "ce que louent les hommes qui vivent sous la conduite de la raison", et le *turpe* comme "ce qui s'oppose à l'établissement de l'amitié", Spinoza ajoute: "Outre cela [et non pas: "par là"], j'ai montré aussi quels sont les fondements de la cité" (prop. 37, scol. 1).

Cette première impression, toutefois, ne va pas sans difficultés, à commencer par la phrase même qui vient d'être citée. Même si (avec C. Gebhardt et d'autres, contre le jugement de W. Meijer et d'O. Baensch) on lui conserve sa place actuelle, cette phrase n'identifie pas, comme on pourrait le croire à une première lecture, le groupe d'amitié et la société politique: aussi bien des commentateurs, pourtant hostiles à toute "transposition", sont-ils amenés à affaiblir le sens de *Civitas* en "vie sociale" (Appuhn) ou en "cohérence sociale" (Wolfson). Le *praeter hoc,* correctement traduit, interdit de toutes manières de tenir l'union d'amitié et la société politique pour équivalentes. La phrase, maintenue à l'endroit où elle se trouve (et quelles que soient les difficultés qu'elle ne laisse pas de soulever), pourrait servir tout au plus à renforcer la thèse, proposée par S. Zac, selon laquelle les notions de société et de communion, telles qu'E. Bréhier (1944) les avait, à la fois distinguées et reliées l'une à l'autre (*Etudes de philosophie moderne,* 1965, chap. XXVI), seraient applicables au spinozisme (*R.M.M.*, 1958, 263-282) ; encore cette thèse n'est-elle pas unanimement recue (cf. L. Mugnier-Pollet, *La philosophie politique de Spinoza.* Vrin, 1976, p. 260). Il n'est pas besoin, ici, de discuter ce point. Il suffit de faire voir que, contrairement aux premières apparences, les préceptes de la raison, tels qu'ils sont exposés au IVe livre, ne concernent pas directement la société politique.

"Il est rare que les hommes vivent sous la conduite de la raison" (prop. 35, scol. et, plus loin, IV, Append., chap. XIII déb.: "Rares sont ceux qui vivent sous la conduite de la raison"). Aussi bien ces préceptes, encore qu'ils aient une portée universelle, n'ont-ils pas pour objet immédiat la formation d'une société politique: la communauté des hommes vivant sous la conduite de la raison est celle de l'*Amitié* (prop. 37, scol. 1; Append., chap. XII). L'emploi de ce dernier mot peut être comparé, comme l'a indiqué Wolfson (II, 241), avec celui qu'en fait Aristote aux livres VIII et IX de l'*Ethique à Nicomaque,* et devra être rapproché surtout de l'amitié que les Stoïciens établissent entre les sages (Cicéron, *De finibus,* III, xxi, 70). La distinction entre l'amitié et le lien politique est comme matérialisée par le fait que ces deux sociétés soient traitées, chacune séparément, dans les deux scolies de la proposition 37. Or la communauté d'amitié est régie par la Raison. Dans la société politique, au contraire, les lois sont maintenues, "non par la raison qui ne peut réduire les affections..., mais par des menaces". La société civile ne relève donc des préceptes de la raison que d'une manière indirecte et lointaine (sur laquelle, aussi bien, l'*Ethique* ne fournit guère d'indications). Le ressort propre de cette société ne doit rien à ces préceptes: il est formé par le concours de deux théorèmes, expressément rappelés dans le 2nd scolie, et dont aucun ne figure parmi les préceptes de la raison. L'un, compris parmi les "causes de l'impuissance et de l'inconstance de l'homme", enseigne qu'une "affection ne peut être réduite ni ôtée sinon par une affection contraire, et plus forte que l'affection à réduire" (IV, prop. 7); l'autre est emprunté à la théorie des passions: le désir de faire du mal ne peut être réprimé que par la peur qu'un plus grand mal ne naisse de là (III, prop. 39). Déterminé ainsi par deux vérités qui se situent en dehors des "préceptes de la raison", il semble bien que le problème politique ne soit introduit ici que par manière de détour.

Ayant promis, à la fin du Ier livre, d'expliquer les notions de louange et de blâme, ainsi que celles de mérite et de péché, de juste et d'injuste, Spinoza rappelle d'abord qu'il s'est acquitté de la première partie de cette promesse au livre III: il ne reste donc à parler *ici* ("hic iam erit dicendi locus") que des autres points: "Mais auparavant il me faut dire quelques mots sur l'*état naturel et l'état civil de l'homme*". a) Que l'explication du juste et de l'injuste soit donnée au IVe livre se comprend aisément, puisqu'elle complète la Préface en justifiant l'introduction, dans l'*Ethique,* de termes finalistes dont le Ier livre avait proscrit l'emploi. — b) Que ce soit ici, plus précisément, que cette explication trouve son *dicendi locus* se comprend encore: le scolie précédent avait traité de la *Moralité (Pietas);* il reste donc à parler de la "légalité", à la fois parce que l'homme qui vit sous la conduite de la raison se soumet au "décret commun" (IV, prop. 73) et parce que l'ordre juridique institué par ce décret est, logiquement et chronologiquement, présupposé par la communauté d'amitié qu'avait exaltée le scolie précédent: "La Raison enseigne à pratiquer la moralité, à vivre dans la tranquillité et la paix intérieure, ce qui n'est possible que sous un pouvoir politique" (*T.P.,* II, 21). — c) Or le juste et l'injuste n'ayant qu'une signification conventionnelle, il faut, pour en rendre compte, expliquer *auparavant (prius)* la convention étatique qui les fonde. C'est donc bien par manière de détour qu'est introduit ici le problème politique, et quant à l'explication du mérite et du juste et de leurs contraires qui en est le résultat, elle établit que ce sont là des "notions extrinsèques, non des attributs qui expliquent la nature de l'Âme". On ne saurait dire plus clairement que l'ordre légal qui fonde ces notions diffère *toto caelo* de l'ordre moral dont avait traité le Ier scolie.

On montrerait aisément que les autres références faites à la Cité sont également des règles de morale (ou de prudence), concernant l'attitude du sage à l'égard de l'ordre juridique, mais non pas cet ordre en soi, c'est-à-dire qu'aucune de ces références ne porte sur le problème politique comme tel. C'est ainsi que, dirigé par la raison, le sage est entièrement libre quand, vivant dans la cité, il se soumet au décret commun (prop. 73) ; toutefois, il n'aura pas trop de toute sa sagesse pour "accepter tous <ses concitoyens> avec leur complexion propre et se retenir d'imiter leurs affections" (Append., chap. XIII). Mais il se dira qu'à tout prendre, "la vie en société a cependant plus de conséquences avantageuses que de dommageables. Il vaut donc mieux supporter leurs offenses d'une âme égale, et travailler avec zèle à établir la concorde et l'amitié" (Append., chap. XIV). On pourrait d'ailleurs confronter ces indications (et d'autres du même livre) avec la première règle de la morale provisoire, telle qu'elle est formulée dans le *Traité de Réforme* (§ 17). Il faut se borner ici à signaler ce rapprochement, et essayer plutôt de dégager les conclusions de ce qui précède.

V

11. 1° Conformément au point de départ et à la visée générale du livre IV, les préceptes de la raison ont pour seul destinataire l'individu, en tant qu'agent moral.

2° Ils le convient à entrer dans la communauté des sages et, quant à l'ordre politique dont il fait partie nécessairement, ils lui recommandent de s'y soumettre de bonne grâce. Mais cette soumission même serait très mal assurée par les préceptes de la raison: elle s'obtient bien plus efficacement par les "menaces" contenues dans la loi. Sans doute ces deux groupements ne sont-ils pas sans quelque rapport. La société politique, avec la sécurité et la paix qu'elle assure, fournit le cadre et les conditions d'existence hors desquelles l'amitié des sages ne saurait même pas se concevoir (sur ce point, Spinoza s'accorde entièrement avec Aristote, mais s'écarte des Stoïciens); à l'inverse, l'amitié des "suivants de la raison" profite au groupe social tout entier, puisqu'elle travaille à y faire régner la concorde.

3° Il n'empêche que l'*honestas* enseignée par la raison n'est pas proprement une vertu politique, si ce n'est d'une manière imparfaite et impuissante. Ainsi le vertueux peut bien, à l'occasion, faire des *largesses* (c'est l'ἐλευθεριότης d'Aristote): "Porter secours, toutefois, à chaque indigent, cela dépasse de beaucoup les forces et l'intérêt d'un particulier. . .; le soin des pauvres s'impose donc à la société entière et concerne seulement l'intérêt commun (IV, Append., chap. XVII).

4° L'individu est sans doute qualifié de *cives* (IV, prop. 37, scol. 2), ce qui toutefois, dans ce texte (en laissant de côté, ici, le *T.P.*, III, 1), serait mieux rendu par "bourgeois" que par "citoyen" (les deux termes étant pris au sens défini au début du ler livre de l'*Emile*), et indique sa condition humaine, plutôt que politique. Il n'est interpellé, par les préceptes, ni comme gouvernant, ni comme participant à la vie politique, ni comme partie contractante du pacte social (dont ce n'est pas ici le lieu de montrer le maintien, dans la doctrine de Spinoza, jusque dans le *Traité politique*).

5° Que le IVe livre, pas plus que l'ensemble de l'*Ethique* ne puisse fournir une contribution efficace à la vie (ni à la théorie) politique, l'auteur même l'indique très clairement: la voie qui conduit à la béatitude est "extrêmement ardue" (*perardua, Eth., i.f.*). Le *Traité politique* reprend cette même expression, et poursuit: "...; si bien que ceux qui s'imaginent que la foule ou les hommes occupés aux affaires publiques puissent être amenés à vivre selon le seul commandement de la raison, rêvent de l'âge d'or des poètes, c'est-à-dire d'un conte" (*T.P.*, I, 5 *i.f.*).

6° La raison, enfin, pour laquelle il en est ainsi, c'est-à-dire pourquoi, s'adressant au sujet moral, on laisse intact l'ordre politique dont il n'est pas maître, doit être cherchée dans l'antique distinction entre les biens de l'âme (qui dépendent de nous) et les biens du corps et biens extérieurs (qui n'en dépendent pas). Ainsi la moralité dépend "de notre seule puissance", alors que vivre en bonne santé et en sécurité dépend "principalement des causes extérieures" et de la "fortune". Il est vrai que la formation et la direction judicieuse d'une société politique peut, plus ou moins, contrecarrer l'action de la fortune; parfois aussi c'est Dieu qui, par l'entremise de "causes extérieures cachées", pourvoit à la sécurité sociale (*T.T.P.*, III, p. 54, 14-56, 8 Wernham).

7° Il y a donc une théorie morale au IVe livre, mais non pas une théorie politique. La morale ne rencontre la politique que pour autant qu'elle nous enjoint de nous soumettre aux règles définies par la Cité. Mais sur cette définition même, l'*Ethique* ne donne aucune indication, si ce n'est le simple renvoi au droit positif, d'où l'on conclura seulement, négativement, au rejet de tout droit naturel (au sens aristotélicien et stoïcien du terme). C'est d'ailleurs précisément parce que la morale n'est pas compétente pour définir les notions de mérite et de juste et de leurs contraires, qu'elle en est réduite, ici, à renvoyer à l'ordre étatique dont elle se borne à ratifier, aux yeux et à l'intention du sujet moral, le "décret commun", lequel, de son côté, n'a nul besoin de la prédication morale pour s'imposer à tous, aux sages comme aux insensés. — On souscrira donc entièrement au jugement de Wolfson, écrivant: "L'étude de la société est ainsi un sujet propre à être traité dans l'*Ethique*. L'étude de l'Etat, toutefois, en tant qu'espèce particulière de la société humaine, est traité par lui, ici encore comme chez Aristote, dans deux ouvrages séparés" (II, 241).

12. Contrairement à notre attente, le IVe livre ne fournit donc pas un lieu adéquat à la théorie politique: celle-ci ne trouve à s'y loger qu'à titre de digression; elle n'est invoquée que pour donner un fondement externe ("extrinsèque", dit Spinoza) au précepte moral d'obéissance à l'égard de l'ordre civil; cet ordre, par là même, manifeste son antériorité (logique et chronologique, comme on l'a déjà dit; on pourrait ajouter: ontologique) par rapport à l'ordre moral qu'il conditionne entièrement, à commencer par la prise de conscience sur laquelle s'ouvre le IVe livre.

On est alors amené à se demander si le lieu de la théorie politique ne devra pas être cherché ailleurs. Nous avons déjà vu que les notions de louange et de blâme (dont l'import apparemment finaliste n'est pourtant pas moindre que celui des notions de mérite et de péché, de juste et d'injuste) sont expliquées dans le IIIe livre. Nous avons rappelé aussi que le ressort propre de la Cité est fondé sur un théorème qui, lui aussi, avait été établi au livre précédent (III, prop. 39). On concevrait alors un traitement de l'Etat qui se situerait au même niveau que le IIIe livre et qui en serait la suite naturelle (tout comme l'est, actuellement, le IVe), mais sans aucune solution de continuité. L'étude des passions serait alors prolongée, non plus par l'éveil du moi qui vit cette pathologie comme une servitude, mais par une théorie politique qui, prenant en compte le mécanisme des passions, en déduirait la vie civile où ce mécanisme est, à la fois accepté comme une donnée objective, et maîtrisé à l'aide des lois mêmes auxquelles il obéit. Une telle théorie se rattacherait continûment à la théorie des passions: elle n'aurait que faire du moi empirique et de ses états d'âme, et ce serait la conscience philosophique et de connaissance pure qui, à l'oeuvre dès le début de l'*Ethique,* poursuivrait sa tâche ontologique et continuerait à dérouler, sans aucun "point de rupture", la chaîne de ses démonstrations. Or le *Traité politique* paraît confirmer cette hypothèse.

1° Le chapitre initial du *Traité* résume les thèses et restitue l'atmosphère de la préface du livre III de l'*Ethique:* la critique des moralistes, théologiens, satiriques et poètes qui, tous, prennent pour objet un homme fictif et idéal; l'exigence de traiter les affections humaines comme s'il s'agissait d'objets géométriques; l'affirmation de la joie que procure au philosophe une telle connaissance; la règle de méthode prescrivant de considérer la "nature commune des hommes" (la "nature des choses", avait dit la Préface), et non pas les "enseignements de la raison" ("ex rationis documentis": ce sont les "documenta moralia" du *T.T.P.,* V, p. 92 Wernham, et les "Rationis dictamina" du IVe livre, prop. 18, scol.). Sur tous ces points, l'accord avec la préface de III et l'opposition avec la préface de IV sont patents.

2° Si le *Traité politique* peut se comprendre comme une suite du IIIe livre, on constate, d'autre part, qu'il offre des ressemblances thématiques avec le IVe dont, dans cette hypothèse, il prendrait la place. Cette lecture peut, elle aussi, s'autoriser des indications de l'auteur, puisque le début du second chapitre du *Traité* rappelle expressément des enseignements donnés au IVe livre. De fait, la parenté entre ces deux écrits est plus profonde. Elle se manifeste principalement, dans le *Traité* et en dépit de son premier chapitre, par le recours aux préceptes de la raison, par la mise en oeuvre d'une pensée finaliste et par l'élaboration de modèles, les formes constitutionnelles devant être comparées à l'*exemplar* du livre IV. Ces modèles ne s'adressent plus, comme l'*exemplar,* à l'individu pour lui proposer un idéal de régénération intérieure, mais aux législateurs pour leur recommander des projets de transformation du réel. Le jeu des passions, étudié au livre III, était lui-même compris comme une partie de la causalité universelle. Chacun des modèles constitutionnels forme un système artificiel, qui n'est certes pas un empire dans un empire puisqu'il tient compte des lois établies au livre III, mais c'est pour construire, à l'aide de ces lois, un mécanisme politique où l'individu, qui demeure toujours soumis aux affections, n'en serait pas moins conduit, fût-ce malgré lui, à la liberté. On peut ainsi trouver dans le *Traité,* en réplique à l'éducation morale des IVe et Ve livres, l'équivalent, sinon le projet, d'une éducation civique, mais qui ne serait confiée, ni à la prédication morale, ni à une idéologie étatique, mais aux seules circonstances suscitées par le jeu des institutions. C'est en ce sens que Spinoza peut écrire: "Homines enim civiles non nascuntur, sed fiunt" (*T.P.,* V, 2), de même que Hobbes avait constaté que la "nature" animale en nous devait être gouvernée "disciplina atque damnorum experientia" (*De Cive, praef. ad lect.,* p. 148). Mais cette éducation, on dirait par la forces des choses, prend l'individu comme objet, plutôt que de s'adresser à lui comme à un sujet, et encore bien moins lui demande-t-elle cet éveil moral qui avait préludé au IVe livre: c'est pourquoi le *Traité politique* peut faire l'économie de l'expérience qui nous a paru déterminer le renversement (pour ne pas dire la *conversion*) dans le mouvement de l'*Ethique.*

Il semble donc, paradoxalement, que si l'*Ethique* ne fournit pas de *lieu* à la théorie politique, celle-ci, en retour, ne puisse se *situer* que par rapport à l'*Ethique* dont elle présuppose à la fois et prolonge la démarche.

Il apparaît ainsi qu'à partir de l'anthropologie des IIe et IIIe livres, deux voies s'ouvrent au philosophe: l'une conduit à la morale et s'achève dans la connaissance de Dieu; l'autre va vers la politique où l'individu est intégré dans la société civile et dépassé par elle. Cette alternative est celle précisément sur laquelle se termine l'*Ethique à Nicomaque*.

II. MONTESQUIEU

INTRODUCTION A MONTESQUIEU

DE L'ESPRIT DES LOIS

L'Esprit des lois est l'œuvre d'une vie. Sa rédaction s'étend sur une vingtaine d'années, et son objet englobe et prolonge les ouvrages précédents. Quelle qu'en soit la perfection, les *Lettres persanes* (1721) et les *Considérations* (1734) paraissent, après coup, comme des premières versions de cette somme. D'autres écrits, moins achevés, ont concouru à préparer le traité : l'*Essai sur les causes qui peuvent affecter les esprits et les caractères* (entre 1731 et 1741) [1], les *Considérations sur les richesses de l'Espagne* (1724) [2], les *Mémoires sur les mines* (1731) [3], le projet du *Traité des devoirs* (dont des fragments ont été communiqués, en 1725, à l'Académie de Bordeaux) [4], auquel se rattache l'*Essai touchant les lois naturelles et la distinction du juste et de l'injuste* [5]. Il faut y joindre l'immense documentation dont rendent compte (incomplètement) les notes du traité et surtout les *Pensées* et le *Spicilège*, le cahier des *Geographica* (1734-1738, 1742-1743) [6] et les *Voyages* (1728-1729) [7].

On s'est interrogé sur la date exacte (ou approximativement exacte) à laquelle l'auteur aurait conçu le projet de l'ouvrage. Soulevée pour résoudre une contradiction apparente (entre le XIe livre et les livres II-X) par une évolution hypothétique, la question, même sur le plan de la chronologie historique, ne présente pas un intérêt

1. MONTESQUIEU, *Œuvres complètes (O.C.)*, éd. A. Masson, Nagel éd., 1950-1955, t. III, p. 397.
2. *O.C.*, t. III, p. 137.
3. *O.C.*, t. III, p. 435.
4. *O.C.*, t. III, p. 157.
5. *O.C.*, t. III, p. 175.
6. *O.C.*, t. II, p. LXXVII et 923.
7. *O.C.*, t. II, p. XCI et 967.

majeur, à supposer qu'elle offre un sens intelligible, et la « solution » qu'elle est censée étayer « suppose l'historien plus intelligent que l'auteur et capable de voir immédiatement la contradiction qui aurait échappé au génie » (R. Aron). Au niveau, en tout cas, de la création (scientifique et artistique), il est de beaucoup plus sûr de s'en tenir aux propres paroles de l'auteur : « Je puis dire que j'y ai travaillé toute ma vie; au sortir du collège on me mit dans les mains des livres de droit; j'en cherchai l'esprit, je travaillai, je ne faisais rien qui vaille. Il y a vingt ans que je découvris mes principes [1]... »

Ces indications situent la véritable genèse du livre au-delà même des fonctions exercées au Parlement de Bordeaux (1714-1726). En remontant aux années de sa formation, elles rappellent la profession de l'auteur — que la critique, et cela dès le début, a parfois tendance à négliger [2]. Elles invitent, enfin, à rattacher le propos de l'ouvrage aux « livres de droit » qui en furent la cause, au moins occasionnelle.

I

L'esprit des lois avant Montesquieu

1. Le terme d'*esprit des lois* n'est pas, à la lettre, une invention de Montesquieu. Il est lié au problème traditionnel de l'*interprétation*, où « il faut considérer le but et l'esprit de la loi », et « entrer dans l'esprit de la loi et dans l'intention du législateur [3]; c'est encore « ce qu'on appelle la *raison de la loi* et que quelques-uns confondent mal à propos avec l'*intention* de la loi; au lieu que c'est un des moyens ou des indices qui servent à découvrir cette intention [4] ». « Lorsque les expressions des lois sont défectueuses, il faut y suppléer pour en remplir le sens selon leur esprit [5] ». Cette dernière citation montre que le

1. *Lettre à Solar* du 7 mars 1749, *O.C.*, t. III, p. 1200.

2. « Quoique l'*Esprit des lois* soit un ouvrage de pure politique et de pure jurisprudence... » (*Défense de l'Esprit des lois*, Ire Partie, I déb.); « ... l'auteur est jurisconsulte » (*ibid.*, IIIe Partie déb.).

3. Pufendorf, *Le Droit de la nature et des gens* (1672), trad. J. Barbeyrac, nouv. éd., Londres, 1740, t. II, p. 540 et 541.

4. Grotius, *Le Droit de la guerre et de la paix* (1625), trad. J. Barbeyrac, Amsterdam, 1724, t. I, p. 566 *i.f.* sq.

5. J. Domat, *Les Lois civiles* (1689), nouv. éd., Paris, 1723, *Traité des lois*, chap. xii, ix, p. xxiv.

terme est courant aussi dans le livre de Domat où parfois cependant, il prend un sens plus précis et plus proche déjà des vues de Montesquieu : il désigne alors, non pas seulement le motif de telle loi particulière, mais l'intention de l'ensemble du système juridique : « C'est l'équité naturelle, qui étant l'esprit universel de la justice, fait toutes les règles, et donne à chacune son usage propre. D'où il faut conclure que c'est la connaissance de cette équité, et la vue générale de cet esprit des lois, qui est le premier fondement de l'usage et de l'interprétation particulière de toutes les règles [1] ». Comme le « censeur » janséniste devait opposer le livre de Domat à celui de Montesquieu [2], et que cet ouvrage célèbre faisait partie assurément des « livres de droit » mis entre les mains de l'étudiant, il ne sera pas inutile d'en indiquer ici, très schématiquement, l'objet.

Les premiers principes des lois, qui ont été inconnus des païens, résultent de la Révélation, et ils fondent, avec la société, la législation [3]. Celle-ci comprend essentiellement (en laissant ici de côté le droit des gens) le droit civil et le droit public. « Quoique les matières du droit public, regardant l'ordre général d'un Etat, paraissent devoir précéder celles qui ne se rapportent qu'à ce qui se passe entre les particuliers », plusieurs considérations recommandent cependant de commencer par le droit privé. D'abord, « l'étude du droit privé est en un sens d'une nécessité plus générale et plus étendue que celle du droit public [4] »; ensuite et surtout, une raison de méthode impose ce parti.

Parmi les règles de droit, en effet, il faut distinguer les « lois immuables », qui sont « naturelles et tellement justes toujours et partout, qu'aucune autorité ne peut ni les changer ni les abolir »; et les « lois arbitraires » qui sont « celles qu'une autorité légitime peut établir, changer et abolir, selon le besoin [5] ». Et « il y a cette différence entre le droit public et le droit privé, qu'au lieu que dans le droit privé, il y a peu de lois arbitraires, il y en a une infinité dans le droit public [6] ». Or les règles immuables du droit privé se trouvent pour l'essentiel dans le droit

1. DOMAT, *Les Lois civiles*, Livre prél., I, II, p. 5.
2. *Défense de l'Esprit des lois*, II, quatrième objection.
3. DOMAT, *Traité des lois*, chap. I et II.
4. DOMAT, *Le Droit public*, Avertissement.
5. DOMAT, *Traité des lois*, chap. XI, I, p. XV.
6. DOMAT, *Le Droit public*, Préface (p. 10).

romain, c'est-à-dire dans le *Digeste* et le *Code* de Justinien, bien que sans ordre et sans liaison systématique [1]. Dans les *Lois civiles*, l'auteur se propose donc d'en donner un exposé selon leur « ordre naturel ». En matière de droit public, il y a bien aussi « une infinité de règles du droit naturel », mais qui « ne se trouvent recueillies ni dans le droit romain ni ailleurs ». Il faut donc les tirer, soit de l'*Ecriture*, soit « même de quelques Ordonnances [2] ». On peut les trouver encore (en retranchant, ici comme en droit privé, les lois arbitraires) dans les « règles qui sont de l'équité naturelle » mises en œuvre déjà dans le droit privé dont l'étude, pour cette raison encore, doit précéder celle du droit public [3].

2. Formulons cette distinction autrement. Il y a des règles naturelles, celles que « la raison enseigne », et qui nous sont intelligibles, soit immédiatement, soit rattachées aux principes dont elles dérivent. Réglant « les matières plus communes et plus importantes », elles « sont en bien plus grand nombre » que les lois arbitraires, et elles « sont proprement l'objet de l'entendement [4] ». Les lois arbitraires, en revanche, « se remarquent et s'apprennent par la simple lecture et par la mémoire et [...] c'est par l'étude qu'il faut les apprendre [5] ». Si les « règles qui sont de l'équité naturelle » « peuvent faire la matière d'une science en ce qu'elles sont un objet de l'entendement », « les règles arbitraires du droit public », contenues dans les Ordonnances, « ne sont l'objet que de la mémoire, et ne demandent l'usage du raisonnement que lorsqu'il s'y trouve des difficultés [6] ».

L'antique doctrine (sophistique, aristotélicienne, stoïcienne) du droit naturel est ici renouvelée sur trois points. Elle est soumise, conformément à une tradition médiévale, thomiste surtout, à la Révélation. — Le concept formel de droit naturel se remplit d'un contenu concret, grâce au droit romain (appliqué, comme on sait, dans une partie du Royaume, à Clermont par exemple, et applicable ailleurs, à défaut de coutumes : dans une lettre à sa

1. DOMAT, *Les Lois civiles*, Préface; *Traité des lois*, chap. XI, XIX, p. XVII.
2. DOMAT, *Le Droit public*, Préface (p. 11 déb.).
3. DOMAT, *Le Droit public*, Avertissement.
4. DOMAT, *Traité des lois*, chap. XI, XXVIII, p. XIX.
5. DOMAT, *Traité des lois*, chap. XII, XXI, p. XXV.
6. DOMAT, *Le Droit public*, Avertissement.

fille Denise, Montesquieu soulèvera ce point de droit [1]); Pufendorf déjà s'était inspiré du droit romain [2]. — Enfin, l'opposition : droit naturel — droit positif est entièrement rajeunie, et portée au niveau de la philosophie contemporaine, à l'aide du cartésianisme, lui-même commenté et diffusé par Port-Royal [3]. N'est objet de science que ce que l'*entendement* peut connaître. Tout ce qui relève de la *mémoire* est abandonné à la vaine érudition où s'était complu la Renaissance, et la discipline qui s'y attache, c'est-à-dire l'histoire, est excommuniée et retranchée du nombre des sciences. Or le droit privé est entièrement intelligible, et la grandeur de Domat est de disposer les règles éparses dans la compilation de Justinien, de manière à en faire voir l' « ordre des raisons » : on doit rappeler, à cet égard, le titre que lui décernera Boileau de « restaurateur de la Raison dans la Jurisprudence [4] ». Il en va tout autrement en matière de droit public. Ici, le droit romain, bien qu'il ait clairement formulé la distinction entre ces deux branches du droit, ne fournissait guère de matériaux : aussi bien les règles générales dégagées dans le *Traité des lois* tiennent-elles peu de place dans le *Droit public* de Domat, duquel, d'autre part, sont exclues, en principe tout au moins, les « règles arbitraires ». De fait, le droit public moderne est une création de l'Ecole du droit naturel [5], où l'on ne saurait ranger Domat; elle s'accomplit au cours du XVIIIe siècle, et Montesquieu en sera un des principaux artisans.

II

L'OBJET DU LIVRE

« Je n'ai point séparé les lois politiques des civiles : car, comme je ne traite point des lois, mais de l'esprit des lois, et que cet esprit consiste dans les divers rapports

1. MONTESQUIEU, *Lettre à sa fille Denise*, du 18 décembre 1750, *O.C.*, t. III, p. 1347.
2. PUFENDORF, *Le Droit de la nature et des gens*, III, IV-V.
3. *Logique de Port-Royal*, IVe Partie, chap. XIII-XV.
4. BOILEAU, *Lettre à Brossette*, du 15 juin 1704, *Œuvres complètes*, éd. de la Pléiade, p. 689.
5. R. DAVID, *Les Grands Systèmes de droit contemporains* [2], Dalloz, 1966, p. 45 et 62.

que les lois peuvent avoir avec diverses choses, j'ai dû moins suivre l'ordre naturel des lois, que celui de ces rapports et de ces choses » (I, III).

3. Le droit civil n'est plus séparé du droit public. En quoi il perd, si l'on peut dire, deux fois son autonomie. Non seulement il cesse d'être la science juridique par excellence, mais il est subordonné au droit public : sa seule fonction est de *maintenir* la constitution (I, III); à la limite, comme dans un gouvernement despotique, il peut même être absent tout à fait (VI, I). On retrouve ainsi l'enseignement d'Aristote : « Il est évident que les lois doivent être établies en conformité avec la constitution [1] ». Aussi est-ce par l'étude des constitutions que commence l'*Esprit des lois* (Ire et IIe Partie), car c'est là que se trouvent exposés les « principes » dont la découverte commande tout l'ouvrage [2]. Il ne saurait donc être question de demander au droit privé des règles immuables qui régiraient, et ce droit même et le droit public, comme Domat l'avait tenté dans son *Traité des lois*.

Par là, le droit romain est dépouillé de sa dignité de *raison écrite*, formule traditionnelle, et reprise, dans toute la force des deux termes, par Domat [3]. Il est significatif que déjà dans les *Considérations* de 1734, le chapitre consacré à Justinien ne mentionne même pas sa codification, et l'*Esprit des lois* blâme la pratique des rescrits comme « une mauvaise sorte de législation » (XXIX, XVII). Sans doute l'auteur conserve-t-il toute son admiration pour la « grandeur des Romains » : « Je me trouve fort dans mes maximes, lorsque j'ai pour moi les Romains » (VI, XV). Mais le *Digeste*, le *Code*, les *Novelles* sont envisagés d'après le rôle qu'ils tiennent dans l'histoire du droit français, concurremment avec les Coutumes (XXVIII, XLII) : ils ne sauraient fournir des éléments à une science *a priori*.

Que Montesquieu ait pleinement conscience de la nouveauté de son interprétation du droit romain, on le voit par le livre XXVII dont la place, dans la composition de l'ouvrage, a pu embarrasser les commentateurs. On sait que ce livre, intitulé *De l'origine et des révolutions des lois des Romains sur les successions*, formait initialement un simple chapitre du livre XXIX, où il devait illustrer

1. ARISTOTE, *Politique*, III, 11, 1282 b 10-11; IV, 1, 1289 a 13-15.
2. *De l'Esprit des lois*, Préface *i.f.* et la *Lettre à Solar*, citée plus haut.
3. DOMAT, *Le droit public*, Avertissement.

la méthode de l'auteur [1]. Or Domat, dans l'*Avertissement sur la seconde partie des Lois civiles*, pour se justifier d'avoir consacré toute cette seconde partie de son livre au système des successions, avait allégué les « difficultés infinies » de cette matière, les « questions qui ont divisé les interprètes » et la nécessité, surtout, d' « opposer en divers endroits les principes de notre usage et de l'équité aux subtilités du droit romain que nous rejetons ». Le livre XXVII se propose précisément d'expliquer ces *subtilités* apparentes par l'évolution historique du droit successoral romain, et, pour cela, remonte jusqu'à la loi des XII Tables, pour y chercher « ce que je ne sache pas que l'on y ait vu jusqu'ici ». On comprend donc très bien que l'auteur ait détaché ce chapitre du XXIXe livre, pour en faire un livre indépendant — tout comme Domat l'avait fait.

S'il est privé de son privilège de *ratio scripta*, le droit romain est-il, pour autant, disjoint de la raison ? Tant s'en faut, mais c'est là un avantage qu'il doit partager avec d'autres droits, et la raison qui préside à tous perd son ambition universelle : « La loi, en général, est la raison humaine, en tant qu'elle gouverne tous les peuples de la terre; et les lois politiques et civiles de chaque nation ne doivent être que des cas particuliers où s'applique cette raison humaine » (I, III).

Le chapitre d'où cette phrase est extraite introduit directement à l'ensemble de l'ouvrage, et il est intitulé : *Des lois positives*. Autrement dit, les lois dont il s'agit de découvrir l'esprit sont celles précisément que Domat avait renvoyées de la science, pour les abandonner, comme « arbitraires », à la seule mémoire. Il en résulte, par rapport aux conceptions antérieures du droit, un renversement de perspective et un élargissement prodigieux du sujet.

4. « Les lois arbitraires se remarquent et s'apprennent par la simple lecture et par la mémoire », avait dit Domat. Mais la mémoire, d'après la division baconienne de la science humaine, reprise et aménagée par l'*Encyclopédie*, n'est pas seulement le réservoir où se déposent passivement et se conservent les « lectures » : c'est l'une des trois facultés de l'entendement d'où dérive la science de l'histoire et, plus particulièrement, de l'*histoire civile*. L'histo-

1. J. Brethe de la Gressaye, éd. de l'*Esprit des lois*, t. I, p. CXIX sq.

riographie est alors l'objet d'une réhabilitation et d'un renouveau, où l'on peut distinguer, schématiquement, deux courants : l'histoire érudite et l'histoire philosophique. Cette antithèse, à vrai dire, n'a pas grand sens, appliquée à l'œuvre de Montesquieu où elle est entièrement surmontée. Elle l'était déjà dans les *Considérations sur les causes de la grandeur des Romains et de leur décadence*, ouvrage dont d'Alembert a dit qu'il aurait pu s'intituler *Histoire romaine, à l'usage des hommes d'Etat et des philosophes* [1]. Mais même dans les livres les plus techniquement historiques de la VIe Partie de l'*Esprit des lois*, l'information n'est jamais une fin en soi, ni séparée de l'idée. Il faut dire surtout que Montesquieu fonde ce qu'on appellera plus tard l'*histoire du droit*, et cela, non pas à titre de discipline curieuse et adventice, mais comme l'unique approche proprement juridique des lois et comme l'indispensable instrument de leur interprétation; c'est cela que signifie cette règle : « Il faut éclairer l'histoire par les lois, et les lois par l'histoire » (XXXI, II).

Si le droit romain déjà doit s'envisager dans son évolution historique, à plus forte raison en est-il ainsi du droit coutumier français (XXVIII). Or des lois positives ne se trouvent pas seulement en France et chez les Romains : il y a eu la Grèce, Carthage, Byzance, les Barbares, il y a eu le Moyen Age féodal. Voilà que le champ de l'histoire s'étend. Il s'agrandit encore, au point de rendre à l'*histoire* son sens premier d'*enquête*, sans import chronologique, si l'on considère dans les temps modernes, les Provinces-Unies, les Etats italiens, l'Espagne, le Danemark, l'Angleterre. Mais la découverte du Nouveau Monde, la découverte surtout de la Chine (avec les « Disputes sur les cérémonies chinoises ») avaient brisé le cadre étroit de l'histoire universelle où s'enfermait encore le *Discours* de Bossuet. L'enquête s'étendra donc à l'Amérique, la Chine, le Japon, les Indes Orientales, l'Afrique, sans oublier la Turquie et la Perse [2].

On reste confondu devant l'ampleur d'une telle tâche, et l'on comprend que l'auteur ait pu parler de l' « immen-

1. D'ALEMBERT, *Eloge de Monsieur le Président de Montesquieu* (vol. V de l'*Encyclopédie*, 1755), in *Œuvres complètes* de Montesquieu, éd. citée, t. I, p. XV.

2. Pour une mise au point détaillée des sources et des références, on pourra consulter P. VERNIÈRE, *Montesquieu et l'Esprit des lois ou la raison impure*, C.D.U. et SEDES réunis, 1977, p. 40-48.

sité » de l'ouvrage et de son sujet [1], confier à des amis sa lassitude [2], et sentir « tous les jours les mains paternelles tomber [3] ». Plutôt que de lui chercher chicane, du haut de notre érudition collective, sur tel point de détail, on devrait se souvenir combien cette recherche des lois positives, étendue aux dimensions du globe, est alors nouvelle. Pufendorf avait jugé que si « l'on écarte tout ce qui est de droit naturel, le droit civil se trouvera, pour le fond, réduit à des bornes assez étroites[4]», et Domat avait fait écho : « Ces règles arbitraires sont en petit nombre dans les lois civiles [5]. » Ici encore, Montesquieu apparaît comme le créateur d'une science inédite, celle qu'on appellera plus tard *droit comparé*, mais ici encore il ne s'agit pas d'une discipline autonome et subsidiaire, mais d'un instrument d'interprétation des lois, et « il a cru ses recherches utiles, parce que le bon sens consiste beaucoup à connaître les nuances des choses [6] ».

5. Une telle accumulation de matériaux apparemment disparates, où la raison, d'universelle qu'elle était au siècle de Descartes, semble se faire collectionneuse, risquait pourtant, même pratiquée sur une échelle plus modeste, d'être exploitée en faveur d'un scepticisme juridique. Cette tradition remonte aux Sophistes (et même à Hérodote), Carnéade en est un des représentants les plus éminents, et Pascal venait de la renouveler avec éclat dans la Ve Section des *Pensées*. Avant lui, Montaigne avait associé à cette espèce d'*historia stultitiae* que constituent les lois proprement dites (« Elles sont souvent faites par des sots, plus souvent par des gens qui, en haine de l'équalité, ont faute d'équité, mais toujours par des hommes, auteurs vains et irrésolus [7]), les mœurs (« Il n'est chose en quoi le monde soit si divers qu'en coutumes et lois. Telle

1. *Lettre à Mgr Cerati* du 16 juin 1745 (*O.C.*, t. III, p. 1062); *Défense de l'Esprit des lois*, Sec. Partie, Idée générale : « On peut dire que le sujet en est immense. »
2. Par exemple, *Lettre au Président Barbot* du 2 février 1742 (*O.C.*, t. III, p. 1015) et *Lettre à Mgr Cerati* du 28 mars 1748 (*O.C.*, t. III, p. 1116).
3. *De l'Esprit des lois*, Préface.
4. PUFENDORF, *Le Droit de la nature et des gens*, éd. citée, VIII, 1, § I, t. III, p. 259.
5. DOMAT, *Les Lois civiles*, Préface.
6. *Défense de l'Esprit des lois*, Sec. Partie, Idée générale : c'est un des textes où le programme d'un « droit comparé » est le plus clairement formulé.
7. MONTAIGNE, *Essais*, III, XIII (éd. P. Villey et V.-L. Saulnier, P.U.F., 1965, p. 1072).

chose est ici abominable qui apporte recommandation ailleurs [1] »). Il est vrai que le même Montaigne avait remis en l'honneur une autre tradition [2] (complémentaire, en dépit des apparences, plutôt que contraire à la précédente) qui consistait à la fois à idéaliser un peuple barbare (ou réputé tel) et, par là, à promouvoir une critique de l'ordre des choses national (ou européen) [3]. On sait que les *Lettres persanes* se laissent, sans trop d'arbitraire, replacer dans ce courant qui pourrait bien constituer comme une tentation permanente de l'Occident, puisqu'il ne s'achève pas, comme on affecte parfois de le croire, avec le « mythe » du « bon sauvage » de Rousseau : fluctuant dans son contenu, le mythe n'en poursuit pas moins sa carrière, et a même renforcé son potentiel de mystique voire de masochisme.

Dans l'*Esprit des lois*, on pourrait saisir des traces de ces deux traditions, mais des traces seulement. (L'admiration pour les Romains ne débouche jamais sur l'utopie ou la diatribe, et la confrontation des lois discordantes ne verse pas dans la satire.) La plus considérable, mais qu'à vrai dire personne ne songerait à attribuer à l'influence de Montaigne, serait dans l'élargissement de l'enquête qui englobe les *mœurs*, mais bien d'autres domaines encore : « Plusieurs choses gouvernent les hommes : le climat, la religion, les lois, les maximes du gouvernement, les exemples des choses passées, les mœurs, les manières; d'où il se forme un esprit général qui en résulte » (XIX, IV). Dans cette phrase célèbre où le terme qui donne son titre à l'ouvrage est étendu aux nations, on doit seulement souligner que c'est la législation qui demeure au centre des préoccupations de l'auteur : toute la seconde partie de ce livre, et la plus développée (à partir du chapitre XIV), l'atteste assez. Ainsi, en ce qui concerne le climat et la « nature du terrain » on a pu chercher, jusque dans l'Antiquité (Hippocrate, Aristote, Galien) et à l'époque même de Montesquieu, des prédécesseurs et des « influences [4] ». Recherches très utiles, mais qui cessent d'être pertinentes quand elles perdent de vue l'objet du traité : même

1. MONTAIGNE, II, XII, p. 580.

2. Tradition que l'on peut faire remonter à la *Cyropédie* de Xénophon, puis à la *Germanie* de Tacite.

3. MONTAIGNE, *Des Cannibales* (I, XXXI).

4. Voir surtout le beau livre de J. DEDIEU, *Montesquieu et la tradition politique anglaise en France* (1909), réimpr. Slatkine, Genève, 1971, p. 209 sqq.

chez Bodin [1], « dont il ne convient pas d'ailleurs, comme l'a dit avec raison L. Febvre, d'exagérer sur lui une influence certaine [2] », il ne s'agit jamais, très précisément, comme dans la IIIe partie de l'*Esprit*, « Des *lois* dans le rapport qu'elles ont avec la nature du climat. »

6. On touche ici à l'originalité la plus certaine de l'ouvrage. Le scepticisme juridique et le rationalisme du droit naturel s'accordaient pour disqualifier le droit positif comme « volontaire » (Grotius) ou comme « arbitraire » : « Il roule sur des choses indifférentes en elles-mêmes, ou qui ne sont pas fondées sur la constitution de notre nature, et qui par conséquent peuvent être différemment réglées selon les temps, les lieux et les autres circonstances; le tout ainsi que le juge à-propos le Supérieur, dont la volonté est l'unique fondement de cette sorte de droit, qui à cause de cela est appelé *Arbitraire*[3]. » A quoi Montesquieu répond : « J'ai d'abord examiné les hommes, et j'ai cru que, dans cette infinie diversité de lois et de mœurs, ils n'étaient pas uniquement conduits par leurs fantaisies » *(Préf.)*. Ce dernier mot inclut le sens de « volonté », ne serait-ce que passagère, et indique déjà que même le décret du législateur ne suffit pas à rendre compte des lois, si l'on n'y joint l'étude du climat, du commerce, de la religion; même le changement des lois serait mal expliqué par un « avantage même qui n'est quelquefois que pour un temps [4] » : à son tour, il est déterminé par des *lois* dont, seule, l'histoire est capable de découvrir l'*esprit*.

Pour la première fois, les lois sont ici envisagées dans leur devenir historique, et replacées dans leur environnement climatique, géographique, économique, moral et religieux. On comprend qu'ici encore, une discipline inédite ait pu revendiquer l'auteur comme un précurseur, sinon comme son fondateur : la sociologie. Pour leur part, les contemporains ont pu rapprocher l'entreprise de celle de Newton [5]. Et de fait, les comparaisons et les méta-

1. J. Bodin, *La Méthode de l'histoire*, trad. P. Mesnard, « Les Belles-Lettres », 1941, chap. v; *Les Six Livres de la République*, livre V, chap. i (1577), Paris, 1583, p. 461 sqq.

2. L. Febvre, *La Terre et l'évolution humaine*, « La Renaissance du Livre », 1922, p. 108.

3. J. Barbeyrac in Grotius, *Le Droit de la guerre et de la paix*, éd. citée, p. 74, § XIII, n. 1.

4. Pufendorf, *Le Droit de la nature et des gens*, éd. citée, I, vi, § XVIII, p. 137.

5. Ch. Bonnet : « Newton a découvert lès lois du monde matériel : vous avez découvert, Monsieur, les lois du monde intellectuel ».

phores tirées de la physique sont fréquentes dans le livre [1], et pourraient même faire l'objet d'une étude monographique qui se placerait sous le patronage du premier chapitre du traité, où les lois sont posées « dans la signification la plus étendue ».

Ces deux lectures sont plausibles. Cependant, en l'éclairant à la lumière de deux sciences, dont l'une était encore à naître et dont l'autre était tombée, dans la conscience commune de l'époque, au niveau d'une mode et même d'une idéologie, elles risquent de méconnaître l'originalité de l'œuvre et l'intention de l'auteur. « Chez les Grecs et chez les Romains, l'admiration pour les connaissances politiques et morales fut portée jusqu'à une espèce de culte. Aujourd'hui, nous n'avons d'estime que pour les sciences physiques, nous en sommes uniquement occupés, et le bien et le mal politiques sont, parmi nous, un sentiment, plutôt qu'un objet de connaissances. Ainsi, n'étant point né dans le siècle qu'il me fallait, j'ai pris le parti [...] de me mettre dans l'esprit que, dans sept ou huit cents ans d'ici, il viendra quelque peuple à qui mes idées seront très utiles [2]. » Ce texte qui n'est pas un témoignage isolé [3] situe l'objet du livre dans la grande tradition antique; il ratifie tacitement le programme établi, à l'aube de la pensée politique moderne, par Hobbes [4], et l'un du moins de ses correspondants a immédiatement compris la véritable préoccupation de l'auteur [5]. Quelles que soient l'ambition et la perfection

(*Lettre à Montesquieu* du 14 novembre 1753); (MONTESQUIEU, *O.C.*, t. III, p. 1478).

1. Relevons au hasard : II, IV (« Comme la mer... »); III, V (« comme, dans les plus belles machines... »; III, VII (« ... il en est comme du système de l'univers... »); III, X (« ... une boule jetée contre une autre... »); V, I (« C'est ainsi que, dans les mouvements physiques... »); IX, IV (« Il est reçu en géométrie...)»; X, IX (« Il en est comme de notre planète... »); XVII, VIII (« la mécanique a bien ses frottements... »); XXIX, III (« c'est ainsi que la fermentation d'une liqueur... »), etc.

2. MONTESQUIEU, *Pensées*, 1940 (198), *O.C.*, t. II, p. 580.

3. MONTESQUIEU, *Pensées*, 1871 (199, p. 557), où ce même développement est suivi par : « Les Anciens chérissaient les sciences; ils protégeaient les arts. Mais l'estime qu'ils eurent pour ceux qui inventèrent quelque chose en matière de gouvernement, ils la portèrent jusqu'à une espèce de culte. »

4. Après un éloge de la géométrie, qui est à l'origine de la physique moderne : « Si, en matière de morale, les philosophes s'étaient acquittés de leur tâche avec autant de bonheur, je ne vois pas ce que l'ingéniosité humaine pourrait apporter en outre à la félicité dans cette vie » (*De Cive*, epist. dedic., p. 137, Molesworth).

5. *Lettre de Mgr Cerati* du 18 février 1749 : « ... un ouvrage qui vous égale aux nomothètes les plus célèbres de l'antiquité [...]. Vous

scientifiques de l'œuvre, on y chercherait en vain quelque « neutralité axiologique », et l'élargissement déjà tout « moderne » de l'enquête laisse intacte sa visée politique.

III

Ses « principes »

A la fin de la *Préface*, Montesquieu écrit : « Quand j'ai découvert mes principes, tout ce que je cherchais est venu à moi. » Bien que le sens de cette phrase soit disputé, on ne peut guère douter que l'auteur n'ait ici en vue ce qu'il précisera dans le chapitre introductif : « les rapports que les lois ont avec la nature et avec le principe de chaque gouvernement : et, comme ce principe a sur les lois une suprême influence, je m'attacherai à le bien connaître; et, si je puis une fois l'établir, on en verra couler les lois comme de leur source ». C'est ensuite seulement qu'on passera « aux autres rapports, qui semblent être plus particuliers » (I, III). On peut penser que ce programme englobe les deux premières parties de l'ouvrage.

7. En quoi, précisément, consiste la découverte des « principes » ? — On a vu que la subordination du droit privé au droit public peut être retracée jusqu'à Aristote (et même Platon). C'est à l'Antiquité aussi que remonte la tradition selon laquelle les gouvernements sont (ou doivent être) soumis à des lois, et c'est la loi qui règle toute la vie politique. Cette tradition est conservée et renouvelée par la théorie moderne de l'Etat constitutionnel, dans l'élaboration de laquelle Montesquieu a pris une part décisive, et qui se répandra au cours du XIXe siècle — en attendant que de nouvelles formations étatiques fassent voir, au siècle suivant, que la politique se définit par le pouvoir (et la prise du pouvoir), et que la loi, dans la lutte politique, est un simple instrument, toujours à la disposition des autorités, et non pas une autorité elle-même. Enfin, la classification des gouvernements s'enracine elle aussi dans la réflexion politique

découvrez un certain ordre dans le chaos des caprices humains, et vous inspirez des vues salutaires pour redresser, autant qu'il est possible, les folies et les passions, qui dominent sur notre globe » (in Montesquieu, *O.C.*, t. III, p. 1184).

grecque, et a été illustrée, après Hérodote, par Platon, Aristote et Polybe (dont, à son tour, s'était inspiré Machiavel).

C'est bien pourtant dans la théorie des gouvernements qu'il faut chercher la découverte des « principes ». Déjà Émile Durkheim, en 1892, avait parfaitement vu que « Montesquieu ne s'est pas borné à reprendre avec quelque infidélité la classification d'Aristote, mais qu'il a édifié une œuvre nouvelle [1] ». — Ce n'est plus le nombre (« distinction toute quantitative, dira Hegel, seulement superficielle et qui ne touche pas au concept de la chose ») qui fournit le critère de distinction, puisque le gouvernement républicain englobe la démocratie et l'aristocratie. En revanche, l'idée de légalité (dont l'absence avait simplement servi, chez Aristote, à discriminer les « déviations » des gouvernements corrects) devient déterminante, puisqu'elle met la différence entre la monarchie et le despotisme. Cette division dans son ensemble est présentée comme un *fait* (II, 1), mais elle est éclairée par le *principe* de chaque gouvernement (la vertu dans le républicain, l'honneur dans le monarchique, la crainte dans le despotique); elle est appuyée sur la géographie et l'histoire (la république se trouve dans les cités grecques et latines de l'Antiquité, ainsi que dans les villes italiennes du Moyen Age; la monarchie chez les grandes nations de l'Europe moderne; le despotisme en Orient : Turquie, Perse, Japon); elle tient compte, enfin, de la taille des Etats (la république suppose de petites villes, le despotisme règne chez les peuples qui occupent d'immenses étendues, la monarchie se rencontre dans des territoires de dimensions modérées).

8. Si cette classification est donnée comme un fait, cela signifie à la fois qu'elle est le résultat d'une observation concrète, et qu'elle constitue une donnée ultime dont le jurisconsulte, en tout cas, n'a pas à rechercher les causes. C'est pourquoi « les lois qui suivent directement » de la nature de chaque gouvernement « sont les premières lois fondamentales » (II, 1). Cette expression, selon l'usage qui s'établit au XVIe siècle, désigne les lois résultant d'un pacte conclu entre le peuple et le prince dont elles limitent la souveraineté. Montesquieu qui, pour sa part, n'admet la fiction ni d'un pacte social ni d'un pacte de

1. E. Durkheim, *Montesquieu et Rousseau précurseurs de la sociologie*, M. Rivière, 1966, p. 73.

gouvernement, prend ici cette expression dans un sens tout nouveau (qui anticipe déjà l'idée kelsénienne de la « norme fondamentale ») : elle sert à qualifier la « constitution » qu'il faut admettre pour tout gouvernement, même despotique [1], et qui commande les autres lois qui en découlent ou qui y sont conformes.

La *nature* des gouvernements, avec toutes ses implications, fournit donc véritablement les « principes » explicatifs de toutes les lois dont il sera question dans la suite de l'ouvrage, et permet d'en ordonner et maîtriser l'immense diversité. Aussi ce schème tripartite est-il constamment présent dans l'étude des « autres rapports qui semblent être plus particuliers » (I, III), c'est-à-dire à partir du Livre XIV. Mais son exposition même, dans les deux premières parties, ne se borne pas au droit constitutionnel ou, comme dit Montesquieu, « politique » : elle éclaire déjà ce droit par des lois civiles et aussi renvoie, explicitement ou non, aux recherches à venir qui se trouvent ainsi, par avance, intégrées dans le droit politique[2].

On peut joindre ici une remarque plus générale. Il n'est que de parcourir l'*Index* pour s'apercevoir que la plupart des sujets sont traités plusieurs fois, et dans des contextes très différents. Il faudrait en tenir compte pour l'appréciation (et la compréhension) de la structure du traité. Pour l'instant, il suffit de faire remarquer que la complexité des choses ne permet pas une démarche déductive et linéaire : le génie de l'auteur est, précisément, de faire apparaître, déjà dans l'analyse des principes, les

1. Ceci n'est pas contredit par II, IV, où l'expression est entendue dans un sens plus traditionnel, et sera confirmé par VIII, X et XXVI, II.

2. Ainsi une note du livre III, V renvoie à V, II, et en VI, V on annonce le livre XI (XVIII). — L'aristocratie « imparfaite » aboutit à l'esclavage civil (II, III) dont il sera traité au livre XV; le système de Law, examiné en XXII, X, est condamné dès le début (II, IV); la religion fera l'objet de la Ve partie, mais son influence dans un régime despotique est indiquée d'emblée (II, IV, *i.f.*); le régime despotique encore est caractérisé par une phrase (VIII, X : « Il ne se maintient donc que quand des circonstances tirées du climat, de la religion, de la situation ou du génie du peuple, le forcent à suivre quelque ordre ») dont la portée universelle ne sera dévoilée qu'au livre XIX, IV déb.; le *principe* de chaque gouvernement s'enracine dans les « passions humaines » (III, I) . c'est « le caractère de l'esprit et les passions du cœur » qui introduisent l'étude des climats (XIV, I); le problème du commerce est signalé dès les premiers livres (IV, VII; V, VI); le thème de la seconde partie est clairement indiqué dès le VIe livre (I : « la propriété et la vie des citoyens »; II : « la liberté et la sûreté des citoyens »; III : « ... quand il s'agit de ses biens, de son honneur, ou de sa vie »), etc.

conséquences multiples qui en dérivent mais qui, en retour, éclairent et justifient les principes.

La classification des gouvernements, en dépit, ou plutôt à cause du contenu concret dont elle s'enrichit tout au long du traité conserve une portée générale : elle établit ce que Max Weber appellerait des *types idéaux;* d'Alembert déjà l'avait vu [1], et l'auteur même l'indique (III, XI). On dirait encore qu'en tant que principes, ces trois structures essentielles précèdent, dans l'ordre de la connaissance, les gouvernements existants, de même que (si l'on nous permet cette analogie, inexacte dans un autre sens), dans l'ordre de la législation, les « rapports d'équité » sont « antérieurs à la loi positive qui les établit » (I, I). Et de même que la loi positive n'est pas toujours équitable, de même il y a des gouvernements qui ne répondent qu'imparfaitement à l'un des trois types.

Ce qui revient à dire que ces principes, avec tout l'appui et la confirmation que leur apportent les données climatiques, géographiques et économiques, ne déterminent pas un déterminisme rigoureux, et ce qui met du jeu dans la machine, c'est la contingence humaine, c'est-à-dire son intelligence, qui est bornée et jointe à l'ignorance et à l'erreur, sans compter que l'homme est « sujet à mille passions » : rien n'interdit, bien entendu, de remplacer tous ces prédicats par le terme plus flatteur de liberté (Pufendorf l'avait déjà fait) : on doit se borner à constater que Montesquieu, dans le texte allégué (I, I) ne prononce même pas le mot. Il dit simplement qu'il est de la nature des êtres intelligents « qu'ils agissent par eux-mêmes. Ils ne suivent donc pas constamment leurs lois primitives; et celles mêmes qu'ils se donnent, ils ne les suivent pas toujours ».

IV

« Les lois, dans la signification la plus étendue »

« Les lois, dans la signification la plus étendue, sont les rapports nécessaires qui dérivent de la nature des

1. « Ce n'est pas à dire qu'il n'y ait dans l'univers que ces trois espèces d'Etats; ce n'est pas à dire même qu'il y ait des Etats qui appartiennent uniquement et rigoureusement à quelqu'une de ces formes [...]. Mais la division précédente n'en est pas moins exacte et moins juste » (*Analyse de l'Esprit des lois*, in Montesquieu, *O.C.*, t. I, p. XXXVI).

choses; et, dans ce sens, tous les êtres ont leurs lois; la divinité a ses lois, le monde matériel a ses lois, les intelligences supérieures à l'homme ont leurs lois, les bêtes ont leurs lois, l'homme a ses lois. »

9. On peut établir une hiérarchie entre les êtres, selon qu'ils ont ou non des lois immuables et qu'ils les suivent plus ou moins régulièrement. On constate alors que l'homme se situe au plus bas de l'échelle : le monde matériel suit constamment ses lois constantes, les plantes suivent mieux les leurs que les bêtes, et les bêtes les suivent mieux que les hommes. D'où : « Il s'en faut bien que le monde intelligent soit aussi bien gouverné que le monde physique. Car, quoique celui-là ait aussi des lois qui, par leur nature, sont invariables, il ne les suit pas constamment comme le monde physique suit les siennes. »

Que l'homme soit placé ici dans un contexte cosmique, cela s'accorde avec les conceptions de l'époque : avec le principe leibnizien de continuité et avec l'idée de la « chaîne des êtres [1] » qui prend alors valeur de catégorie (on la trouve chez les naturalistes, en particulier chez Buffon). Dans l'idée, d'autre part, des lois générales, on peut voir une influence de Malebranche (peut-être, aussi, de S. Clarke[2]).

Pour expliquer ce qui, dans ce texte, a paru à la fois paradoxal et choquant (« il s'en faut que le monde intelligent soit aussi bien gouverné que le monde physique »), on se reportera plutôt à Aristote (à titre de commentaire, bien sûr, peu importe si ce peut être aussi comme « source[3] »). Pour Aristote, le monde supralunaire est régi par des lois immuables et rationnelles (l'allusion aux « intelligences supérieures à l'homme » n'est pas sans évoquer les moteurs immobiles d'Aristote; dans les *Lettres persanes*, LXXXIII, Montesquieu avait parlé de l' « ange »), alors que le monde situé au-dessous de la lune est abandonné en partie à la contingence, si bien que, ni l'éthique ni la politique ne sont susceptibles d'un traitement scientifique rigoureux. La liberté humaine, dans cette perspective, comparée à la régularité intelligente avec laquelle les corps astraux suivent leurs révolu-

1. Cf. Arthur O. Lovejoy, *The Great Chain of Being*, Harvard University Press, 1948.

2. Voir R. Derathé, éd. de *L'Esprit des lois*, t. I, p. 416, n. 7 (et p. 414, n. 3).

3. Cf. P. Martino, in *Rev. d'hist. de la phil. et d'hist. de la civilisation*, 1946, p. 235-243.

tions, « serait donc un signe de la misère de l'homme, de l'obligation où il est, au lieu de *suivre* sa route, d'avoir à la *choisir* [1] ». Il va sans dire que le mot de *misère* serait, en l'occurrence, excessif, et l'on sait assez, d'autre part, le prix que Montesquieu attachait à la liberté (« politique », comme il est bon de le rappeler, c'est-à-dire « le droit de faire tout ce que les lois permettent », XI, III) pour nous dispenser ici de quelques faciles couplets sur la dignité humaine. Il reste que les lois régissant la vie humaine présentent une effectivité bien inférieure à celle des lois de la nature, et c'est pourquoi « il s'en faut bien que le monde intelligent soit aussi bien gouverné que le monde physique ».

De cela même, sans doute, il n'y a pas lieu de s'étonner, quand on sait que c'est le propre de la loi, divine, naturelle ou positive, que de pouvoir être transgressée. Mais justement, on pourrait se montrer « surpris » de voir traitées de pair les « lois de causalité des sciences positives » et les « lois de but des disciplines normatives » et rappeler à l'auteur que « nécessité et obligation ne sont pas du même ordre [2] ». — Le reproche de cette confusion, périodiquement renouvelé jusqu'à nos jours, a été adressé à l'auteur dès la publication de son ouvrage, avec la qualification infamante et, alors, périlleuse de « spinozisme [3] ». On pourrait ajouter un argument à cette accusation. L'esprit des lois « consiste dans les divers rapports que les lois peuvent avoir avec diverses choses » (I, III); or, au début du livre, les lois ont été définies comme « les rapports nécessaires qui dérivent de la nature des choses » : ce sont donc bien, si l'on peut dire, les « lois des lois » qu'il s'agit d'étudier. N'y a-t-il pas là cette même confusion entre les « lois-causales » et les « lois-commandements » : « les lois-commandements seraient l'objet de l'étude, et les rapports de causalité l'explication des lois-commandements [4] ».

Sur le premier point, il paraît aisé de compléter la *Défense de l'Esprit des lois*. La distinction entre « néces-

1. L. ROBIN, *Aristote*, P.U.F., 1944, p. 168.

2. J. BRETHE DE LA GRESSAYE, La philosophie du droit de Montesquieu, in *Archives de philosophie du droit*, 7, 1962, p. 203.

3. *Défense de l'Esprit des lois*, Première Partie, I et première objection.

4. R. ARON, qui se borne d'ailleurs à constater que « Montesquieu emploie le terme de loi dans ces deux sens », et qu' « il risque de s'introduire des malentendus et des difficultés » (*Les Etapes de la pensée sociologique*, Gallimard (1967), 1976, p. 54).

sité physique » et « nécessité morale » (c'est-à-dire, précisément, l' « obligation ») est courante chez les auteurs de l'Ecole du droit naturel. Elle avait été élaborée, au surplus, avec précision et insistance, par J. Barbeyrac, et à l'occasion, justement, de la critique du spinozisme [1]. Or nous savons que Montesquieu avait étudié ces ouvrages. Ce serait d'une très mauvaise exégèse, que de lui prêter une confusion soigneusement évitée et dénoncée par les savants de son temps. Tout au plus pourrait-on lui compter une « équivoque », puisque le mot de *loi* lui sert à la fois à désigner la loi physique et la règle juridique.

10. Recevable en un sens, cette tentative de « défense » ressemblerait fort, à la regarder de près, au pavé de l'ours. En acceptant l' « équivoque », elle chargerait l'auteur d'une inadvertance, alors que c'est intentionnellement et à bon escient que le terme commun de loi est étendu aux deux domaines de la nature et de la législation humaine. Au début de son traité, Montesquieu cite Pindare : « La loi est la reine de tous, mortels et immortels. » Rappelé aussitôt à l'ordre par son censeur [2], il avait pourtant renoncé à une citation encore plus claire, choisie, puis rejetée en raison de son stoïcisme implicite : « La loi est la raison du grand Jupiter [3]. » Le contexte cosmique du traité est donc clairement assumé, et dans l'emploi du mot *loi*, il n'y a — aux yeux de l'auteur — ni confusion, ni équivoque, ni double emploi : la loi, « dans la signification la plus étendue » présente, par-delà sa diversité d'applications, un sens et une fonction uniques : elle gouverne l'univers avec tout ce qu'il contient. — Si l'on admet que, chez un auteur aussi économe de citations poétiques, il y a là plus qu'une métaphore, on doit essayer de lever les deux difficultés où se heurte la critique, moins pour prendre la défense de l'auteur, que pour tenter de comprendre son intention.

Pour ce qui concerne, tout d'abord, les lois physiques et les lois positives : elles ont une fonction commune, qui est de *conserver*. Les lois selon lesquelles Dieu a créé l'univers « sont celles selon lesquelles il conserve » (I, 1); les hommes vivent « dans une société qui doit être maintenue »; le droit des gens inclut une certaine régle-

1. Cf. V. GOLDSCHMIDT, *Anthropologie et politique...*, Vrin, 1974, p. 196 sqq.
2. *Défense de l'Esprit des lois*, I, 1, seconde objection.
3. *Pensées*, 1874 (185), *O.C.*, t. II, p. 558.

mentation de la guerre : or la guerre, au-delà de ses fins immédiates qui sont la victoire et la conquête, a pour objet « la conservation » (I, III). D'autre part, les lois physiques témoignent de l'intelligence divine : « Il agit selon ces règles, parce qu'ils les connaît » (I, I); de même, « la loi, en général, est la raison humaine, en tant qu'elle gouverne tous les peuples de la terre, et les lois politiques et civiles de chaque nation ne doivent être que les cas particuliers où s'applique cette raison humaine ». Ces « cas particuliers » se diversifient selon les données, physiques et morales, énumérées à la fin du IIIe chapitre du premier Livre, dont l'ensemble forme « l'esprit des lois » : or « les lois, dans la signification la plus étendue, sont les rapports nécessaires qui dérivent de la nature des choses ». Ce n'est donc pas là, comme le prétend une certaine tradition, du droit « volontaire » ou « arbitraire », et l'on comprend que, dans ce livre préliminaire, Montesquieu insiste sur le fondement objectif des lois, plutôt que sur leur caractère de « normes ». Par leur fonction de conservation, leur qualité rationnelle et leur rapport à la nature des choses, les lois positives s'apparentent aux lois physiques, plus qu'aux « fantaisies » d'un despote (dans la polémique contre Hobbes, il y a surtout le refus de tout « volontarisme » juridique). — Il n'y a donc pas là une « équivoque » à dénoncer, mais une doctrine à comprendre.

II. Apparentées aux lois physiques, les lois positives ne sont cependant pas, comme celles-ci, inflexibles. Et cela, non pas seulement pour la raison évidente qu'elles pourront être transgressées, mais parce qu'elles-mêmes peuvent transgresser les lois de la nature; en d'autres termes : parce que, à leur égard, même les lois de la nature ne sont pas inflexibles.

a) La « nature des choses », c'est-à-dire de l'homme et de son environnement, tant physique qu'humain, comprend deux séries de lois : 1° Les « rapports d'équité antérieurs à la loi positive qui les établit » (au lieu d'élaborer, comme ses prédécesseurs, un système de droit naturel, Montesquieu se borne à des exemples que l'on peut, avec R. Aron, réduire « à deux notions, celles d'égalité humaine et de réciprocité[1] »); 2° les « lois de la nature » qui « dérivent uniquement de la constitution de notre être » (et que l'auteur, à l'aide de la psychologie

1. R. ARON, *Les Etapes...*, p. 57.

animale, ramène à quatre : la paix, le désir de se nourrir, l'attrait des sexes, le « désir de vivre en société »). — Sans reprendre le commentaire, donné ailleurs, de ces deux séries, il suffit de noter ici que Montesquieu se rattache encore à ce qu'on appelle, d'une manière il est vrai un peu sommaire, l' « Ecole du droit naturel ». On ne saurait expliquer le Ier Livre, ni par une stratégie de « prudence » (fort maladroite, alors, puisque l'article des *Nouvelles Ecclésiastiques* attaquera, et de son point de vue avec raison [1], la référence à la « nature des choses »), ni comme une clause de style et un « hommage » rendu « du bout des lèvres » à la « doctrine du droit naturel [2] ». Le droit naturel n'est pas une survivance accessoire [3], reléguée au Ier Livre : il intervient tout au long du traité; et il est entièrement renouvelé par la fonction critique qu'il assume à l'égard des lois positives, desquelles au contraire la tradition l'avait tout à fait isolé.

Or les « rapports d'équité antérieurs à la loi positive qui les établit » subsistent même à l'égard de la loi positive qui les viole. Le droit des gens (IX, X) doit être fondé « sur les vrais principes » : il ne l'est guère chez les Iroquois « qui mangent leurs prisonniers » (I, III); la critique de l'esclavage (XV, VII) est faite à partir de l'idée d'égalité naturelle (I, III déb.); certaines lois sont blâmées parce qu'elles contredisent la « défense naturelle », la « pudeur naturelle » et qu'elles sont « contre la nature » (XXVI, III); le gouvernement despotique a pour principe la *crainte :* on n'a pas assez remarqué que la crainte est un des sentiments que les hommes éprouvent dans l'état de nature (I, II), si bien qu'un tel gouvernement s'élève à peine au-dessus de cet état; l'histoire même, si souvent invoquée

1. « On ne peut pas comprendre une œuvre comme l'*Esprit des lois* de Montesquieu, si l'on méconnaît qu'il a été dirigé contre la doctrine thomiste du droit naturel. Montesquieu a essayé de redonner à l'art politique une portée que le thomisme avait considérablement restreinte. [...] On peut affirmer à coup sûr que, lorsqu'il explicite sa pensée en sa qualité de spécialiste de la chose politique, il est plus proche en esprit des classiques que de saint Thomas » (L. STRAUSS, *Droit naturel et histoire*, trad. fr., Plon, 1954, p. 179.

2. W. FRIEDMANN, *Théorie générale du droit*, 4e éd., L.G.D.J., 1965, p. 81.

3. Pas plus qu'il n'en est une de nos jours : « Si le droit est un jugement de valeur, des divergences sont possibles entre le droit existant dans un pays donné et le droit théorique, quel que soit le nom qu'on lui donne : droit scientifique, droit objectif, droit juste, droit idéal » (L. LE FUR, in *Préface* à G. Gurvitch, *L'Idée du droit social*, Recueil Sirey, 1932, p. VIII).

pour expliquer et pour justifier une loi, est destituée de toute autorité, quand elle se met en contradiction avec la « défense naturelle » (X, III). — Même les lois de la nature qui « dérivent uniquement de la constitution de notre être » peuvent être transgressées par la loi positive, comme on le voit dans l'établissement du monachisme (XIV, VII, XXIII, VIII), dans certaines lois sur le célibat (XXIII, XXI, XXV, IV), ou sur le suicide (XXIX, IX et XVI, cf. XIV, XII). L'étude des « lois dans le rapport qu'elles ont avec le nombre des habitants » est introduite par cette phrase : « Les femelles des animaux ont à peu près une fécondité constante [les bêtes « ne suivent pourtant pas invariablement leurs lois naturelles », avait dit le livre préliminaire, chap. I]. Mais, dans l'espèce humaine, la manière de penser, le caractère, les passions [...] troublent la propagation de mille manières » (XXIII, I). On voit ici le rapport entre la loi naturelle et les mœurs — en attendant la loi positive, et pourquoi « il s'en faut bien que le monde intelligent soit aussi bien gouverné que le monde physique ».

b) Et c'est encore parce que le monde intelligent est moins bien gouverné que le monde physique, qu'il paraît malaisé de distinguer, quant à leur effectivité, des « lois-commandements », les « lois-causales », lesquelles participent davantage des lois positives qu'elles régissent, que des lois physiques dont, parfois, elles procèdent. Son censeur janséniste a reproché à Montesquieu d'enseigner un fatalisme, qu'il assimile successivement au spinozisme, au système du poème de Pope et au stoïcisme. Cette critique est souvent transformée en compliment, à partir d'Auguste Comte, qui trouve dans l'ouvrage « la tendance prépondérante [...] à concevoir désormais les phénomènes politiques comme aussi nécessairement assujettis à d'invariables lois naturelles que tous les autres phénomènes quelconques [1] ». Le réquisitoire et l'éloge ne sont pas sans apparence, mais ils témoignent (et le prêtent à l'auteur) d'un esprit de système contraire à l'esprit de l'époque et aux déclarations de l'écrivain [2], pour entraîner celui-ci dans une direction où il n'a jamais songé à aller.

1. A. COMTE, *Cours de philosophie positive*, Schleicher éd., t. IV, 1908, p. 127.

2. Il suffit de rappeler le *Traité des systèmes* de Condillac (1749), et cette phrase de Montesquieu : « Les observations sont l'histoire de la physique, et les systèmes en sont la fable » (*Pensées*, 163 (681), *O.C.*, t. II, p. 51).

Comme les lois positives peuvent être enfreintes, les « lois causales » peuvent être tournées (ou, au contraire, renforcées) par la législation, parce que, précisément, elles ne formulent pas, comme le dit très bien R. Aron, « une relation de nécessité causale, mais une relation d'influence [1] ». Aussi ne sont-elles jamais énoncées en soi, mais seulement par rapport à la législation qui les affronte (et, parfois, leur cède). Le schème simple (et simpliste) de la causalité y est si peu applicable que l'auteur peut écrire, dans le livre sur la nature du climat (qui a fait le plus pour accréditer le conte d'un Montesquieu déterministe) : « Je ferai voir, au livre XIX, que les nations paresseuses [c'est-à-dire méridionales] sont ordinairement orgueilleuses. On pourrait tourner l'effet contre la cause, et détruire la paresse par l'orgueil » (XIV, IX).

L'idée directrice n'est pas celle de causalité, mais celle, bien plus subtile, de *convenance*[2], et le terme employé, comme l'apprend un regard jeté sur la Table des matières, est celui de rapport ou de relation : dans le chapitre-programme, ce rapport s'exprime sous forme d'impératif (ou d'optatif) : « Il faut que les lois se rapportent à la

1. R. ARON, *Les Etapes...*, p. 48.

2. L'idée de *convenance* pourrait faire l'objet d'une étude, qui s'attacherait d'abord à ses différentes expressions verbales. Elle se formule par les termes de *rapport* et de *relation*, comme on l'indique dans le texte, ou encore par *convenir*, *convenable*, par exemple en I, III (« c'est un très grand hasard si [les lois] d'une nation peuvent convenir à une autre »); II, IV (« Autant que le pouvoir du clergé est dangereux dans une république, autant est-il convenable dans une monarchie, surtout dans celles qui vont au despotisme »); VI, VIII (« Dans les lois de Platon, ceux qui négligent d'avertir les magistrats, ou de leur donner du secours. doivent être punis. Cela ne conviendrait point aujourd'hui »); XIV, III (« Plus on est aisément et fortement frappé, plus il importe de l'être d'une manière convenable, de ne recevoir pas des préjugés, et d'être conduit par la raison »); XIV, X (« Dans les pays froids [...]. On y peut donc user de liqueurs spiritueuses, sans que le sang se coagule. On y est plein d'humeurs; les liqueurs fortes, qui donnent du mouvement au sang, y peuvent être convenables »); XIV, XIII (« Dans une nation à qui une maladie du climat affecte tellement l'âme [...], on voit bien que le gouvernement qui conviendrait le mieux à des gens à qui tout serait insupportable, serait celui où ils ne pourraient pas se prendre à un seul de ce qui causerait leurs chagrins ». — « Que si la même nation avait encore reçu du climat un certain caractère d'impatience [...], on voit bien que le gouvernement dont nous venons de parler serait encore le plus convenable »); XIX, VI (« Les lois qui gêneraient l'humeur sociable parmi nous ne seraient point convenables »); XXVIII, XIII (« Ces lois ne pouvaient convenir qu'à un peuple qui avait de la simplicité et une certaine candeur naturelle »). Négativement, il ne faut pas faire « des lois qui choquent l'esprit général » (XIX, XI).

nature et au principe du gouvernement... » ; « elles doivent être relatives au *physique* du pays... » (I, III). Il n'est pas question d'une action mécanique et nécessaire de causes étrangères (physiques) sur les lois (qui relèvent du « monde intelligent »), mais des lois (des œuvres de l'intelligence), en réplique à ces « causes ».

L'idée de convenance pourrait s'autoriser de deux principes, d'ailleurs traditionnels : la « belle parole » de Solon (« On demanda à Solon si les lois qu'il avait données aux Athéniens étaient les meilleures : " Je leur ai donné, répondit-il, les meilleures de celles qu'ils pouvaient souffrir " », XIX, XXI), et cet adage du droit romain, adopté par Hobbes, puis par tous les écrivains de l'Ecole du droit naturel : « Le salut du peuple est la suprême loi » (XXVI, XXIII). Aussi bien l'originalité de l'auteur ne se situe pas, ici, au niveau des principes. Elle consiste, après avoir mis au jour, par ses recherches, appuyées sur la science contemporaine, les « choses sans nombre » auxquelles « les lois ont des rapports sans nombre », à montrer concrètement comment le législateur peut *adapter* les lois à ce conditionnement complexe, à la fois, en en tenant compte et en en tirant parti.

Si ce conditionnement agissait à la manière d'une « *fatalité aveugle* » (I, I) et inexorable, le traité n'aurait plus d'objet. D'où l'on voit la fausse ingéniosité des interprétations qui s'obstinent à expliquer le Ier Livre par le souci de l'auteur de créer une « illusion de conformisme ».

S'il est permis, ici encore, de tirer un commentaire de la philosophie antique, on pourrait dire que le législateur de l'*Esprit des lois*, en face de ces conditions multiples, agit comme le Démiurge du *Timée*, confronté aux « œuvres de la Nécessité ».

« Si les lois des nations pouvaient avoir comme celles de la nature une inflexibilité que jamais aucune force humaine ne pût vaincre... » : tel sera le vœu de Rousseau. Montesquieu, en reliant les lois des nations à celles de la nature, fait voir que, *dans ce rapport*, même les lois de la nature n'ont pas une inflexibilité que ne puisse vaincre le génie du législateur. Aussi s'est-il réclamé de la science politique classique, non de la physique moderne[1].

1. Cf. plus haut, § 6, *i.f.*

V

Structure du livre

12. Les « causes », ou plutôt « les divers rapports que les lois peuvent avoir avec diverses choses » sont énumérés au début (I, III), exhaustivement mais pêle-mêle, sans suite et sans égard, apparemment, pour le plan effectivement adopté dans l'ouvrage : des interprètes ont pu dénoncer dans cette liste « l'insolence de l'ordre bouleversé [1] »; d'autres ont tenté, avec des fortunes diverses, de redresser et d'amender le plan du livre. Comme Montesquieu possédait les éléments de la rhétorique, on doit penser que le « désordre », sinon du plan, du moins dans l'énumération des matières, est conscient et voulu : il indique que le seul terme de référence constant, ce sont les *lois*. Il n'y avait donc pas lieu d'octroyer aux « diverses choses » (qui ne sont prises en considération que « dans les divers rapports que les lois peuvent avoir » avec elles) un ordre « objectif », ontologique en quelque sorte et faussement systématique : un tel ordre eût proprement décentré la recherche, en dissolvant la loi dans le cadre du « monde physique », alors qu'elle est faite pour aménager ce monde à l'échelle humaine. La « révolution copernicienne » pourrait faire comprendre pourquoi, dans cette diversité de rapports, c'est toujours la loi, seul terme constant, qui demeure au centre.

Pas plus qu'un système des causes, l'ouvrage n'entreprend d'exposer un système des lois. « Je n'ai point pris la plume pour enseigner les lois, mais la manière de les enseigner. Aussi n'ai-je point traité des lois, mais de l'esprit des lois [2] ». D'où cette phrase qui, au-delà du livre XXIX, vaut pour l'ensemble de l'ouvrage : « On ne doit point regarder ceci comme un traité de jurisprudence; c'est plutôt une espèce de méthode pour étudier la jurisprudence : ce n'est point le corps des lois que je recherche, mais leur âme [3]. »

Il serait donc vain de chercher dans l'ouvrage un ordre par matières. Quant au « désordre », que les lecteurs

1. P. Vernière, *Montesquieu et l'Esprit des lois...*, p. 52.
2. *Pensées*, 1794 (398), *O.C.*, t. II, p. 533.
3. *Chapitres et fragments de l'Esprit des lois*, 25, *O.C.*, t. III, p. 625 *i.f.* sq.

contemporains déjà et, après eux, tant d'érudits modernes y ont trouvé, ce qu'on peut en dire de plus pertinent a été formulé par d'Alembert : « Le désordre n'est qu'apparent, quand l'auteur, mettant à leur véritable place les idées dont il fait usage, laisse à suppléer aux lecteurs les idées intermédiaires. » Et si c'est encore d'Alembert qui a pu donner, et de beaucoup, la meilleure *Analyse de l'Esprit des Lois* [1], c'est aussi parce que lui-même avait travaillé sur un problème analogue : la division des connaissances humaines. « Cette comparaison d'ailleurs est d'autant plus juste, qu'il en est du plan qu'on peut se faire dans l'examen philosophique des lois, comme de l'ordre qu'on peut observer dans un arbre encyclopédique des sciences : il y restera toujours de l'arbitraire; et tout ce qu'on peut exiger de l'auteur, c'est qu'il suive, sans détour et sans écart, le système qu'il s'est une fois formé [2]. »

Ce que d'Alembert appelle « de l'arbitraire » pourrait être illustré par des inédits, destinés d'abord à l'ouvrage, puis écartés, et dont plusieurs indiquent, par leur titre même, qu'ils auraient pu être développés de manière à constituer un livre entier [3]. Et par « système », il faut entendre ici « la carte générale des vérités que nous connaissons [4] ». — Le tracé de cette « carte » pourrait aller à l'infini, et c'est même là un des résultats de l'enquête : « On a vu, dans tout cet ouvrage, que les lois ont des rapports sans nombre à des choses sans nombre. Etudier la jurisprudence, c'est chercher ces rapports [5]. » Ces rapports se modifient dans le temps, mais il ne saurait s'agir de donner une histoire complète du droit (« cette matière n'aurait point de bornes si je n'y en mettais [6] »); on n'en proposera donc qu'un exemple, mais qui sera proprement exemplaire : « Ce que j'en dirai sera une espèce de méthode pour ceux qui voudront étudier la jurisprudence [7]. »

1. In MONTESQUIEU, *O.C.*, t. I, p. XXXIV.
2. D'ALEMBERT, *Eloge de M. de Montesquieu, loc. cit.*, p. XVII sq.
3. *Chapitres et fragments...*, par exemple p. 595 *(Des lois dans le rapport avec la santé)*, p. 606 *(Des principes des lois dans le rapport que la colonie a avec la métropole)*, p. 609 *(Des lois qui concernent l'enfance et l'âge de raison)*.
4. D'ALEMBERT, *Essai sur les éléments de philosophie* (1759), Paris, 1805, p. 45.
5. *Chapitre et fragments...*, p. 630 *i.f.* sq.
6. *Pensées*, 1794 (398), *O.C.*, t. II, p. 533 déb.
7. *Chapitres et fragments...*, *O.C.*, t. III, p. 631.

L'esprit des lois d'une nation est un « esprit général » qui résulte de beaucoup de composantes (XIX, iv), et c'est encore, comme il est dit ailleurs, une « manière de penser totale [1] ». Or là non plus, il ne s'agit pas d'inventorier et de décrire successivement chacune de ces totalités (comme devait le faire, dans ses *Leçons sur la philosophie de l'histoire*, Hegel, se réclamant expressément de Montesquieu) : « Cette matière est d'une grande étendue. Dans cette foule d'idées qui se présentent à mon esprit, je serai plus attentif à l'ordre des choses qu'aux choses mêmes » (XIX, i).

A partir de tous ces textes, où l'idée de méthode est opposée à celle de *matière* ou *traité*, la comparaison s'impose avec l'*analyse* que Descartes avait mise en œuvre dans ses *Méditations*. On explique ainsi que la démarche puisse rencontrer les mêmes matières à des endroits différents de son parcours, et que, pour tâcher de comprendre la composition du livre, il faille écarter tout « ordre par matières ». Mais la méthode de Montesquieu semble avoir ceci de propre qu'étant aux prises avec une (ou : des) totalités (s), et ne pouvant cependant pas tout dire en même temps [2], elle conjugue parfois plusieurs schèmes directeurs, recourt à des renvois anticipés [3], ou encore pratique cette omission des « idées intermédiaires » que signale d'Alembert. On se bornera ici à quelques points.

13. Disant qu'il examinera « d'abord les rapports que les lois ont avec la nature et le principe de chaque gouvernement » et qu'il passera « ensuite aux autres rapports qui semblent être plus particuliers », l'auteur distingue les deux premières parties des trois suivantes. Il indique aussi qu'ayant « dû moins suivre l'ordre naturel des lois, que celui de ces rapports et de ces choses » (I, iii), cet ordre s'impose surtout dans la Première (et la Deuxième) Partie, puisque le principe de chaque gouvernement est comme la « source » des lois. A mesure que les rapports « semblent être plus particuliers », l'ordre naturel est beaucoup moins saisissable, puisque aucun des rapports désignés par les titres de climat, de commerce et de religion n'est, comme tel, principe et source des lois ; la

1. *Pensées*, 1794 (398), p. 532 *i.f.*
2. Cf. ROUSSEAU : « Toutes mes idées se tiennent, mais je ne saurais les exposer toutes à la fois » (*Du contrat social*, II, v).
3. Cf. plus haut, § 8 (p. 45, n. 2).

séquence même de ces titres ne présente pas la même nécessité que celle qui lie la Deuxième Partie à la Première. Aussi bien l' « ordre bouleversé » que l'on a voulu trouver dans la présentation des matières, dans ce même chapitre, n'affecte-t-il pas le sujet de la Première Partie lequel, tout au contraire, y est nettement détaché et placé en tête de la liste. (Il est vrai que le sujet de la Deuxième est enfoui dans l'énumération suivante; peu importe ici pour quelle raison.) On notera enfin que, dès la Première Partie, l'ordre naturel des rapports se substitue à celui des lois, c'est-à-dire, des matières : on ne s'étonnera donc pas, avec certains commentateurs, d'y trouver les lois de l'éducation (livre IV), les lois civiles et criminelles (VI) ou les lois somptuaires (VII) : d'après leur « matière », en effet, ces lois, apparemment, ne concernent pas la nature et le principe des gouvernements, mais bien, selon l'ordre naturel des rapports, puisqu'elles dérivent, à chaque fois, « comme de leur source », de la constitution et, en retour, permettent d'en éclairer et illustrer l'esprit.

Reste la Sixième Partie, qui ne saurait être comprise dans les « autres rapports qui semblent être plus particuliers », et où l'on a voulu voir un simple appendice, motivé par le désir de l'auteur d'exposer sa théorie de la monarchie française. Mais ce motif, en tout état de cause, ne rendrait compte que des deux derniers livres et, au surplus, les inédits nous ont conservé ces « idées intermédiaires » dont parle d'Alembert, et qui insistent, à la fois, sur l'exemplarité méthodologique du XXVIIe (et du XXVIIIe) livre [1] et sur l'exigence scientifique de « finir cet ouvrage » par une étude du développement historique des lois [2]. Il est assez clair que cette partie historique correspond, dans l'architecture de l'œuvre, à la Première, la plus systématique, qu'elle équilibre et complète. De plus, on pouvait croire (à tort) qu'au cours de l'ouvrage, l'histoire (et la géographie) n'était qu'un immense réservoir immobile où l'enquête puisait, toutes époques confondues, ses exemples et ses leçons. Mais déjà l'étude économique avait consacré tout un livre à montrer par quelles « révolutions » le commerce des anciens a abouti à l'économie moderne (XXI). La recherche sur les lois féodales est introduite ainsi : « Je croirais

1. *Pensées*, *loc. cit.*, p. 532 *i.f.* sq.
2. *Chapitres et fragments*, *loc. cit.*, p. 631.

qu'il y aurait une imperfection dans mon ouvrage, si je passais sous silence un événement arrivé une fois dans le monde, et qui n'arrivera peut-être jamais » (XXX, I) : c'est cet « événement » qui est à l'origine de la monarchie actuelle. — Autrement dit : la Sixième Partie, tout ensemble, établit l'histoire dans son rôle de partenaire du système juridique, et ramène l'apparente intemporalité du traité à un présent, historiquement et géographiquement déterminé.

La Deuxième Partie, bien que cela ne soit pas dit expressément (on vérifie ici, une fois de plus, ce que d'Alembert avait dit de l'omission des « idées intermédiaires »), se rattache étroitement à celle qui précède, en continuant à montrer comment, une fois connu le principe de chaque gouvernement, « on en verra couler les lois comme de leur source ». Ces lois, à consulter le chapitre-programme, sont celles qui se rapportent « au degré de liberté que la constitution peut souffrir » (I, III). Ce thème est appelé, préparé et annoncé déjà par le livre sur la législation (VI), où étaient spécifiés aussi ses divers aspects [1], dont la propriété (traitée au livre XIII sur les impôts) et la sûreté, par où s'explique la présence des deux premiers livres, consacrés à la « force défensive » (IX) et à la « force offensive » (X), s'il est vrai que la sûreté des citoyens ne se sépare pas de la sécurité des Etats.

De fait, la place de ces deux livres ne se comprend pas seulement par leur « matière » : elle est dictée par plusieurs exigences de structure qu'on peut analyser ainsi. Le droit constitutionnel s'achève traditionnellement par un examen « Des changements et de la destruction des Etats [2] » : c'est ainsi que le VIIIe Livre avait traité *De la corruption des principes des trois gouvernements.* Or d'après une tradition établie au moins depuis Polybe, on considère qu' « il y a deux manières pour une constitution, quelle qu'elle soit, de se corrompre, soit du fait d'une cause extérieure, soit par un processus naturel interne [3] ». Les livres IX et X complètent donc le livre VIII, par l'examen de la « cause extérieure » de la

1. *De l'Esprit des lois*, VI, I-III, où l'on trouve plusieurs énumérations qui joignent à la liberté, la sûreté, la propriété, la vie, l'honneur, etc. (cf. plus haut, § 8, p. 45, n. 2 *i. f.*).

2. Par exemple PUFENDORF, *Le Droit de la nature et des gens*, livre VIII, chap. XII.

3. POLYBE, VI, VIII, 57.

corruption des gouvernements. D'autre part, la tradition avait inclus dans le droit constitutionnel, le « droit de guerre » et les « conventions » entre les Etats [1]. L'originalité de Montesquieu consiste, ici, à détacher le Droit des Gens du droit constitutionnel proprement dit, à la fois pour montrer les rapports qu'il peut y avoir entre les gouvernements, jusqu'alors considérés isolément, et pour donner un cadre plus vaste, celui de la sécurité extérieure, à la sûreté des citoyens. — On voit assez, sur cet exemple, comment l'auteur conjugue plusieurs schèmes traditionnels, pour les plier à une structure unique et neuve, exigée par son propos.

14. Les « autres rapports qui semblent être plus particuliers » concernent les lois « dans le rapport qu'elles ont avec la nature du climat » (Troisième Partie), « avec le commerce considéré dans sa nature et ses distinctions » (Quatrième Partie) et « avec la religion établie dans chaque pays » (Cinquième Partie). On se gardera de voir dans cette séquence une gradation selon les causes physiques et les causes morales (ce qui sous-entendrait encore un « ordre par matières »). Il est vrai que cette distinction, parfaitement courante à l'époque (chez Buffon, par exemple), divise l'*Essai sur les causes qui peuvent affecter les esprits et les caractères* [2] : mais précisément, la seconde partie de cet *Essai*, consacrée aux « causes morales » (qui incluent les religions) rapporte constamment celles-ci aux « causes physiques », et ce sont ces rapports qui font le véritable objet de l'*Essai* (de même qu'aucun commentateur d'Aristote ne songerait à séparer la cause finale de la cause matérielle). Cela dit, et comme il ne s'agit pas, ici, de l'*Essai*, les concepts de physique et de moral ne contribuent en rien à l'intelligence de ces trois Parties, à moins de changer tout à fait de sens, puisqu'il s'agit de lois et de législation.

Dans sa réponse à la Sorbonne, où il est obligé de s'en tenir au vocabulaire consacré, Montesquieu met sur le même plan « l'influence des causes morales, des politiques et des civiles [3] ». De fait, le législateur se sert indifféremment des causes physiques et des causes morales, pour parvenir à ses fins : ce sont ces *fins* qui, seules, pourraient être appelées morales; tout ce qui a rapport au climat, au

1. Pufendorf, *Le Droit de la nature et des gens*, livre VIII, chap. vi-ix.
2. Montesquieu, *O.C.*, t. III, p. 397 sqq.
3. *Chapitres et fragments*, *O.C.*, t. III, p. 651.

commerce, à la religion, tombe au rang de causes matérielles, comme dirait Aristote, causes que l'art politique, tantôt utilise et tantôt tâche de neutraliser. Il suffira ici de quelques exemples.

La phrase souvent citée : « L'empire du climat est le premier de tous les empires », prise isolément, est encore mieux comprise dans la censure qu'en avaient prononcée le Nouvelliste Ecclésiastique et la Sorbonne [1], que dans des exégèses modernes qui voudraient y voir comme l'épigraphe du livre XIV. Rétablie dans son contexte, la phrase signifie le contraire de ce qu'on lui fait dire : en conclusion des réformes de Pierre le Grand, elle montre que le tsar avait trouvé un allié imprévu dans l'empire du climat, alors qu'avant son intervention, les mœurs des Moscovites étaient « étrangères au climat » et, donc, parvenaient très bien à contrarier cet « empire » (XIX, XIV). — Quant à la religion, elle doit, comme les lois civiles, « tendre principalement à rendre les hommes bons citoyens » (XXIV, XIV). De fait, il arrive que « les lois civiles corrigent quelquefois les fausses religions » ou qu'à l'inverse, « les lois de la religion corrigent les inconvénients de la constitution politique » (XXIV, XV, XVI) : « La religion de Guèbres [2] rendit autrefois le royaume de Perse florissant; elle corrigea les mauvais effets du despotisme : la religion mahométane détruit aujourd'hui ce même empire »... (XXIV, XI). — La religion doit avoir égard au climat « dans l'institution des fêtes » (XXIV, XXIII); « il faut éviter les lois pénales en fait de religion », parce qu'elles « n'ont jamais eu d'effet que comme destruction » (XXV, XII); pour savoir si l'Etat souffrira l'établissement d'une nouvelle religion, il faut consulter « le principe fondamental des lois politiques en fait de religion » (XXV, X).

L'étude des climats se rattache à celle des principes des gouvernements : l'idée de *passion* fournissant le moyen terme [3]. L'anthropologie qui est introduite ainsi n'a

1. *Chapitres et fragments*, *O.C.*, t. III, p. 650 sq.

2. Litt. les « infidèles », appellation injurieuse donnée par la majorité musulmane aux Mazdéens, restés fidèles à l'antique religion de Zoroastre (voir C. HUART, *La Perse antique et la civilisation iranienne*, « Evolution de l'Humanité », Paris, 1925, p. 237).

3. *De l'esprit des lois*, XIV, I : « S'il est vrai que le caractère des esprits et les passions du cœur soient extrêmement différents dans les divers climats... » (III, I : Nature et principe du gouvernement : « L'une est sa structure particulière, et l'autre les passions humaines qui le font mouvoir »).

rien, dans son projet même, que de classique, et pourrait même invoquer des textes de Descartes [1]. Si le rapport des lois avec les climats est étudié dans l'institution de l'esclavage (sous ses trois formes : civil, domestique, politique), c'est parce que cette institution illustre le mieux l'influence du climat (et non pas pour obéir à on ne sait quel ordre des matières), et c'est encore (bien que, ici non plus cela ne soit pas dit expressément) par contraste avec la Deuxième Partie qui avait pour objet la liberté.

En réalité, cette Troisième Partie apporte un complément indispensable à l'ensemble des deux précédentes. Elle montre, si l'on peut dire, l'enracinement des constitutions, dans le « terrain » et le climat sans doute, mais aussi bien dans un sol aux éléments plus riches : « Plusieurs choses gouvernent les hommes : le climat, la religion, les lois, les maximes du gouvernement, les exemples des choses passées, les mœurs, les manières; d'où il se forme un esprit général qui en résulte » (XIX, IV). C'est pourquoi l'exégèse « physique » envelopperait un contresens sur le XIXe livre et, par là, sur l'ensemble de cette Partie : si l'auteur a placé ce livre en conclusion, c'est précisément pour prévenir ce type d'exégèse (et non pas, comme certains l'ont pensé, parce qu'il était bien obligé de le loger quelque part) : l'objet de la Troisième Partie est de montrer comment les régimes politiques s'incarnent et s'individualisent selon l' « esprit général » des nations, où le climat n'entre que comme une composante.

Comme la Troisième, la Cinquième Partie s'achève par un livre d'une portée plus générale, destiné à *situer* le sujet traité. Il l'est d'ailleurs dès le départ : « Je n'examinerai donc les diverses religions du monde, que par rapport au bien que l'on en tire dans l'état civil »; de ce fait, « il pourrait y avoir des choses qui ne seraient entièrement vraies que dans une façon de penser humaine, n'ayant point été considérées dans le rapport avec des vérités plus sublimes » (XXIV, I). Il reste, et c'est cela l'honneur du législateur et lui prescrit sa tâche

1. « Car même l'esprit dépend si fort du tempérament, et de la disposition des organes du corps que, s'il est possible de trouver quelque moyen qui rende communément les hommes plus sages et plus habiles qu'ils n'ont été jusques ici, je crois que c'est dans la médecine qu'on doit le chercher » (*Discours de la méthode*, VI, A.T., VI, p. 62, 15).

la plus noble, qu' « une façon de penser humaine » peut être sublime à son tour. De même, en effet, que « la loi, en général, est la raison humaine, en tant qu'elle gouverne tous les peuples de la terre; et les lois politiques et civiles de chaque nation ne doivent être que les cas particuliers où s'applique cette raison humaine » (I, III), — de même, parce qu'il y a « différents ordres de lois », « la sublimité de la raison humaine consiste à savoir bien auquel de ces ordres se rapportent principalement les choses sur lesquelles on doit statuer, et à ne point mettre de confusion dans les principes qui doivent gouverner les hommes » (XXVI, I). Le livre XXVI assume dès lors une double fonction : à l'intérieur de la Cinquième Partie qu'il conclut, et en référence au livre Ier qui introduit tout l'ouvrage. Il replace les lois relatives à la religion dans le système général de la législation, et les en distingue : « On ne doit point statuer par les lois divines ce qui doit l'être par les lois humaines, ni régler par les lois humaines ce qui doit l'être par les lois divines. » On voit bien que le schème simple du physique et du moral n'éclaire en rien ces rapports : il est besoin pour cela d'un « grand principe », qui « lui-même est soumis à d'autres, qu'il faut chercher » (XXVI, II). — D'autre part, en précisant les « diverses sortes de lois qui gouvernent les hommes » (XXVI, I), le livre rejoint la division des lois établie au Ier livre, la complète (ce qu'il n'y a pas à montrer ici dans le détail) et définit les compétences respectives des différentes branches du droit. C'est ce livre aussi qui fait le mieux comprendre ce que signifie (ou : doit signifier) le rattachement des lois positives au droit naturel. — Ce retour au Ier livre contribue à éclairer l'architecture de l'œuvre, dont l'organisation d'ensemble reflète, non dans sa progression seulement, mais tout autant par ces mouvements circulaires et ces correspondances subtiles, la totalité complexe de l'ordre juridique, que l'analyse doit restituer et révéler, mais qu'elle ne saurait, ni déduire ni construire.

VI

SA MODERNITÉ

15. La Quatrième Partie forme, à bien des égards, le centre de l'ouvrage. Elle est précédée de l'*Invocation aux*

Muses, malencontreusement supprimée dans la première édition, et l'atmosphère poétique (soutenue, quelques livres plus loin, par l'hymne lucrétien à Vénus [1]), si peu convenable, en apparence, au sujet traité, peut aider à en faire comprendre la véritable nature.

Les rapports entre les nations n'avaient été envisagés jusqu'à présent que selon le Droit des Gens, c'est-à-dire, au juste, dans l'état de guerre (défensive et offensive). Or, « l'effet naturel du commerce est de porter à la paix » et « l'esprit de commerce unit les nations » (XX, II). Cela, sans doute, est une vérité générale. Mais il se trouve que les relations commerciales entre les nations modernes ont pris une ampleur jusqu'alors inconnue [2]. Aussi tout un livre est consacré aux « Lois dans le rapport qu'elles ont avec le commerce, considéré dans les révolutions qu'il a eues dans le monde » (XXI). L'idée de modernité, qui affleurait déjà dans les livres précédents, est mise ici en pleine lumière. L'histoire, par là, si elle continue à être interrogée jusque chez les Carthaginois, rejoint l'actualité du présent. D'où, faisant écho à la *Constitution d'Angleterre* du livre XI, cet éloge : « C'est le peuple du monde qui a le mieux su se prévaloir à la fois de ces trois grandes choses : la religion, le commerce et la liberté » (XX, VII). Max Weber renvoie à cette phrase, où il trouve une confirmation de sa thèse d' « une parenté entre certaines expressions du vieil esprit protestant et de la civilisation capitaliste moderne [3] ». De fait, c'est surtout dans les démocraties anciennes que Montesquieu avait fait ressortir la solidarité entre l' « esprit de commerce » et les vertus [4]. Parlant des temps modernes, il pose le problème différemment : « On peut dire que les lois du commerce perfectionnent les mœurs, par la même raison que ces mêmes lois perdent les mœurs. Le commerce

1. L. Strauss a souligné avec raison que deux livres seulement de *L'Esprit des lois* sont « préfacés de poèmes » : il y voit « une dernière résurgence de la poésie, sous-jacente à la prose moderne » (*What is Political Philosophy ?*, Greenwood Press, Westport, Connect., (1959, 1977, p. 50).

2. « L'Europe est parvenue à un si haut degré de puissance, que l'histoire n'a rien à comparer là-dessus » (XXI, XXI).

3. M. Weber, *L'Ethique protestante et l'esprit du capitalisme*, trad. J. Chavy, Plon, 1964, p. 43.

4. « L'esprit de commerce entraîne avec soi celui de frugalité, d'économie, de modération, de travail, de sagesse, de tranquillité, d'ordre et de règle. Ainsi, tandis que cet esprit subsiste, les richesses qu'il produit n'ont aucun mauvais effet » (V, VI).

corrompt les mœurs pures : c'était le sujet des plaintes de Platon : il polit et adoucit les mœurs barbares, comme nous le voyons tous les jours » (XX, i). Texte remarquable, qui met en balance, sans apparemment choisir, l'idéal antique et l'esprit moderne, contraste qui traverse tout l'ouvrage et, peut-être, partage l'âme de l'auteur, entre la *vertu romaine* et la *modération* qui se manifeste, bien qu'à travers des institutions différentes, dans les deux grandes monarchies contemporaines. Or les réalités économiques s'imposent dans les deux pays, et s' « il est contre l'esprit du commerce, que la noblesse le fasse dans la monarchie », la pratique en France « est très sage : les négociants n'y sont pas nobles, mais ils peuvent le devenir » (XX, xxi, xxii) [1].

Il faut rappeler ici certaines lectures, concordantes au moins en ceci qu'elles attribuent à l'auteur une position à la fois moderne et « réactionnaire », position éclairée, à chaque fois, à la lumière de l'histoire politique à venir. On a pu parler ainsi du « libéralisme aristocratique [2] »; de Montesquieu « opposant de droite < qui > a servi dans la suite du siècle tous les opposants de gauche, avant de donner des armes dans l'avenir de l'histoire à tous les réactionnaires [3] »; ou encore, tout en rejetant comme aberrante la qualification de « féodal », de « celui qui, de toute évidence, fut d'abord l'un des plus intelligents

1. Rappelons ici la controverse suscitée par l'ouvrage de l'abbé G. F. Coyer, *De la noblesse commerçante* (Londres, 1756); voir en particulier H. Lévy-Bruhl, *La Noblesse de France et le commerce à la fin de l'Ancien Régime*, in *Revue d'Histoire moderne et contemporaine*, 1933, p. 209-235; cf. aussi B. Groethuysen, *Origines de l'esprit bourgeois en France*, Gallimard, 1927, deuxième partie. — Il n'est pas sans intérêt de signaler que cette nouvelle éthique du commerçant, opposée à l'idéal traditionnel de la noblesse (ou conciliée avec lui) a trouvé un écho, en 1756 même, dans un pays qui, avant la Révolution française, ne s'était pourtant guère intéressé au problème des différents ordres sociaux : l'Allemagne, comme on le voit dans l'Appendice ajouté par J. G. Hamann à sa traduction de Plumard de Dangeul, *Remarques sur les avantages et les désavantages de la France et de la Grande-Bretagne par rapport au commerce et aux autres sources de la puissance des Etats* (voir Ph. Merlan, *Parva Hamanniana (I), J. G. Hamann as a Spokesman of the Middle Class*, in *Journal of the History of Ideas*, vol. IX, n° 3, 1948, p. 380-384).

2. J.-J. Chevalier, Montesquieu ou le libéralisme aristocratique, in *Revue Internationale de Philosophie*, 1955, fasc. 3-4, p. 330-345. Voir aussi, du même auteur, *Les Grandes Œuvres politiques*, A. Colin, 1957, p. 100 sqq.

3. L. Althusser, *Montesquieu, la politique et l'histoire*, P.U.F., 1959, p. 115.

théoriciens du capitalisme mercantile [1] ». — Il serait sans intérêt de critiquer ces interprétations qui, sur le plan où elles se situent de l'histoire des idées, peuvent prétendre, chacune, à cette part de vérité qui est propre à ce genre d'histoire. On essaiera plutôt, à partir de l'œuvre même, de les assortir de quelques réserves, et de s'interroger sur les limites d'une telle histoire.

Quant au mercantilisme, d'abord : il est certain que Montesquieu est parfois considéré comme un « mercantiliste de transition [2] », mais il semble bien que ses conceptions économiques (et financières) soient assez originales [3] pour qu'on ne le range pas parmi les colbertistes (pas plus, bien entendu, que parmi les Physiocrates), et l'on peut même penser que c'est le caractère inclassable de ses idées qui le fait exclure, la plupart du temps, des *Histoires* classiques des doctrines économiques [4]. Pour ce qui est du capitalisme, ensuite : Montesquieu a parfaitement conscience de ses inconvénients et dangers. « Chez un peuple où la monnaie est établie, on est sujet aux injustices qui viennent de la ruse » (et non seulement de la violence) : même de « bonnes lois civiles » n'y apportent pas un remède suffisant (XVIII, xvi). Les « compagnies de négociants, qui s'associent pour un certain commerce » constituent un danger pour les pouvoirs publics, parce que « la nature de ces compagnies est de donner aux richesses particulières la force des richesses publiques » (XX, x); c'est d'ailleurs pour cela que les lois doivent défendre le commerce aux nobles : « des marchands si accrédités feraient toutes sortes de monopoles » (V, viii). S'agissant des *Richesses de l'Espagne* [5], « c'est une mauvaise espèce de richesse qu'un tribut d'accident et qui ne dépend pas de l'industrie de la nation [...]. Si quelques provinces dans la Castille lui donnaient une somme pareille à celle de la douane de Cadix, sa puissance serait bien plus grande

1. ETIEMBLE, *Montesquieu*, in *Histoire des littératures*, 3, Encyclopédie de la Pléiade, 1958, p. 706.
2. J.-F. FAURE-SOULET, *Economie politique et progrès au « Siècle des Lumières »*, Gauthier-Villars, 1964, p. 58.
3. Voir J. BRETHE DE LA GRESSAYE, édition de l'*Esprit des lois*, t. III, p. 42.
4. Pour une étude monographique, voir, en dernier lieu, A. COTTA, Le développement économique dans la pensée de Montesquieu, in *Revue d'histoire économique et sociale*, 1957, 4; on trouvera un bon exposé d'ensemble dans S. GOYARD-FABRE, *La Philosophie du droit de Montesquieu*, Klincksieck, 1973, p. 266-286.
5. MONTESQUIEU, *O.C.*, t. III, p. 137 sqq.

[...] : au lieu d'un grand trésor, on aurait un grand peuple » (XXI, xxii).

Peut-être Montesquieu s'est-il abusé sur les vertus pacificatrices du commerce; mais quitte à se référer à l'histoire future, l'argument pourrait se retourner, car il ne devait pas se vérifier que l'impérialisme fût l'apanage du capitalisme. Au reste, même dans les situations toutes nouvelles dont la prévision n'est pas raisonnablement exigible de l'auteur, il n'est pas sûr que soit réfutée sa thèse, fondée sur les « besoins mutuels », que « l'effet du commerce est de porter à la paix ». — On se demanderait plutôt, à lire certaines descriptions (p. ex. XXI, v déb.), si Montesquieu n'a pas, sinon prévu, en tout cas compris le dynamisme interne qui, souvent, commande l'évolution des faits économiques.

16. Il est certain, d'autre part, que les deux derniers livres interviennent dans un débat qui est alors à l'ordre du jour sur les rôles politiques respectifs des nobles et des roturiers [1], et que la théorie constitutionnelle de l'auteur est favorable à la noblesse et au maintien de ses privilèges (Helvétius déjà avait parlé de « l'alliage des vérités et des préjugés [2] »). A partir de là, il est certainement légitime d'essayer de définir la place de l'*Esprit des lois* dans le mouvement des idées prérévolutionnaires et, au-delà, dans nos propres controverses idéologiques. Mais il est non moins permis de suivre la démarche inverse, et de restituer à l'œuvre ce dont l'histoire, nécessairement, l'appauvrit. Ainsi, les longues et pénibles recherches sur les lois féodales (il ne convient pas, à cet égard, de séparer le Livre XXVIII des deux derniers) sont tout autre chose qu'une prise de position dans une querelle d'actualité : la thèse de Boulainvilliers, tenant de

1. Voir E. Carcassonne, *Montesquieu et le problème de la constitution française au XVIIIe siècle*, Paris, 1927. — On trouvera un résumé du débat dans l'édition de l'*Esprit des lois* de J. Brethe de la Gressaye, t. IV, p. 359-362, dans l'ouvrage de L. Althusser, p. 104-107 et dans les *Etapes de la pensée sociologique* de R. Aron, p. 73; cf. aussi la thèse de J. Dedieu, *Montesquieu et la tradition politique anglaise en France*, chap. iv. Inutile d'ajouter que la science actuelle ne pose plus la question dans les termes définis par Boulainvilliers (Marc Bloch, *La Société féodale*, Albin Michel (1939), 1968, p. 213).

2. Helvétius, *Lettre à Saurin*, in Montesquieu, *O.C.*, t. III, p. 1539. En tant que document contemporain, cette lettre (ainsi que celle que le même auteur a adressée à Montesquieu (*ibid.*, p. 1102 sqq) garde toute sa valeur, sans qu'il y ait lieu, ici, de soulever la question de l'authenticité.

la noblesse, n'est pas plus épargnée que celle de l'abbé Dubos, et le livre dernier contient une critique très claire du régime féodal. Dans l'ensemble de cette Sixième Partie, on a pu trouver « le titre de gloire de la pensée historique [1] ». Il y a autre chose encore — au-delà de toute dispute doctrinale, et en négligeant même le génie historique de l'auteur. — Aujourd'hui où l'avenir nous renvoie au passé pour y découvrir son sens, au point que l'antique technique de la divination semble relayée de nos jours par ce qu'on a proposé ailleurs d'appeler *histoire rationnelle*, on devrait être sensible à un des premiers efforts pour éclairer la situation politique présente à la lumière d'une histoire qui n'est pas, comme chez les protagonistes du débat, construite *ad hoc*. — Quant à ce débat même : si son appréciation doctrinale est déjà malaisée, l'évaluation de son influence sur l'histoire à venir risque de l'être encore davantage, parce qu'on peut insister, à volonté, sur le caractère « féodal » et archaïque de la position de Montesquieu, ou, au contraire, sur ses traits « libéraux » et modernes, de même qu'à l'inverse, la théorie de l'abbé Dubos et des « romanistes » peut à la fois se qualifier de « bourgeoise » et, par là, de progressiste, ou se disqualifier comme absolutiste : « objectivement », la Révolution ne réfutera pas plus l'une qu'elle ne devait confirmer l'autre.

Pour ce qui est des théories des pouvoirs intermédiaires et de la séparation des pouvoirs (étant entendu qu'il les distingue clairement, il n'en est pas moins vrai que « Montesquieu a ouvertement souhaité pour sa patrie un minimum de distribution des pouvoirs et de " sûreté " contre les tendances despotiques qu'il y croyait discerner [2] », sans compter que les deux systèmes ont été « trouvé < s > dans les bois [3] »), ce serait une exégèse un peu courte que d'y voir seulement la défense des prérogatives nobiliaires. S'il est vrai que, par cette constitution mixte [4], Montesquieu « se rallie à l'idée d'une société iné-

1. F. MEINECKE, *La Genèse de l'historisme*, 4e éd., Munich, 1965, p. 175.
2. J.-J. CHEVALIER, in *Rev. intern. de Phil.*, *loc. cit.*, p. 342.
3. *De l'Esprit des lois*, XI, VI *i.f.* Le meilleur commentaire de cette expression se trouve dans les *Pensées*, 1645 (1963), p. 481.
4. Le rapprochement est fait par l'auteur même : *Pensées*, 1744 (238), p. 519 sq. Sur les sources antiques, au-delà même de Polybe, on lira le beau travail d'Armand DELATTE, *La Constitution des Etats-Unis et les Pythagoriciens*, « Les Belles-Lettres », 1948.

galitaire, hiérarchique, divisée en classes [1] », il est non moins évident que ses préférences vont au système anglais, où le peuple, représenté par ses députés, partage le pouvoir législatif avec la noblesse. S'il est vrai encore que le principe de la séparation des pouvoirs (R. Carré de Malberg, dont les analyses gardent toute leur valeur, y a insisté avec raison) « a été créé en vue des monarchies [2] », ce serait une lecture anachronique, que de reprocher à l'auteur de n'avoir pas prévu l'Etat populaire. D'autant que, ici pas plus qu'ailleurs, le tribunal de l'histoire n'est capable de rendre un jugement univoque : si ce principe a pu influencer la Constitution des Etats-Unis, c'est, pour citer encore Carré de Malberg, parce que les Américains « ont calqué la condition de leur président populaire sur celle d'un monarque doué de pouvoir personnel [3] »; en France même, la Déclaration des droits de l'homme et du citoyen, insérée dans la Constitution de 1791, fait coexister le principe de la séparation des pouvoirs (art. 16) avec celui de la souveraineté de la Nation (art. 3); même l'indépendance [4] du pouvoir judiciaire (dont la portée, à l'intérieur de la théorie de Montesquieu, a pu être contestée) est à l'origine de ce qu'au XIXe siècle, on a appelé l'Ecole de l'Exégèse, et concourt à la visée essentielle de l'auteur : de constituer un *Etat de droit.* — Il n'importe pas ici de savoir si la description de la constitution anglaise est historiquement exacte (Montesquieu s'est expressément défendu d'une telle prétention [5]) : c'est plutôt, comme les « trois espèces de gouvernements », un *type idéal*, et l'on devrait prêter plus d'attention au fait que la théorie des

1. C. EISENMANN, L' « *Esprit des lois* » *et la séparation des pouvoirs*, in *Mélanges R. Carré de Malberg* (1933), E. Duchemin, 1977, p. 191, n. 2. Voir, du même auteur, *La Pensée constitutionnelle de Montesquieu, Bicentenaire de l'* « *Esprit des lois* », Sirey, 1952, p. 133 sqq.

2. R. CARRÉ DE MALBERG, *Contribution à la Théorie générale de l'Etat*, t. II, Sirey, 1922, p. 142, n. 23.

3. *Id.*, *Ibid.*

4. Qui, en fait, se ramène pour Montesquieu à la soumission du juge à la loi (VI, iii), si bien que le pouvoir judiciaire peut être défini comme « la puissance exécutrice des choses qui dépendent du droit civil » (c'est-à-dire, privé et pénal; XI, VI déb.). Sur les nombreux problèmes, d'ordre doctrinal et aussi dans l'évolution ultérieure du droit, qu'a soulevés cette formule, on consultera R. CARRÉ DE MALBERG, *Contribution à la théorie générale de l'Etat*, t. I, Sirey, 1920, p. 720 sqq., et L. DUGUIT, *Traité de droit constitutionnel*, 3e éd., t. II, de Boccard, 1928, p. 660 sqq.

5. « Ce n'est pas à moi à examiner si les Anglais jouissent actuellement de cette liberté, ou non. Il me suffit de dire qu'elle est établie par leurs lois, et je ne cherche pas davantage » (XI, VI, *i.f.*).

pouvoirs est énoncée d'abord comme une vérité valable pour « chaque Etat » (XI, vi déb.), avant que l'application en soit faite au régime anglais. Les origines lockiennes de cette théorie n'importent guère davantage : c'est par la forme que lui a donnée Montesquieu que cette théorie a agi (et continue d'agir [1]) sur l'histoire, et tout d'abord en Angleterre même, où le juriste Blackstone s'en inspire pour commenter les lois anglaises (1765); comme le dit très bien J.-J. Chevalier : « Par sa richesse et sa complexité la pensée du grand écrivain prêtait d'ailleurs à cette diversité d'interprétations [2]. » Ce qu'il faut souligner surtout, c'est que cette théorie est déjà esquissée dans l'étude des constitutions, au sujet du « gouvernement modéré » (V, xiv *i.f.*).

Or la *modération* n'est pas seulement l' « âme » des gouvernements aristocratiques et monarchiques : c'est l'idée directrice de tout le traité : « Je le dis, et il me semble que je n'ai fait cet ouvrage que pour le prouver : l'esprit de modération doit être celui du législateur; le bien politique, comme le bien moral, se trouve toujours entre deux limites » (XXIX, i). La célèbre phrase : « Pour qu'on ne puisse abuser du pouvoir, il faut que, par la disposition des choses, le pouvoir arrête le pouvoir » ne sert pas seulement, comme on a parfois tendance à le croire, à introduire l'examen de la Constitution d'Angleterre (aussi est-elle énoncée dès le chapitre iv) : c'est, à la fois, un instrument de discrimination du réel, et un critère applicable à tout gouvernement, quel qu'il soit [3] : l'idée en est établie dès le début de l'ouvrage [4] (à un

1. Sur le rôle de cette théorie dans l'évolution ultérieure, voir M. Duverger, *Institutions politiques et droit constitutionnel*[8], P.U.F., 1965, p. 163-180, en part. p. 168 (« Il est intéressant de noter que la théorie de la séparation des pouvoirs a partiellement changé aujourd'hui de signification politique... »)

2. J.-J. Chevalier, *loc. cit.*, p. 343.

3. « Ce qui en fait encore l'originalité, c'est qu'elle [la théorie de la séparation des pouvoirs] est énoncée en la forme d'un principe général, principe que Montesquieu formule comme l'une des conditions fondamentales de la bonne organisation des pouvoirs dans tout Etat sagement ordonné » (R. Carré de Malberg, *Contribution à la Théorie générale..., op. cit.*, t. II, p. 3 *i.f.* sq.).

4. II, iii (Dans les monarchies, « le principe du gouvernement arrête le monarque; mais, dans une république où un citoyen se fait donner un pouvoir exorbitant, l'abus de ce pouvoir est plus grand, parce que les lois, qui ne l'ont point prévu, n'ont rien fait pour l'arrêter »); II, iv (« Où en seraient l'Espagne et le Portugal depuis la perte de leurs lois, sans ce pouvoir [du clergé] qui arrête seule la puissance arbitraire ? »); cf. V, xiv, déjà cité.

moment, donc, où, selon une thèse érudite, contestable mais toujours vivace, l'auteur ne connaissait pas encore le système anglais), et c'est un critère qui permet même de trouver quelque variété dans la morne homogénéité du gouvernement despotique [1].

Il est vrai encore que c'est l'idée de liberté, telle qu'elle est exposée au XIe, mais aussi au XIIe livres, qui constitue proprement la part de modernité de celui que Madame de Tencin appelait son « petit Romain », que cette idée implique bien celle de l'« indépendance juridique réciproque du Parlement et du Gouvernement », distincte de l'idée rousseauiste de la souveraineté du peuple [2] et liée, à son tour, à la conception d'une société différenciée, inégalitaire par conséquent et, en ce sens, une société de classes. Mais il faut reconnaître aussi que l'histoire a largement ratifié cette conception de la liberté (et que, si le « libéralisme » a pu tomber en discrédit, les « droits de l'homme » qu'on est en train de redécouvrir rejoignent assez exactement ce que Montesquieu avait appelé *sûreté*), qu'elle ne nous a guère fait connaître l'existence de sociétés (civilisées) non différenciées, et que, si l'on n'est pas dupe, volontairement ou non, des nécessaires limites historiques où cette conception s'est formulée, celle-ci conserve une actualité, non pas (seulement) idéologique, mais proprement scientifique : « Quelle que soit la structure de la société, à une époque, il y a toujours possibilité de penser à la façon de Montesquieu, c'est-à-dire d'analyser la forme propre d'hétérogénéité d'une certaine société et de chercher, par l'équilibre des puissances, la garantie de la modération et de la liberté [3]. » A maintenir même cette conception dans son cadre historique, on doit remarquer que les corps intermédiaires auxquels l'auteur attachait le plus de poids, sont les parlements, qui ont le dépôt des *lois fondamentales*. Faut-il rappeler enfin que Rousseau, parlant de la démocratie, dira : « Un gouvernement si parfait ne convient pas à des hommes » ?

17. Le même Rousseau, en face des réalités économiques contemporaines, avait décidément pris le parti

1. III, x (« Il y a pourtant une chose que l'on peut quelquefois opposer à la volonté du prince : c'est la religion »); cf. VIII, x, XXIV, II, XXVI, II, 2°.
2. Ch. EISENMANN, *loc. cit.*, p. 189, 190, n. 1.
3. R. ARON, *Les Etapes de la pensée sociologique*, p. 63.

des anciens : « Les systèmes des finances sont modernes. Je n'en vois rien sortir de bon ni de grand. Les gouvernements anciens ne connaissaient pas même ce mot de *finance*, et ce qu'il faisaient avec des hommes est prodigieux. » A partir de là, l'histoire, politique et des idées, se plaîra à des chassés-croisés. L'esprit des Romains triomphera en France à la fin du siècle, mais l'*Esprit des lois* s'impose dans l'Angleterre de Blackstone, agit sur les Constituants français et sur les pères fondateurs d'Amérique, il conquiert l'Europe du XIXe siècle, et cela autant que par sa doctrine constitutionnelle, par ses idées « réformistes » de tolérance, de critique de la législation pénale, par ses projets de réforme sociale enfin (Maxime Leroy a pu y reconnaître l'annonce d'un « socialisme d'Etat »). Plus on se rapproche du présent, plus l'histoire des idées se confond avec l'histoire idéologique, et plus le tracé des rapports et des influences devient arbitraire. J. Ellul a constaté, en 1962, que la théorie rousseauiste de la souveraineté du peuple est devenue un « préjugé collectif », non seulement dans l'Occident, mais dans tous les pays communistes et jusque dans l'Islam, « qui pourtant en était bien éloigné » : « C'est en fonction de cette croyance mystique dans la souveraineté du peuple que tous les dictateurs cherchent à démontrer qu'ils sont l'expression de cette souveraineté [1]. » On peut se demander, ajoute-t-il, « si Rousseau avait bien voulu cela [2] ». On se demanderait de même, et sans doute avec plus de fondement, si Montesquieu aurait reconnu ses idées dans les démocraties occidentales, présidentielles et / ou parlementaires, et si ce qu'on appelle si bien la « classe politique » ne fonctionne pas comme une aristocratie élective. — Il n'est pas facile de faire la part des choses, c'est-à-dire de distinguer ce que les auteurs ont « voulu » dans leur œuvre, de ce qu'ils ont effectué dans l'histoire; de savoir ce qui, dans leur action future, relève de la causalité (et de l'intention) et ce qui appartient au mythe; de démêler enfin l'influence assignable d'avec le modèle sollicité, en bien ou en mal, par l'idéologie interprétante. On a fait allusion, dans ce qui précède, aux constructions de l'*histoire rationnelle*, et à cette espèce de divination à

1. Cf. déjà Tocqueville : « La volonté nationale est un des mots dont les intrigants de tous les temps et les despotes de tous les âges ont le plus largement abusé » (*De la démocratie en Amérique*, livre I, Ire Partie, chap. IV).

2. J. Ellul, *Propagandes*, A. Colin, 1962, p. 146 sq.

rebours par où les doctrines du jour, désemparées devant l'avenir, se tournent vers le passé pour y trouver des précurseurs et des alliés, mais aussi pour y rechercher, dans des procès intentés à titre posthume, des coupables et des responsables (on a été ainsi jusqu'à dresser des réquisitoires contre Platon).

Nous ne nous amuserons pas ici à ce jeu. La seule critique que, dans cet ordre d'idées, on soit fondé à adresser à Montesquieu, c'est de n'avoir pas élaboré, au-delà de ce qu'on peut trouver au Livre VIII, une théorie de la révolution ou, comme on dirait aujourd'hui, une *staséologie ;* on n'en trouverait pas davantage, il est vrai, chez Rousseau, lequel, s'il a pu prévoir la Révolution, ne l'a pas plus souhaitée que Montesquieu. (Cette critique d'ailleurs, formulée aujourd'hui, risque déjà de glisser insensiblement dans l'anachronique, s'il est vrai, comme semblent l'avoir montré des travaux qu'il est plus facile d'ignorer que de réfuter, qu' « Il y a eu ainsi une période historique des révolutions. Maintenant l'ère des révolutions est close [1] ».) Cela tient d'abord à l'objet même du traité : les lois; à cet égard, la critique, avec une théologie d'un nouveau genre, ressemblerait au reproche du janséniste de n'avoir pas parlé du péché originel, et l'auteur, ici encore, pourrait répondre : « C'est le conte de ce curé de village, à qui des astronomes montraient la lune dans un télescope, et qui n'y voyait que son clocher. » Mais cela tient aussi à ce que les problèmes politiques, pour Montesquieu, relèvent de la législation, alors qu'ils semblent aujourd'hui à beaucoup faire l'objet essentiellement d'une lutte pour le pouvoir. Il est vrai qu'une fois parvenu à la prise du pouvoir, il reste à l'organiser, ce qui ne peut guère se faire que par des lois, à moins d'installer ce gouvernement du troisième type, que la science de Montesquieu avait assez bien décrit.

VII

SA PERMANENCE

Les premiers sociologues, tout en revendiquant le patronage de Montesquieu, ont regretté, assez unanime-

1. J. ELLUL, *De la Révolution aux révoltes*, Calmann-Lévy, 1972, p. 373.

ment, qu'il ait ignoré l'idée de progrès. Il n'est pas sûr que la sociologie actuelle et, en particulier, la macrosociologie, ait encore besoin de cette idée (on constatera plutôt qu'il se trouve déjà, dans l'*Esprit des lois*, une méthode des structures [1], dont il serait intéressant d'étudier l'intervention dans les parties proprement historiques du livre). Dans un autre sens, la critique n'en est pas moins très opportune.

18. Montesquieu a dit que son œuvre était une « desdendance engendrée sans mère », et il est raisonnable de penser que les innombrables « recherches des sources », et qui se poursuivent [2], ne sont pas qualifiées pour infirmer ce jugement. On sait, d'autre part, que cet « enfant sans mère » a lui-même engendré une riche postérité dans le domaine des sciences (juridiques, historiques et sociologiques) et dans celui des idées politiques. Mais le schème de la causalité, dans l'histoire des doctrines, est d'un emploi malaisé, même quand il s'agit de la transmission de « vérités évidentes [3] ». En construisant une histoire progressive où l'œuvre est, tour à tour, effet et cause, il dissout l'œuvre même dans un devenir continu, et essaie d'en déchiffrer le sens, soit en amont soit en aval, c'est-à-dire, à chaque fois, à l'aide de ce qui est proprement hors d'œuvre. Or si l'*Esprit des lois* vit de sa propre vie, c'est parce qu'il est soustrait désormais à ce que Hegel appellerait la temporalité empirique ou, plus simplement, parce qu'on n'a pas encore fini de le lire.

Ni, les juristes, de discuter sur le sens de la théorie des pouvoirs. Et comme ce n'est pas, de leur part du moins, affaire d'érudition, on admettra que ce sens n'a pas encore livré toutes les implications dont il est chargé; Duguit a parlé d' « une de ces formules sibyllines fréquentes dans l'*Esprit des lois* » : ce n'était pas si mal vu. — On peut juger dépassée, nous l'avons dit, la conception qui noue un lien essentiel entre *lois* et *politique*, et remplacer ce rapport par l'affrontement : réformisme et révolution. Quand il décrira : « Comment, vers le milieu du XVIIIe siècle, les hommes de lettres devinrent les principaux hommes politiques du pays, et des effets qui

1. Voir R. Boudon, *A quoi sert la notion de « structure » ?*, Gallimard, 1968.

2. Par exemple, Mark H. Waddicor, *Montesquieu and the Philosophy of Natural Law*, M. Nijhoff, La Haye, 1970.

3. Voir Morton White, *The Philosophy of the American Revolution*, New York, Oxford University Press, 1978.

en résultèrent », il est clair que Tocqueville ne songe, à aucun instant, à Montesquieu. Et de fait, il n'y a rien, dans l'*Esprit des lois*, qui soit propre à encourager ce qui devait s'imposer, non pas d'ailleurs, précisément, dans sa propre époque, mais au XXe siècle : la pensée utopique [1]. Au moins peut-on se demander si « les rapports nécessaires qui dérivent de la nature des choses » et dont l'œuvre avait fait apparaître la complexité, ne présentent pas, aujourd'hui, une complexité accrue et contraignante dont, non le législateur seulement, mais le projet révolutionnaire même est obligé de tenir compte, sous peine de dévier vers la violence abstraite et bientôt rappelée à l'ordre par les faits dont, après Montesquieu, on devait convenir qu'ils étaient « têtus ».

La leçon probablement la plus intempestive et la moins tolérable aux lecteurs contemporains que nous sommes est sans doute dans la manière dont les *faits*, politiques, économiques et sociaux, sont ici étudiés plutôt qu'utilisés, et que l'histoire, dans ce livre, soit bien une enquête, et non une mythologie. L'instrument de cette enquête est la méthode comparative, dans le temps et dans l'espace (« Chaque nation trouvera ici les raisons de ses maximes »), qui écarte la tentation de mettre le passé en perspective, à partir de notre « historicité ». Cette méthode, à son tour, requiert un état d'esprit, tout aussi inactuel, que l'on ne craindra pas de caractériser (puisqu'il arrive à l'auteur de se référer à la philosophie stoïcienne) par les termes d'humanisme et de sérénité : il oblige à regarder les choses « sans haine ni esprit de parti », et exclut, en matière d'histoire, toute procédure inquisitoriale. Ce qui n'exige pas l'absence des passions — seulement qu'elles soient maîtrisées.

Une autre leçon, inactuelle encore mais peut-être moins importune, se dégagerait à la lumière des sciences, juridiques et sociologiques, que l'œuvre contient comme à l'état de préformation et qu'elle maintient dans la tâche commune de comprendre et de guider la législation, alors que, parvenues à leur pleine indépendance, elles risquent aujourd'hui, soit de s'ignorer mutuellement, soit de se faire la guerre, ou encore de tenter, l'une, d'annexer et d'absorber les autres : cette tendance était particulièrement celle de la sociologie juridique, quand elle critiquait Mon-

1. Cf. V. GOLDSCHMIDT, *Platonisme et pensée contemporaine*, Aubier, 1970, p. 139 sqq.

tesquieu pour avoir séparé « entièrement le droit et les mœurs [1] », autrement dit, pour avoir conservé au droit son essence même. — On ne restaurera pas l'unité des sciences issues de l'*Esprit des lois*, mais aucune d'entre elles n'a intérêt à oublier son origine.

On a souvent constaté la présence, dans l'œuvre, de maximes, ce qui permettrait de classer l'auteur dans la tradition des « moralistes ». Pour donner un sens à cette constatation, il faudrait appliquer à la lecture de tels textes, un effort de redressement analogue à celui qu'Albert Camus a accompli pour Chamfort, quand il disait que ses « maximes » relevaient en réalité de ce genre littéraire qu'est le roman. On montrerait, de même, que Montesquieu n'écrit pas des maximes, mais de l'histoire, mais une histoire qui n'entre dans aucun des genres traditionnels, puisque ses protagonistes sont les Lois.

On rejoindrait ainsi ce qu'on a essayé de faire voir dès le début : l'*Esprit des lois* est l'œuvre d'un jurisconsulte. Dans l'histoire des sciences, il arrive assez périodiquement que l'une d'elles se détache du peloton, pour se proclamer science, ou *mathesis* universelle (la sociologie de Comte ne fera pas exception). A la fin de l'antiquité, les rédacteurs des *Institutes* de Justinien, détournant de son objet la définition stoïcienne de la philosophie, ont revendiqué cette dignité pour la jurisprudence, qui est « la connaissance des choses divines et humaines, la science du juste et de l'injuste ». Telle est bien aussi, dans l'*Esprit des lois*, l'ambition de la science du droit (étant entendu, pour ne pas réveiller le censeur, que les choses divines n'y sont traitées « que dans une façon de penser humaine »), qui ne se sépare pas, pour l'auteur, de la science politique, à laquelle Aristote avait reconnu une fonction architectonique.

Aujourd'hui, on ne voit guère de discipline (en négligeant les présomptions, dérisoires, de certaines sciences humaines, comme la linguistique) habilitée à revendiquer ce titre de science directive; il ne paraît pas que la technologie, en ses branches diverses, y soit appelée (ni même y prétende : il lui suffit d'agir sur les faits). Il y a donc là une place vide. Rien ne dit qu'elle ne puisse de nouveau être occupée par une réflexion sur le droit joint à la politique, ne serait-ce que parce que le droit inclut lui-

1. G. Gurvitch, *Eléments de sociologie juridique*, Aubier, 1940, p. 46.

même une technique capable d'agir sur les techniques et, au-delà de leur rationalité interne, de leur fixer une fin. La redécouverte de l'idée de la « nature des choses », la conviction de plus en plus répandue que la justice (les « rapports d'équité antérieurs à la loi positive qui les établit ») ne saurait être l'objet que d'une approche concrète et technique, et non passionnelle et globale, enfin l'intérêt certain que manifestent beaucoup de nos étudiants et de jeunes chercheurs pour des questions de droit (et même pour la philosophie du droit, pourtant si peu enseignée en France) pourraient se comprendre, sinon comme des signes annonciateurs, du moins comme indices d'une absence ressentie, et de l'attente d'une nouvelle lecture de l'*Esprit des lois*.

Parlant des omissions, dans l'œuvre, des « idées intermédiaires », d'Alembert disait : « Et c'est ainsi que Monsieur de Montesquieu a cru pouvoir et devoir en user dans un livre destiné à des hommes qui pensent, et dont le génie doit suppléer à des omissions volontaires et raisonnées. » Mais l'auteur avait déjà prévu, avec sa permanence, les prolongements imprévisibles de son livre : « Il ne faut pas toujours tellement épuiser un sujet, qu'on ne laisse rien à faire au lecteur. Il ne s'agit pas de faire lire, mais de faire penser » (XI, xx).

III. ROUSSEAU

LE PROBLÈME DE LA CIVILISATION CHEZ ROUSSEAU (ET LA RÉPONSE DE D'ALEMBERT AU « DISCOURS SUR LES SCIENCES ET LES ARTS »)

I. — Le mot de civilisation, au sens où nous l'entendons, n'est attesté, semble-t-il, qu'à partir de 1766 (1), c'est-à-dire à une date où les principaux écrits de Rousseau sont déjà publiés. Et comme là où il manque le mot il manque aussi le concept, on pourrait arguer, à titre préjudiciel, qu'il ne saurait y avoir, dans la pensée de Rousseau, quelque interrogation sur une idée encore inconnue. L'objection serait spécieuse en un sens, mais elle est précieuse dans un autre, en appelant l'attention sur l'accueil que pouvait faire le public de 1750 à un *Discours* « inactuel » et paraissant lui-même comme entaché d'anachronisme.

Il existe, avant 1750, des mots tels que *civil*, *civilisé*, *policé* ; il est vrai que des substantifs correspondants : *civilité*, *politesse*, *police* sont d'un emploi plus restreint. D'autre part, l'idée de nature (2), que ce soit dans les constructions des jusnaturalistes, dans la diffusion des récits de voyages, dans le goût des choses exotiques, détermine des antithèses qui font partie de l'outillage

(1) Cf. L. FEBVRE, *Civilisation. Évolution d'un mot et d'un groupe d'idées*, Centre international de synthèse, Paris, 1930 ; P. HAZARD, *La Pensée européenne au XVIIIe siècle*, t. III, Boivin, 1946, p. 133 sq. ; E. BENVÉNISTE, *Problèmes de linguistique générale*, Gallimard 1966, p. 336 sqq.

(2) Cf. J. EHRARD, *L'idée de nature en France dans la première moitié du XVIIIe siècle*, S.E.V. P.E.N., 1963.

conceptuel de l'époque : état de nature — état civil, peuples sauvages (ou : barbares) — peuples policés ; ces schèmes préparent et même appellent l'idée de civilisation. (On peut d'ailleurs se demander si le mot ne serait pas imposé bien plus tôt, si le verbe correspondant n'avait pas été grevé par son usage judiciaire). Il n'en reste pas moins que le terme même ne se formule et ne s'impose que dans la deuxième moitié du siècle. Les écrits de Rousseau prennent une part, et une part décisive, dans l'élaboration et dans l'invention du mot. D'où, à la fois, leur nouveauté et leur pouvoir de choc, qui leur feraient défaut s'ils intervenaient simplement dans un débat déjà ouvert, et à l'occasion d'un terme déjà tombé dans le domaine public. De fait, c'est Rousseau qui crée proprement, dans les temps modernes, le *problème* de la civilisation (comme il inventera le conflit entre l'homme et le citoyen), et la difficulté, pour le lecteur du XXe siècle, est de retrouver cette nouveauté et cette fraîcheur, enfouies sous les couches successives de la tradition qui a réussi à banaliser le problème même et la plupart des solutions que, depuis Rousseau, on a essayé de lui apporter.

I

II. — C'est par sa puissance de « scandale » (l'expression est de Rousseau) (3) qu'a agi d'abord le *Discours sur les sciences et les arts*, et c'est elle qu'il faudrait pouvoir restituer, non seulement pour ressaisir l'événement historique que constitue sa publication, mais pour rétablir le *Discours* dans son sens même. Au moins peut-on rappeler quelques faits où se manifeste l'espèce de perplexité que suscitent la parution de l'œuvre et les polémiques qui lui font suite. D'abord, la foule de réfutations qui s'abattent sur le *Discours* et qui, pourtant, laissent inen-

---

(3) *Préface d'une seconde lettre à Bordes* (*O.C.* III, p. 106).

tamée la conviction de l'auteur d'avoir établi une « vérité très certaine » (4) : or « la vérité ne se réfute point » (5). Le perpétuel malentendu, ensuite, qui paraît affecter la controverse. Les réfutations, en elles-mêmes, ont belle apparence ; mais Rousseau, pour sa part, ne les juge pas adéquates : elles lui prêtent, pour mieux les démolir, des thèses qu'il se défend d'avoir soutenues (6), ou encore, essayant de mettre la conduite de l'auteur en contradiction avec ses principes, elles « ont habilement détourné sur ma personne une attention qu'il ne fallait donner qu'à mes raisons » (7). Or l'*ignoratio elenchi* et l'argument *ad hominem* sont bien moins, en l'espèce, des fautes de logique qu'ils ne procèdent d'une stratégie rendue nécessaire par le fait qui est à l'origine du scandale : le jugement de l'Académie. « J'avoue, dit Rousseau, que j'en ai été fort étonné moi-même » (8) et, quant à ses adversaires : « Ils n'ont déguisé ni leur surprise ni leur chagrin de ce qu'une Académie s'était montrée intègre si mal-à-propos (9) ».

Le *Discours* de Rousseau, le jugement de l'Académie et les polémiques qui s'ensuivent créent une situation paradoxale qui peut se résumer par une double aporie. C'est dans un discours académique, appuyé sur les ressources de l'art oratoire, de l'art de raisonner et de l'historiographie, que l'auteur s'applique à mettre en question les sciences et les arts. De l'autre côté, ses adversaires ont beau faire montre de talent et d'érudition : ils ne sauraient, et par définition, prouver par la seule vertu de leurs libelles, la bonté des mœurs contemporaines. Cette aporie transparaît, par endroits, dans les disputes, mais, comme on est entre gens de bonne compagnie, elle reste, pour l'essentiel, cachée. Aussi bien ne pourra-

(4) *Dernière réponse* (*O.C.*, III, p. 71, note).
(5) *Fragment autobiographique* (*O.C.*, I, p. 1114).
(6) *Dernière réponse* (*O.C.* III, p. 72 déb.), *Préface de Narcisse* (*O.C.* II, p. 963).
(7) *Préface de Narcisse*, p. 960.
(8) *Lettre de Jean-Jacques Rousseau...* (*O.C.*, III, p. 97).
(9) *Préface de Narcisse*, p. 960.

t-elle recevoir une solution que lorsque les deux parties se résoudront à quitter le terrain commun de la controverse pour porter, chacune, le débat sur un autre plan. C'est là ce que signifie, de la part de Rousseau, la décision d'« indépendance » et de « réforme » (10), afin « de me conduire d'abord sur ces principes et de rompre brusquement en visière aux maximes de mon siècle » (11). Pour leur part, les adversaires finirent par adopter un des rares procédés conséquents dont dispose une civilisation contre ses détracteurs : et c'est ce que signifie le décret de prise de corps, et l'*Émile* livré au bourreau. La place grandissante que le Moi occupera dans l'œuvre de Rousseau et, de l'autre côté, la persécution organisée collectivement par les « coteries » et par les pouvoirs publics, politiques et religieux (toutes confessions confondues), ne font que manifester dans la clarté des faits ce qui demeurait encore enveloppé dans les polémiques honnêtes des deux années qui suivent le *Discours*. Cet affrontement, à son tour, préfigure des pratiques plus récentes et cette violente franchise qui caractérise le XXe siècle dans sa détermination, pour reprendre la formule d'A. Camus, de « remplacer le dialogue par le communiqué ».

On n'en est pas encore là, en 1750. Une autre manière de répondre au *Discours*, plus aimable, peut-être aussi plus insidieuse, était d'essayer, comme on dirait aujourd'hui, de « récupérer » l'auteur : « Le succès de mes premiers écrits m'avait mis à la mode. L'état que j'avais pris excitait la curiosité : l'on voulait connaître cet homme bizarre qui ne recherchait personne et ne se souciait de rien que de vivre libre et heureux à sa manière : c'en était assez pour qu'il ne le pût point (12) ». Ici encore se dessine un mouvement destiné à se prolonger. L'« homme bizarre », avec son exaltation de la vertu, de la Nature, du

---

(10) *Confessions*, VIII, pp. 363 (« Je commençai ma réforme par ma parure... »), 364 (« Quelque austère que fût ma réforme somptuaire... » ; « Ayant ainsi complété ma réforme... »).

(11) *Confessions*, VIII, p. 356.

(12) *Confessions*, VIII, p. 367.

primitif enfin, *intéresse* le raffinement des milieux où il apparaît : il entre dans ce que Kierkegaard appellera la « catégorie de l'intéressant » (13). Et la curiosité active qu'il provoque (« Les femmes employaient mille ruses pour m'avoir à dîner ») anticipe l'« assimilation » et l'« adhésion » par quoi J. Ellul caractérise l'habileté du « bourgeois » à « annexer » les œuvres même des « anarcho-intellectuels » qui, en apparence pourtant, sont en révolte ouverte contre la société des bourgeois (14). Le rapprochement se préciserait du fait que c'est la bourgeoisie montante, éclairée, optimiste, affairiste aussi, que visent les traits du *Discours*, bien plutôt que la noblesse, dans laquelle aussi bien Rousseau conservera toujours des amis.

Cependant, un an après sa publication, le *Discours* avait reçu une réponse fort différente, exempte de passion et de feinte, répudiant les facilités de l'ignorance du sujet, animée d'un esprit, non pas de polémique, mais de courtoisie et même, entre collaborateurs de l'*Encyclopédie*, de confraternité. Cette réponse que Rousseau lui-même, qui d'ailleurs n'y a jamais répondu, qualifie d'« objection considérable » (15), doit être rappelée ici : il se peut que ce soit la seule réplique pertinente qu'on ait jamais opposée à Rousseau (16).

II

On sait que le *Discours préliminaire de l'Encyclopédie* se termine par une critique ouverte du *Discours sur les sciences et les arts*. Mais l'on peut se demander si, au

---

(13) Cf. A. Clair, *Pseudonymie et paradoxe. La pensée dialectique de Kierkegaard*, Vrin, 1976, p. 247 et tout le chapitre X ; sur Kierkegaard et Rousseau, *ibid.*, p. 293 et la note 9 de la p. 361.

(14) J. Ellul, *Métamorphose du bourgeois*, Calmann-Lévy, 1967, p. 109 sqq. (en part. pp. 112 et 132), et les notes 14-16 (p. 298 sq.) et 7 (p. 294 sq.).

(15) Rousseau, *Observations*... (*O.C.*, III, p. 42 *i.f.sq.*).

(16) Les deux §§ suivants ont été publiés en portugais dans *Discurso*, Revista do Departamento de Filosofia da Faculdade de Filosofia, Letras e Ciências Humanas da Universidade de São Paulo, 1971, nº 2. Nous tenons à remercier M. le Directeur de *Discurso* de nous avoir autorisé aimablement à les reproduire ici.

cours même de son écrit, d'Alembert ne se réfère pas déjà implicitement au *Discours* de Rousseau. Bien qu'il puisse sembler malaisé de faire le départ entre des allusions intentionnelles et de simples rencontres, on essaiera de relever certains textes dont la convergence, à cet égard, est frappante ; on les prendra dans l'ordre de leur présentation (17).

III. — La première partie du *Discours préliminaire*, qui retrace la genèse idéale des sciences et des arts (leur « généalogie », dit d'Alembert (18), selon « l'exposition métaphysique » (19)), contient peu de traces, sans doute, de la lecture de Rousseau. Tout au plus peut-on noter l'aveu d'ignorance expressément formulé au sujet de l'essence de l'électricité (20), aveu dont la modestie est conforme à une mise en garde de Rousseau (21) ; et dans la réhabilitation des « arts mécaniques » (22), certains accents peuvent rappeler l'éloquente condamnation que Rousseau avait prononcée de « la préférence des talents agréables sur les talents utiles » (23).

---

(17) Les références ci-après renvoient, pour le *Discours préliminaire*, à l'édition de la Bibliothèque *Médiations* (Paris, 1965) et, pour le *Discours sur les sciences et les arts*, à la Bibliothèque de la Pléiade, ROUSSEAU, *Œuvres Complètes*, t. III (Paris, 1964).

(18) *Disc. prél.*, p. 19.

(19) *Disc. prél.*, p. 75.

(20) *Disc. prél.*, p. 41 : « Les corps électriques [...] sont peut-être en un sens les corps les moins connus, parce qu'ils paraissent l'être davantage. Cette vertu qu'ils acquièrent étant frottés, d'attirer de petits corpuscules, et celle de produire dans les animaux une commotion violente, sont deux choses pour nous ; c'en serait une seule si nous pouvions remonter à la première cause ».

(21) *O.C.*, t. III, p. 18, note : « Moins on sait, plus on croit savoir [...]. Et y a-t-il aujourd'hui même, en Europe, si mince Physicien, qui n'explique hardiment ce profond mystère de l'électricité, qui fera peut-être à jamais le désespoir des vrais philosophes ? ».

(22) *Disc. prél.*, p. 52-55.

(23) *O.C.*, t. III, p. 26. L'opposition entre ces deux sortes de « talents » (où Rousseau, il est vrai, a surtout en vue l'agriculture) s'achève par cette phrase : « Tel est l'état où sont réduits, tels sont les sentiments qu'obtiennent de nous ceux qui nous donnent du pain, et qui donnent du lait à nos enfants » ; d'Alembert dit plus simplement : « Mais la société en respectant avec justice les grands génies qui l'éclairent, ne doit point avilir les mains qui la servent » (p. 54).

Les références sont plus nombreuses dans la deuxième partie qui examine, comme le *Discours* de Rousseau, « l'état présent des sciences et des arts », et montre « par quelle gradation on y est arrivé », à partir de « la renaissance des lettres » (24). Cette « exposition historique » (25), dès le départ, se heurte à une difficulté soulevée par Rousseau. Au début de son *Discours*, Rousseau avait exposé la thèse traditionnelle du « rétablissement des sciences et des arts », et avait ajouté une phrase propre, dans son esprit, à mettre en question la valeur de ce « rétablissement » : « Bientôt, les sciences suivirent les lettres : à l'art d'écrire se joignit l'art de penser ; gradation qui paraît étrange, et qui n'est peut-être que trop naturelle, et l'on commença à sentir le principal avantage du commerce des muses, celui de rendre les hommes plus sociables (...) » (26). D'Alembert consacre tout un paragraphe à examiner l'objection et à expliquer cette *gradation étrange* : « Quand on considère les progrès de l'esprit depuis cette époque mémorable, on trouve que ces progrès se sont faits dans l'ordre qu'ils devaient naturellement suivre. On a commencé par l'érudition, continué par les belles-lettres, et fini par la philosophie. Cet ordre diffère à la vérité de celui que doit observer l'homme abandonné à ses propres lumières, ou borné au commerce de ses contemporains, tel que nous l'avons principalement considéré dans la première partie de ce *Discours* : en effet, nous avons fait voir que l'esprit isolé doit rencontrer dans sa route la philosophie avant les belles-lettres. Mais en sortant d'un long intervalle d'ignorance que des siècles de lumière avaient précédé, la régénération des idées, si on peut parler ainsi, a dû nécessairement être différente de leur génération primitive » (27).

---

(24) *Disc. prél.*, pp. 75, 76.
(25) *Disc. prél.*, p. 75.
(26) *O.C.*, t. III, p. 6.
(27) *Disc. prél.*, p. 76.

Rousseau, à deux endroits de son *Discours* (28), avait attaqué les « philosophes » et les avait comparés à « une troupe de charlatans criant chacun de son côté sur une place publique : Venez à moi, c'est moi seul qui ne trompe point » (29). De fait, par le choix de ses exemples aussi bien que par l'emploi même du terme de philosophe, Rousseau retarde : sa critique ne porte que contre ceux que son époque appelle des métaphysiciens. D'Alembert, après avoir fait l'éloge de Locke (« il réduisit la métaphysique à ce qu'elle doit être en effet, la physique expérimentale de l'âme ») (30), explique cette rivalité entre ceux qui aspirent au titre de métaphysicien : « Combien y en a-t-il qui ne le méritent que par le malheureux talent d'obscurcir avec beaucoup de subtilité des idées claires, et de préférer dans les notions qu'ils se forment l'extraordinaire au vrai, qui est toujours simple ? Il ne faut pas s'étonner après cela si la plupart de ceux qu'on appelle *métaphysiciens* font si peu de cas les uns des autres » ; et il présage que ce titre, comme jadis celui de sophiste, sera bientôt « rejeté par les vrais philosophes » (31).

Rousseau avait opposé aux génies créateurs, « cette foule d'auteurs élémentaires qui ont écarté du temple des Muses les difficultés qui défendaient son abord [...], ces compilateurs d'ouvrages qui ont indiscrètement brisé la porte des sciences et introduit dans leur sanctuaire une populace indigne d'en approcher » (32). De son côté, d'Alembert, considérant que « l'histoire des sciences est naturellement liée à celle du petit nombre de grands génies » (33), adopte cette distinction : il enjoint de ne pas confondre la cause de Descartes « avec celle de ses sectateurs » (34), et il écrit : « Aussi les restaurateurs des sciences ne jouissent-ils presque jamais de toute la gloire qu'ils mé-

---

(28) *O.C.*, t. III, pp. 18-19 ; 27.
(29) *O.C.*, t. III, p. 27.
(30) *Disc., prél.* p. 100.
(31) *Disc. prél.*, p. 101.
(32) *O.C.*, t. III, pp. 28-29.
(33) *Disc. prél.*, 76.
(34) *Disc. prél.*, p. 105.

ritent ; des esprits fort inférieurs la leur arrachent, parce que les grands hommes se livrent à leur génie, et les hommes médiocres à celui de leur nation » (35).

Parlant de « nos ouvrages d'esprit », d'Alembert constate qu'ils sont « en général inférieurs à ceux du siècle précédent », lequel a découvert le beau, alors qu'il ne reste « à la génération suivante que d'imiter [...]. On a donc tout à la fois plus de principes pour bien juger, un plus grand fonds de lumières, plus de bons juges, et moins de bons ouvrages ; on ne dit point d'un livre qu'il est bon, mais que c'est le livre d'un homme d'esprit » (36). Rousseau, pour illustrer « l'inégalité funeste introduite entre les hommes par la distinction des talents et par l'avilissement des vertus », avait constaté, pour sa part : « On ne demande plus d'un homme s'il a de la probité, mais s'il a des talents ; ni d'un livre s'il est utile, mais s'il est bien écrit » (37).

D'Alembert, toutefois, restreint la portée de sa critique, en précisant : « Je ne parle ici que du siècle en général, car je suis bien éloigné de faire la satire de quelques hommes d'un mérite rare avec qui nous vivons » et, après une brève mention de J.-B. Rousseau et de Crébillon, prononce l'éloge de Voltaire : « sûr d'obtenir parmi le très petit nombre de grands poètes une place distinguée et qui n'est qu'à lui », éloge qui se termine ainsi : « Que ne puis-je en parcourant ici ses nombreux et admirables ouvrages, payer à ce génie rare le tribut d'éloges qu'il mérite, qu'il a reçu tant de fois de ses compatriotes, des étrangers, et de ses ennemis, et auquel la postérité mettra le comble quand il ne pourra plus en jouir ! » (38). Il est difficile de ne pas voir dans ces phrases une réplique à Rousseau qui avait écrit : « Tout artiste veut être applaudi [...]. Il rabaissera son génie au niveau du siècle, et aimera mieux composer des ouvrages communs qu'on

(35) *Disc. prél.*, p. 107.
(36) *Disc. prél.*, p. 113.
(37) *O.C.*, t. III, p. 25.
(38) *Disc. prél.*, pp. 113-115

admire pendant sa vie, que des merveilles qu'on n'admirerait que longtemps après sa mort. Dites-nous, célèbre Arouet, combien vous avez sacrifié de beautés mâles et fortes à notre fausse délicatesse, et combien l'esprit de galanterie si fertiles en petites choses vous en a coûté de grandes » (39).

Comme Rousseau (40), mais pour des motifs moins apparents, d'Alembert place vers la fin de son *Discours* un éloge des Académies (41), où il tient grand compte, tout en la détournant de son sens primitif, d'une observation de Rousseau, qui avait écrit : « Les récompenses sont prodiguées au bel esprit, et la vertu reste sans honneur [...]. Qu'on me dise cependant si la gloire attachée au meilleur des discours qui seront couronnés dans cette Académie, est comparable au mérite d'en avoir fondé le prix [...]. Le sage ne court point après la fortune ; mais il n'est pas insensible à la gloire ; et quand il la voit si mal distribuée, sa vertu, qu'un peu d'émulation aurait animée et rendue avantageuse à la société, tombe en langueur [...] » (42). Et d'Alembert : « Que la considération y soit le prix du travail ; enfin que les récompenses y viennent chercher les talents, et ne leur soient point enlevées par l'intrigue. Car il ne faut pas s'y tromper : on nuit plus aux progrès de l'esprit en plaçant mal les récompenses qu'en les supprimant » (43).

Enfin, d'Alembert critique l'« amour du faux bel esprit » (« les récompenses sont prodiguées au bel esprit », avait dit Rousseau (44)) « qui protège l'ignorance, qui s'en fait honneur et qui la répandra universellement tôt ou tard ». Il ajoute cependant : « Gardons-nous pourtant de souhaiter une révolution si redoutable ; la barbarie dure des siècles, il semble que ce soit notre élément ; la raison et le bon goût ne font que passer » (45). C'est ensuite

(39) *O.C.*, t. III, p. 21.
(40) *O.C.*, t. III, p. 26.
(41) *Disc. prél.*, p. 116.
(42) *O.C.*, t. III, pp. 25-26.
(43) *Disc. prél.*, pp. 116-117.
(44) *O.C.*, t. III, p. 25.
(45) *Disc. prél.*, p. 117.

qu'il introduit, en terminant son *Discours*, la réponse ouverte au *Discours sur les sciences et les arts* (46).

IV. — Ces rapprochements de textes appellent plusieurs remarques.

1. Excepté l'agression contre Voltaire qu'il repousse avec énergie, d'Alembert, sur tous les points signalés, défère aux observations de Rousseau, tout en les *interprétant*. Dans l'« amour du faux bel esprit », il voit un danger pour le bon goût et non, comme Rousseau, pour la vertu. De même, quand Rousseau oppose probité et talents (« On ne demande plus d'un livre s'il est utile, mais s'il est bien écrit »), d'Alembert se contente de cette constatation : « On ne dit point d'un livre qu'il est bon, mais que c'est le livre d'un homme d'esprit », où l'opposition entre morale et littérature se trouve transposée à l'intérieur du seul domaine littéraire. La tâche des Académies ne comporte plus, comme chez Rousseau, la direction des mœurs, et quand il réclame une juste répartition des récompenses, d'Alembert n'a en vue que les compétitions littéraires et scientifiques, sans considérer « le sage » dont Rousseau avait dit qu'il n'était pas « insensible à la gloire ». Même absence de toute référence morale dans le contraste entre les génies et les médiocres, contraste, au surplus, qui est formulé avec beaucoup moins d'intransigeance que chez Rousseau : d'Alembert accepte, sans songer à légiférer contre eux, l'existence « des esprits fort inférieurs et des « hommes médiocres » ; on peut même se demander si, dans la mesure où ils font partie de la « société » et contribuent à répandre la civilisation, il ne leur reconnaît pas quelque utilité : « Que pouvaient faire ces grands hommes, se demande-t-il au sujet des génies du Moyen Age, semés de loin en loin [...] et abandonnés sans culture à leurs seules lumières ? Les idées qu'on acquiert par la lecture et par la société,

---

(46) *Disc. prél.*, p. 118.

sont le germe de presque toutes nos découvertes » (47). Il y a là une restriction évidente de la thèse selon laquelle « l'histoire des sciences est naturellement liée à celle du petit nombre de grands génies », alors que Rousseau avait écrit : « Il n'a point fallu de maîtres à ceux que la nature destinait à faire des disciples [...] (48) ».

La critique de Rousseau contre les « philosophes » est également *interprétée* ; d'Alembert montre qu'elle ne s'applique qu'à une race en voie de disparition et frappée d'un juste discrédit qui ne saurait en rien atteindre « les vrais philosophes ».

Il est très vrai, enfin, que le rétablissement des sciences et des arts a débuté par l'art d'écrire avant d'en venir à l'art de penser. « Gradation qui paraît étrange, avait dit Rousseau, et qui n'est peut-être que trop naturelle ». « Etrange », parce qu'elle semble humilier la pensée par ses origines ; « naturelle » cependant, parce que la pensée est bien réellement compromise par ses origines, communiant avec « l'art d'écrire » dans la recherche de la sociabilité, par où l'art de penser et l'art d'écrire se dévoilent comme deux variétés de l'art de plaire (49). « Naturelle » encore, parce que cette « gradation » est attestée par l'histoire et que l'histoire nous instruit parfaitement et véridiquement. — Mais d'Alembert, aux prises avec cette même « gradation » (50), l'explique tout autrement. Comme Rousseau, il considère que « les progrès de l'esprit depuis cette époque mémorable [...] se sont faits dans l'ordre qu'ils devaient naturellement suivre » : mais c'est parce que, « sortant d'un long intervalle d'ignorance que des siècles de lumière avaient précédé », les progrès ont dû commencer par l'érudition et par les belles-lettres. L'histoire, en l'espèce, nous instruit d'une causalité qui est bien « naturelle », au niveau de l'ordre historique. Mais il en va tout autrement, quand on envisage la « généa-

(47) *Disc. prél.*, p. 77.
(48) *O.C.*, t. III, p. 29.
(49) *O.C.*, t. III, p. 6.
(50) *Disc. prél.*, p. 75.

logie et la filiation de nos connaissances » selon « l'exposition métaphysique » (51) : à ce niveau, en effet, « nous avons fait voir que l'esprit isolé doit rencontrer dans sa route la philosophie avant les belles-lettres » (52). L'honneur de la pensée est rétabli.

2. Tous les arguments de Rousseau pris en considération sont acceptés, expliqués, intégrés, désarmés. Ce qui permet cette intégration, c'est la foi inébranlable en la civilisation et la société civilisée, c'est-à-dire ce que les arguments de Rousseau visaient à mettre en question. Ainsi, le faux bel esprit risque bien de corrompre le bon goût, mais il vaut encore mieux que la « barbarie » (53). On attache trop d'importance, aujourd'hui, à vouloir paraître un « homme d'esprit » ; mais c'est le cours naturel de l'histoire qui fait succéder les imitateurs aux inventeurs ; au reste, même dans le domaine littéraire, notre siècle peut encore s'enorgueillir de quelques génies incontestables (54). Les métaphysiciens, sans doute, préfèrent « l'extraordinaire au vrai » : aux yeux des « bons esprits », ils ne font que se discréditer eux-mêmes (55). Il est vrai encore que « les philosophes, comme les autres écrivains, veulent être lus [... (et que)] la réputation tient plus au nombre qu'au mérite de ceux qui la distribuent » (56). Faut-il admettre, pour autant, que soit universel et rédhibitoire « le désir de se plaire les uns aux autres par des ouvrages dignes de leur approbation mutuelle », comme l'avait dit Rousseau (57) ? D'abord, « les plus grands génies trouvent souvent dans leur amour-propre même un juge secret, mais sévère, que l'approbation des autres fait taire pour quelques instants, mais qu'elle ne parvient jamais à corrompre (58) ». Ensuite, il y a,

---

(51) *Disc. prél.*, pp. 19, 75.
(52) *Disc. prél.*, p. 76.
(53) *Disc. prél.*, p. 117.
(54) *Disc. prél.*, p. 113.
(55) *Disc. prél.*, p. 101.
(56) *Disc. prél.*, p. 109.
(57) *O.C.*, t. III, p. 6.
(58) *Disc. prél.*, p. 79.

à cette recherche de la popularité de la part des savants, des compensations, en sorte qu'« il ne faut rien outrer » (59), conseil qui renferme comme le sommaire des répliques au *Discours* de Rousseau.

3. Toutes ces répliques procèdent du même état d'esprit que la réponse formelle, placée à la fin du *Discours préliminaire*, et la préparent. D'Alembert n'a pas la naïveté de reprocher à Rousseau « d'avoir confondu la culture de l'esprit avec l'abus qu'on en peut faire ; il nous répondrait sans doute que cet abus en est inséparable » (60). On a vu, en effet, que sur tous les « abus » examinés, d'Alembert se montre d'accord avec Rousseau, quitte à les interpréter différemment ; d'ailleurs, lui-même ne dit-il pas, au sujet de « cet esprit philosophique, si à la mode aujourd'hui » : « On abuse des meilleures choses » (61) ? Mais, précisément, si l'on peut accorder que certains abus existent et qu'ils sont inséparables de la culture de l'esprit, c'est parce que la vertu ni le vice ne leur doivent rien, mais qu'ils ont des causes toutes différentes que le *Discours préliminaire* n'a pas à rechercher et qu'un *Discours sur les sciences et les arts* ne pouvait pas découvrir (62). Les Lettres ont un effet certain : elles affinent la société et répandent les lumières ; quant à épurer les mœurs, on peut se demander si même la morale en est capable (63) (ce dernier trait, Rousseau l'avait attiré lui-même) (64). Il faut donc conserver les

---

(59) *Disc. prél.*, p. 109 : « En récompense, car il ne faut rien outrer, nos livres de sciences semblent avoir acquis jusqu'à l'espèce d'avantage qui semblait devoir être particulier aux ouvrages de belles-lettres ».
(60) *Disc. prél.*, p. 118.
(61) *Disc. prél.*, p. 112.
(62) *Disc. prél.*, p. 118 : « Nous le prierons d'examiner si la plupart des maux qu'il attribue aux sciences et aux arts ne sont point dus à des causes toutes différentes, dont l'énumération serait ici aussi longue que délicate ».
(63) *Disc. prél.*, p. 118 : « Les lettres contribuent certainement à rendre la Société plus aimable ; il serait difficile de prouver que les hommes en sont meilleurs, et la vertu plus commune ; mais c'est un privilège qu'on peut disputer à la morale même ».
(64) *O.C.*, t. III, p. 17 : « Toutes (les connaissances humaines), et la Morale même, (sont nées) de l'orgueil humain ».

connaissances humaines pour leurs avantages certains (et combien fragiles) (65) : en concédant même, par hypothèse, qu'elles contribuent à corrompre les mœurs, on ne gagnerait rien à les détruire : « les vices nous resteraient, et nous aurions l'ignorance en plus » (66).

4. On comprend ainsi que, tout au long de la deuxième partie du *Discours préliminaire*, la prédication morale de Rousseau soit traitée par prétérition ; d'Alembert n'examine les arguments de Rousseau que pour autant qu'ils ont trait à ce qui fait l'objet de cette deuxième partie : « l'état présent des sciences et des arts » (67), et non pas, précisément, la morale. Et quand, à la fin, la thèse de Rousseau est abordée de front, les sciences et les arts sont acquittés d'un grief qui leur est aussi étranger que le serait, selon l'antithèse, l'éloge de contribuer aux bonnes mœurs. Ils sont proprement au-delà du bien et du mal, et la critique terminale de d'Alembert porte, autant que sur la solution donnée par Rousseau, sur l'Académie de Dijon, pour avoir proposé le problème.

5. Il resterait à situer la réponse de d'Alembert par rapport aux écrits polémiques qu'a suscités le *Discours* de Rousseau. Le *Discours préliminaire* n'a pas, comme ces écrits, pour objet principal de critiquer la thèse soutenue par Rousseau. Cette critique même, renfermée dans un seul paragraphe, s'accompagne d'éloges et répudie toute polémique. S'adressant à un collaborateur de l'*Encyclopédie*, elle émane, non d'un « adversaire » (68), mais d'un allié. Aussi bien sera-t-elle accueillie, de la part de Rousseau, non pas comme une « déclamation » (69), mais comme une « objection considérable [...] faite par un philosophe » (70). La réponse de d'Alembert

(65) *Disc. prél.*, p. 117 : « La barbarie dure des siècles, il semble que ce soit notre élément ; la raison et le bon goût ne font que passer ».
(66) *Disc. prél.*, p. 118.
(67) *Disc. prél.*, p. 75.
(68) Cf. *Préface de Narcisse*, note, in *O.C.*, t. II, p. 959.
(69) *Ibid.*, p. 960.
(70) *Observations...*, *O.C.*, t. III, pp. 42-43.

ne saurait, sans contresens, être située dans la série des écrits polémiques.

Envisagé en lui-même, le *Discours préliminaire* peut être interprété comme une *reprise* du 1er livre du *De dignitate et augmentis* : les deux ouvrages se présentent comme une défense et illustration des sciences et des arts. Entre les deux, se place le *Discours* de Rousseau, visant à réfuter le livre de Bacon et suscitant, par avance, des difficultés à celui de d'Alembert. Il ne s'agit donc pas, pour celui-ci, de provoquer une polémique, mais de répondre, fût-ce par une « objection », aux objections de Rousseau. Cette réponse procède comme par dissociation : elle est donnée en deux temps. A la fin du *Discours préliminaire*, en très bonne place donc, d'Alembert répond explicitement à la thèse de Rousseau : il définit les rapports entre les sciences et la morale (en contestant, précisément, tout rapport), en sorte que la thèse de Rousseau — et de tous les moralistes, passés et à venir — se trouve écartée par manière de question préalable. L'autre partie de la réponse, implicite celle-ci, est dispersée à travers tout le *Discours préliminaire* : elle consiste à examiner plusieurs arguments de Rousseau et, en partie, à leur faire droit, indépendamment de la thèse qu'ils étaient destinés à étayer. Par là, d'Alembert, tout ensemble, méconnaît volontairement la visée du *Discours* de Rousseau, et reconnaît la portée de ses observations. On peut se demander si, de la part d'un d'Alembert, cette partie de la réponse n'honore pas Rousseau, autant et plus peut-être, que la mention explicite placée à la fin du *Discours préliminaire*.

v. — Une tout autre question serait celle de savoir s'il n'y a pas des rapports de convenance entre tel régime politique et tel genre de connaissance. Aussi est-ce en conclusion, non pas précisément de sa réponse à Rousseau, mais de l'ensemble du *Discours préliminaire*, que d'Alembert remarque : « Les différentes formes de gouvernement, qui influent tant sur les esprits et sur la culture des lettres, déterminent aussi les espèces de connaissances qui doivent principalement y fleurir, et dont chacun a son mérite particulier. Il doit y avoir en général dans une république plus d'orateurs, d'historiens et de philosophes, et dans une monarchie, plus de poètes, de théologiens et de géomètres. Cette règle n'est pourtant pas si absolue qu'elle ne puisse être altérée et modifiée par une infinité de causes » (71).

Cette distinction politique fournira le cadre à la dernière, et définitive, réponse que d'Alembert fera, huit ans plus tard, au *Discours* de Rousseau. Il faut résumer ici brièvement ce texte, d'autant plus que, ne mentionnant pas expressément Rousseau et se situant dans un ouvrage de philosophie, il a été, la plupart du temps, ignoré tout à fait par l'histoire littéraire aussi bien que par l'histoire des idées.

Publié en 1759, l'*Essai sur les éléments de philosophie* a été rédigé l'année précédente, c'est-à-dire après la parution du *Discours sur l'inégalité* (1754) et, surtout, de la *Lettre à d'Alembert sur les Spectacles* (1758). C'est aussi l'année où d'Alembert est « en train de s'écarter de sa collaboration avec Diderot, et de la direction de l'*Encyclopédie* » : « Les *Éléments* représentent, du moins en partie, ses efforts pour sauver un résumé philosophique de sa pensée encyclopédique, au moment où il considérait l'*Encyclopédie* perdue » (72).

Dans la section consacrée à la *Morale du citoyen* (XI), d'Alembert pose comme principe : « Puisque tout citoyen, tant qu'il reste dans le sein de sa patrie, lui doit l'usage de ses talents, il doit les employer pour elle de la manière la plus utile » (73). On notera au passage l'accent rousseauiste (rappelant le *1er Discours* aussi bien que les écrits polémiques) de cette « maxime », qui « peut servir, poursuit le texte, à résoudre la question si agitée dans ces derniers temps, *jusqu'à quel point un*

---

(71) *Disc. prél.*, p. 119.

(72) Richard N. SCHWAB, *Introduction* à la réimpression de Jean Le Rond d'Alembert, *Essai sur les éléments de philosophie* (Paris, 1805), G. Olms éd., Hildesheim, 1965, p. XXI.

(73) *Essai sur les éléments de philosophie*, p. 226.

citoyen peut se livrer à l'étude des sciences et des arts, et si cette étude n'est pas plus nuisible qu'avantageuse aux États ? ». D'Alembert ne prétend pas « traiter à fond » cette question ; il se bornera à « indiquer les moyens de la résoudre en la décomposant », autrement dit, à la poser correctement (74).

« Si on réduit l'homme aux connaissances de nécessité absolue, son cours d'études ne sera pas long ». La nature lui fait connaître ses besoins, les moyens de les satisfaire, et aussi ses devoirs envers ses semblables : « En voilà assez pour former une société de sauvages ». « Un État policé » est-il préférable ? On en discutera à perte de vue, et il faut même admettre qu'« il ne paraît pas qu'on ait rendu beaucoup plus heureux le petit nombre de sauvages qu'on a forcé de vivre parmi les peuples policés », ce qui s'expliquerait toutefois par l'« attachement naturel des hommes à la manière de vivre qu'ils ont contractée dès l'enfance ». La seule question est donc de savoir lequel, du sauvage ou du civilisé, est plus heureux dans la société où chacun d'eux est né. « Le consentement des hommes semble avoir décidé cette question par le fait ; la plupart d'entre eux ont cru qu'il leur était plus avantageux de vivre dans des États policés, et l'on ne peut guère accuser le genre humain d'être aveugle sur ses vrais avantages » (ce recours, au-delà de tous les arguments et de toute *arithmétique des plaisirs* (75), au consentement universel doit être souligné : Bergson ne procédera pas autrement, quand il s'agira de réfuter le pessimisme (76)). Or, une société policée suppose des connaissances : « Reste à examiner jusqu'où ces connaissances doivent être portées » (77).

---

(74) *Essai...*, p. 227.

(75) Maupertuis, *Essai de philosophie morale*, (1749), chap. II ; voir R. Mauzi, *L'Idée de bonheur au XVIIIe siècle*, 4e éd., A. Colin, 1969, chap. X.

(76) Bergson, *Les deux sources de la morale et de la religion*, F. Alcan, 1932, p. 280 : « Il y a un optimisme empirique, qui consiste simplement à constater deux faits : d'abord, que l'humanité juge bonne la vie dans son ensemble, puisqu'elle y tient ;... ».

(77) *Essai...*, pp. 227-229.

On doit distinguer les connaissances utiles, qui ont pour objet nos besoins et nos devoirs, et les connaissances curieuses, qui ont pour objet nos plaisirs, soit de l'esprit, soit du corps. Le premier groupe peut se subdiviser, selon que besoins et devoirs sont, soit communs à tous les hommes, soit propres à la société où nous vivons, soit relatifs à une société considérée dans ses rapports avec d'autres sociétés. Quant aux connaissances simplement curieuses, on doit mettre à part celles « qui tiennent au moins indirectement aux connaissances utiles ». — Restent deux sortes de sciences. D'une part, les « connaissances de pure spéculation », « celles qui ont pour unique but le plaisir ou l'ostentation du savoir ». Elles doivent être « peu en honneur dans les Républiques, où chaque citoyen faisant une partie réelle et indispensable de l'État, est plus obligé de s'occuper d'objets utiles à l'État. Ces études sont donc réservées aux citoyens d'une monarchie, que la constitution du gouvernement oblige d'y rester inutiles, et de chercher à adoucir leur oisiveté par des occupations sans conséquence ». D'autre part, il existe des « connaissances de pur agrément » : « Si leur culture ne peut être l'ouvrage que du talent et du génie, les fruits qui en naissent doivent être partagés et goûtés par la multitude ». Or, c'est ce dernier groupe de connaissances seulement qui peut prêter à discussion : « Ces connaissances pouvant contribuer à l'agrément de la société, sont sans doute préférables à cet égard aux connaissances de spéculation aride ; mais cet avantage est compensé par un inconvénient considérable. En multipliant les plaisirs, elles en inspirent ou en entretiennent le goût, et ce goût est proche de l'excès et de la licence ; il est plus facile de le réprimer que de le régler ». Il en résulte qu'« il serait donc peut-être plus à propos que les hommes se fussent interdit les arts d'agrément que de s'y être livrés », ainsi que Xénophon, cité en note, l'avait déjà dit. « Néanmoins ces arts d'agréments étant une fois connus, ils peuvent, dans certains États, occuper un grand nombre de sujets oisifs, et les empêcher de rendre leur oisiveté nuisible ». — Toutes ces distinctions, au reste, ne prétendent pas résoudre la question, mais seulement en préciser l'énoncé : « En considérant ainsi sous différents chefs la question proposée, et en la divisant en différentes branches, on pourra examiner, ce me semble, avec quelque précision, *l'influence que la culture des sciences et des beaux-arts peut avoir sur la morale des États et sur celle du citoyen* » (78).

VI. — La réponse de d'Alembert est remarquable à plusieurs titres, et d'abord par sa cohérence : les *Eléments de philosophie* amplifient, tout en lui donnant un tour plus systématique et plus analytique, le sentiment exposé à la fin du *Discours préliminaire*. Elle fait preuve de circonspection et de modération, et s'en tient à l'étude du problème, sans dogmatiser. Elle se caractérise surtout par son ouverture d'esprit : elle accepte pleinement le problème, tel que Rousseau l'avait défini (l'allusion à « la question si agitée dans ces derniers temps » se réfère clairement aux polémiques qui s'étaient succédé de 1750 à 1752), et tient compte largement, ce qu'il n'y a pas à montrer ici dans le détail, des développements ultérieurs que Rousseau avait donnés jusqu'à la *Préface de Narcisse*, mais aussi bien dans le *Deuxième Discours* et dans la *Lettre sur les Spectacles*. On explique ainsi que le problème de la civilisation soit envisagé ici plus radicalement qu'à la fin du *Discours préliminaire*, et que la thèse de Rousseau soit déclarée recevable, encore que restreinte aux seuls arts d'agrément. D'autres convergences pourraient être relevées.

En appliquant la méthode analytique, d'Alembert substitue, à une question globale qui invitait à des prises de positions massives et à des professions de foi contradictoires, des distinctions qui permettent de la *décomposer*, et d'en élaborer des énoncés successifs. De son côté, Rousseau s'était plaint que « ceux qui m'attaquent ne manquent jamais de s'écarter de la question et de sup-

---

(78) *Essai...*, pp. 229-232.

primer les distinctions essentielles que j'y ai mises » (79) ; plus tard, il parlera d'une « distinction que j'ai toujours soigneusement faite, et qu'aucun de ceux qui m'ont attaqué n'a jamais pu concevoir » (80). — La mise en rapport du problème avec les formes de gouvernement avait été indiquée par Rousseau, dans le *Discours* même et dans la réponse au roi de Pologne (81), mais fort allusivement. En l'explicitant, d'Alembert accepte la thèse de Rousseau (mais restreinte aux seules Républiques), et fait voir que le fond du litige ne se conçoit que dans le cadre d'une monarchie (par où la thèse de Rousseau est à la fois *située* comme attaque contre la monarchie de Versailles, et privée de sa prétention à l'universalité). — C'est ici que se place la concession ouvertement faite. Les « arts d'agrément » inspirent ou entretiennent le goût des plaisirs, « et ce goût est proche de l'excès et de la licence », comme l'avait dit Xénophon (la référence, ici, à la tradition antique peut servir, autant qu'à renforcer la thèse de Rousseau, à en diminuer l'originalité). — Toutefois, ces « arts d'agrément étant une fois connus », pourront servir au moins à « occuper un grand nombre de sujets oisifs, et [à] les empêcher de rendre leur oisiveté nuisible » (82). Dans la *Préface de Narcisse* (83), Rousseau avait défendu une solution très voisine, reprise, trois ans plus tard, dans sa Lettre à Voltaire (84).

Ces points d'accord méritaient d'être signalés, le dernier surtout qui admet que, dans la situation présente, il est préférable de conserver les sciences et les arts, autre-

---

(79) *Dernière réponse, O.C.*, t. III, p. 72 déb.

(80) *Lettre à M. de Beaumont*, Garnier éd., p. 471 (*O.C.*, t. IV, p. 967).

(81) *Observations... O.C.*, t. III, p. 43.

(82) *Essai...*, p. 231 sq.

(83) *Préface de Narcisse*, p. 971 : « Mais quand un peuple est une fois corrompu à un certain point, soit que les sciences y aient contribué ou non, faut-il les bannir ou l'en préserver pour le rendre meilleur ou pour l'empêcher de devenir pire ? C'est une question dans laquelle je me suis positivement déclaré pour la négative ».

(84) *Lettre à Voltaire* du 7 septembre 1755, in *O.C.*, III, p. 226 sqq. et *Lettres philosophiques*, présentées par H. Gouhier, Vrin, 1974, p. 32 : « Mais il vient un temps où le mal est tel que les causes même qui l'ont fait naître sont nécessaires pour l'empêcher d'augmenter ».

ment dit, que, quelle que soit la réponse à faire à la question proposée par l'Académie de Dijon, on doit laisser les choses en état.

Des divergences n'en subsistent pas moins ; on en considérera ici deux, dont l'intérêt n'est pas simplement d'ordre exégétique, mais touche au fondement des deux doctrines, exemplairement opposées et également, parce que complémentairement, prophétiques et éclairantes pour le problème de la civilisation.

On pourrait toutefois s'interroger, préalablement, sur la portée du débat. Si, de part et d'autre, on convient que la situation présente est intangible et qu'il faut, selon la formule de Rousseau, « laisser le fer dans la plaie » (85), la controverse sur la valeur de la civilisation peut paraître parfaitement académique, et fournir elle-même une simple occasion à des « sujets oisifs » de les « empêcher de rendre leur oisiveté nuisible » (86), et cela d'autant plus que le cadre (et aussi l'objet, comme d'Alembert l'avait montré) du débat est une monarchie où « la constitution du gouvernement oblige les citoyens d'y rester inutiles » (87) ; ce qui reviendrait à dire que, de toute manière, une discussion entre « philosophes » est condamnée à rester sans conséquences pratiques.

De fait, il n'en est pas ainsi. Si, vers le milieu du siècle, personne encore n'envisage des bouleversements ni des actions violentes, il s'en faut de beaucoup que les idées soient séparées du réel. D'abord, comme Platon l'avait dit de l'« État en nous » (88), des considérations politiques générales peuvent donner lieu à une « réforme » morale de l'individu : Rousseau, on l'a rappelé plus haut, l'avait montré en 1751. Sur un plan plus large, on peut discuter utilement (c'est-à-dire avec l'espoir de peser sur l'événement) de l'opportunité du « projet d'établir un théâtre de comédie » à Genève. Plus généralement, enfin, les

(85) Rousseau, *ibid.*
(86) D'Alembert, *Essai...*, p. 232.
(87) *Id., ibid.*, p. 230.
(88) *République*, IX, 592 a-b.

« philosophes », s'ils sont exclus de toute participation aux affaires, peuvent donner des conseils aux princes (Rousseau lui-même ne s'en était pas privé dans la péroraison de son *Discours*) et, par là, éclairer le despotisme.

III

VII. — Des deux divergences essentielles, l'une porte sur la valeur de la civilisation, l'autre sur le rapport entre civilisation et moralité.

S'agissant de savoir « *si un citoyen, né et élevé parmi les peuples policés, y est plus ou moins heureux qu'un sauvage né et élevé parmi ses pareils* » (89), on doit, pour résoudre la question par l'affirmative, s'en rapporter au « consentement des hommes », car « on ne peut guère accuser le genre humain d'être aveugle sur ses vrais avantages » (90). Rousseau, pour sa part, avait jugé supérieur le bonheur du sauvage (91) et, dès le début de sa carrière, avait douté de la clairvoyance du genre humain (92).

Pour des raisons de méthode, on renoncera ici à replacer cette controverse dans l'histoire des idées, et à croire que la position de Rousseau puisse recevoir quelque éclaircissement d'une comparaison avec les *Mémoires* de La Hontan ou, plus généralement, avec le « primitivisme » de l'époque ; à évoquer de nouveau la problématique complexe de « l'idée de bonheur », et à faire état, bien que Rousseau lui-même s'y soit référé (93), de l'*Essai de philosophie morale* de Maupertuis (1749) (94).

---

(89) D'ALEMBERT, *Essai...*, p. 228.
(90) *Id. ibid.*
(91) ROUSSEAU, *Deux. Disc.*, note IX, p. 203 ; note XVI, p. 220.
(92) *L'Idée de la méthode...* (1745) contient à cet égard une phrase qui a valeur de programme : « [...] instruire le public de quelque chose qu'il ne savait pas, ce qui se fait en lui apprenant de nouvelles vérités, ou en le désabusant de quelques fausses opinions dont il était imbu » (*O.C.*, t. II, p. 1243). — Voir aussi l'apostrophe, dans la *Lettre à Philopolis*, de « l'homme aux paradoxes » (*O.C.*, t. III, pp. 231-232).
(93) ROUSSEAU, *Deux. Disc.*, note IX déb., p. 202.
(94) MAUPERTUIS, *Essai de philosophie morale*, in *Œuvres*, Lyon, 1768, t. I, p. 171 sqq.

Cet *Essai*, précisément, emporté et dilué dans une enquête de sociologie littéraire, perd complètement son originalité et sa nouveauté ; il ne saurait être compris qu'en lui-même et rattaché à la philosophie de l'auteur ; Francis Courtès l'a montré magistralement (95). Pareillement, la pensée de Rousseau, dissoute en « exigences contradictoires » qu'on n'aura aucun mal, ensuite, à retrouver « chez tous les ' philosophes ' », peut bien être intégrée dans un courant d'idées, mais, par là même, est dépouillée de tout ce qui proprement la constitue : or c'est cette pensée, et non ce courant construit par l'histoire idéologique où on voudrait l'enrégimenter, qui a produit une révolution spirituelle dans la conscience occidentale.

1. L'appréciation positive de la civilisation, de la part de d'Alembert, procède d'abord d'une opinion commune, opinion que le *Discours* de Rousseau a pu amener à prendre conscience d'elle-même, mais qui préexiste à tout ce débat comme une évidence naïve. Dire, en effet, que « la plupart d'entre les hommes ont cru qu'il leur était plus avantageux de vivre dans des États policés » (96), c'est bien moins la réponse à une question, qu'une conviction non-formulée, une adhésion spontanée à un état de choses sur les bienfaits duquel on ne songe même pas à s'interroger. « Les progrès de l'esprit », depuis la Renaissance (97) sont un fait indubitable, et nul ne s'aviserait de regretter « ces temps ténébreux » et cette « barbarie » (98) dont ils ont pris la suite.

Mais, d'autre part, « en sortant d'un long intervalle d'ignorance que des siècles de lumière avaient précédé, la régénération des idées » (99) nous avertit que la civilisation n'est pas un phénomène allant de soi : d'autres époques en ont été privées : « La barbarie dure des siècles, il semble que ce soit notre élément ; la raison et le bon

---

(95) Fr. Courtès, *La Raison et la vie*, Vrin, 1972, chap. IX.
(96) D'Alembert, *Essai...*, p. 228.
(97) *Disc. prél.*, p. 76.
(98) *Ibid.*, pp. 77-78.
(99) *Ibid.*, p. 76.

goût ne font que passer » (100). Cette même idée de la fragilité de la civilisation, jointe à celle des « révolutions » (qui, elle aussi, est chez d'Alembert (101)) se retrouvera, quelque 25 ans plus tard, dans le *Cours d'études* de Condillac (102).

2. On est donc fort éloigné encore d'une religion du progrès et de l'optimisme historique du XIXe siècle, tel qu'il s'exprimera dans les diverses théories, culturelles, positivistes, évolutionnistes, socialistes, bref scientistes, du progrès. Chez Condorcet même, la théorie des « progrès de l'esprit humain » (103) (expression où il faut souligner le pluriel, sans compter que le mot, comme on l'a noté avec raison, n'est jamais employé « absolument » (104)) doit surtout être considérée « dans la perspective d'un essai pour constituer une science de l'homme » (105). Au surplus, la conception de d'Alembert s'appuie, dans les *Éléments de philosophie*, sur une vision de l'histoire où le schème simple de l'alternance : *obscurité-lumière* du *Discours préliminaire* fait place à une structure plus élaborée, encore que d'un usage plus restreint puisqu'elle s'applique, non plus à l'histoire universelle, mais seulement à l'histoire européenne moderne : « Il semble que depuis environ trois cents ans, la nature ait destiné le milieu de chaque siècle à être l'époque d'une révolution

---

(100) *Ibid.*, p. 117.
(101) *Ibid.*, p. 117 : « Car tout a des révolutions réglées, et l'obscurité se terminera par un nouveau siècle des lumières ».
(102) CONDILLAC, *Cours d'études pour l'instruction du Prince de Parme* (1775), Extraits du Cours d'histoire, in *Œuvres philosophiques*, éd. G. Le Roy, t. II, P.U.F., 1948, p. 9 A : « Nés du sein de la barbarie, les arts et les sciences ont successivement éclairé un petit nombre de nations privilégiées. C'est une lumière qui se cache aux unes, à mesure qu'elle se montre aux autres, et qui n'éclaire jamais qu'un horizon très borné. Capable d'un certain accroissement, elle s'affaiblit aussitôt qu'elle ne peut plus croître, elle s'éteint par degrés, et elle ne se reproduit que pour éprouver encore les mêmes révolutions ».
(103) CONDORCET, *Esquisse d'un tableau historique des progrès de l'esprit humain* (1794), éd. O.H. Prior, Boivin, 1933.
(104) J. EHRARD, *L'Idée de nature en France...*, *loc. cit.*, t. II, p. 740 i.f.
(105) Gilles-Gaston GRANGER, *La Mathématique sociale du marquis de Condorcet*, P.U.F., 1956, p. 18.

dans l'esprit humain ». C'est, au XVe siècle, la prise de Constantinople avec la renaissance des lettres en Occident ; au XVIe, la Réforme et l'« émulation » qui s'en est suivie ; au XVIIe, la philosophie de Descartes ; à notre époque, enfin, « on s'aperçoit sans peine qu'il s'est fait à plusieurs égards un changement bien remarquable dans nos idées ; changement qui par sa rapidité semble nous en promettre un plus grand encore ».

Dans ces premières pages des *Éléments de philosophie*, on ne sait ce qu'il faut admirer davantage : le diagnostic du présent ou les prévisions. Autrement que dans le chapitre initial du *Siecle de Louis XIV*, l'époque actuelle est comprise dans son unicité : les analogies tirées de l'histoire (moderne) ne restent pas des antécédents discontinus : elles en expliquent la genèse et lui constituent comme une préhistoire. — Le mot de « révolution » ne désigne plus l'alternance sans fin de l'ombre et de la lumière (les « révolutions réglées », avait dit le *Discours préliminaire*) : il indique un fait unique et s'entend au sens où nous parlons de « révolution industrielle ». — Cette spécificité du présent se marque dans le progrès des connaissances humaines, bien sûr, mais aussi par une accélération de l'histoire, et qui ne pourra que s'intensifier. — De cette situation inédite du présent, faut-il se féliciter ? « C'est au temps à fixer l'objet, la nature et les limites de cette révolution, dont notre postérité connaîtra mieux que nous les inconvénients et les avantages » (106). — Il était difficile de porter sur la civilisation de l'époque un jugement à la fois plus précis et plus prudent, que l'avenir devait confirmer et qu'avec des compléments nécessaires, on pourrait transposer à notre propre époque.

3. La position de d'Alembert, en face du problème de la civilisation, peut donc se caractériser de deux manières. Quand il invoque le consentement universel, d'Alembert se borne à donner acte à une croyance spon-

---

(106) *Essai...*, p. 8 *i.f.* sq.

tanée, à un optimisme empirique et pré-philosophique. Quand il accorde à cette croyance la caution du philosophe, il l'assortit de certaines réserves qui en modifient le sens. A l'échelle de l'histoire universelle, la progression n'est pas linéaire, mais cyclique ; elle n'a rien d'inéluctable et reste soumise à des « révolutions ». Dans l'histoire moderne, la progression, continue et indubitable, n'est pas nécessairement un progrès : la postérité seule pourra en juger.

Surtout : la civilisation n'est pas une donnée qu'on puisse recevoir passivement, mais une œuvre à construire, et à protéger contre la barbarie, toujours menaçante. Or cette œuvre (bien que d'Alembert ne méconnaisse nullement le caractère global du phénomène) est fondamentalement d'essence scientifique. On comprend par là que d'Alembert ne prononce ni l'éloge, ni même l'apologie du « luxe » ; bien au contraire, les indications qu'il donne sur le « nécessaire absolu » et le « nécessaire relatif », ainsi que sur la juste répartition des charges publiques (107), s'accordent avec les thèses exposées dans le *Discours sur l'inégalité* et dans l'*Émile*. Il ne vante pas la « vie civilisée et rendue commode par l'industrie et par le commerce des hommes » (108), « commodités » qu'il était pourtant traditionnel, chez les jusnaturalistes, et depuis Hobbes, de porter au compte de *l'état civil* (109). Il se borne, dans cet ordre d'idées, à réhabiliter les « arts mécaniques », que leurs usagers et bénéficiaires entourent de « mépris » (110). Ailleurs, il note que la recherche théorique peut avoir des applications pratiques (111), encore qu'il ne prescrive pas ces applications à la science comme « sa fin la plus naturelle et la plus constante », ainsi que le fera Condorcet, plus proche à cet égard de l'idéal encyclopédiste (112) que le savant d'Alembert.

---

(107) *Essai...*, pp. 193-199 (avec les notes des pp. 195 et 199).
(108) PUFENDORF, *Les Devoirs de l'homme et du citoyen*, II, I, 4.
(109) PUFENDORF, *Le Droit de la nature et des gens* ,II, II, 2 *i.f.*
(110) *Disc., prél.*, p. 54 sq.
(111) *Essai...*, p. 230.
(112) Voir G.-G. GRANGER, *loc. cit.*, p. 16.

4. C'est ce caractère essentiellement scientifique de la civilisation qui explique, en fin de compte, la position de d'Alembert. La civilisation, pour lui, représente une *idée pratique* confiée aux efforts inlassables des savants, et non une molle croyance dogmatique ou le repos dans le « bien-être » (113). D'une manière très conséquente, d'Alembert admet une « morale du philosophe » (114), où l'on doit reconnaître, après les vertus intellectuelles de l'*Éthique à Nicomaque* (et déjà de la *République*), l'antécédent de cette morale du savant exaltée, à notre époque, par B. Russell (115), puis reprise par J. Monod (116).

La civilisation que d'Alembert a en vue peut être appelée *créatrice*, et le jugement favorable qu'il en porte se fonde sur ce que, soumis à l'impératif de l'idée, il contribue lui-même activement à sa création (et non pas seulement, comme les compilateurs de l'*Encyclopédie*, à sa diffusion).

VIII. — Si, à partir de là, on relit le *Discours sur les sciences et les arts*, on s'aperçoit que les deux auteurs ne parlent pas du même phénomène, et que la civilisation que Rousseau a en vue peut être appelée *parasitaire*.

1. Le *Discours* ne s'en prend ni aux sciences (« La science est très bonne en soi, cela est évident ; et il faudrait avoir renoncé au bon sens, pour dire le contraire » (117)), ni à la philosophie (Bacon, Descartes, Newton sont cités pour leur « vaste génie », comme « précepteurs

---

(113) D'ALEMBERT, *Essai...*, p. 192 : « Si l'on appelle *bien-être* tout ce qui est au-delà du besoin absolu, il s'ensuit que sacrifier son bien-être aux besoins d'autrui, est le grand principe de toutes les vertus sociales, et le remède à toutes les passions ».

(114) *Essai...*, p. 232 sqq.

(115) B. RUSSELL, *Le Mysticisme et la logique* (1918), trad. fr., Payot éd. 1922, p. 51.

(116) J. MONOD, *De la biologie moléculaire à l'éthique de la connaissance*, Leçon inaugurale faite le vendredi 3 novembre 1967 au Collège de France.

(117) ROUSSEAU, *Observations...*, *O.C.*, t. III, p. 36.

du genre humain », et recommandés aux rois pour être admis « dans leurs conseils » (118)), ni aux Beaux-Arts (le « célèbre Arouet », Carle et Pierre Van Loo, Pigalle, « hommes extraordinaires par leurs talents », loin d'être accusés de corrompre la morale, sont mis en garde contre l'influence néfaste que la « dissolution des mœurs » et, à sa suite, la « corruption du goût » pourraient avoir sur leur art (119)). Parlant de ses « adversaires », Rousseau, plus tard, les dira « plus attentifs peut-être à l'intérêt des gens de lettres qu'à l'honneur de la littérature » (120). Le *Discours* ne vise pas la civilisation en tant que suscitée par les génies créateurs (le « petit nombre de grands génies » précisera d'Alembert (121)), mais en tant que dégradée et corrompue par ses usagers. Ceux-ci sont décrits par des formules diverses, mais concordantes : ce sont les « gens de lettres », sans doute, ou encore « cette foule d'écrivains obscurs et de lettrés oisifs, qui dévorent en pure perte la substance de l'État » (122) ; « cette foule d'auteurs élémentaires qui ont écarté du temple des Muses les difficultés qui défendaient son abord » (123) ; « ces compilateurs d'ouvrages qui ont indiscrètement brisé la porte des sciences et introduit dans leur sanctuaire une populace (123a) indigne d'en approcher » (124). Mus par la « fureur de se distinguer » (125), ces « déclamateurs », tout à la fois, sont à la recherche de « funestes paradoxes » qui détruisent la tradition et la moralité publique (126), mais totalement asservis, d'autre part,

---

(118) *Disc. sur les sc. et les arts*, p. 29.
(119) *Ibid.*, p. 21.
(120) *Préface de Narcisse*, p. 959 sq.
(121) D'Alembert, *Disc. prél.*, p. 76.
(122) *Disc. sur les sc. et les arts*, p. 19.
(123) *Ibid.*, p. 28 sq.
(123a) Ici, comme plus loin (p. 303, n. 178 a), il y a à éviter ce qu'on pourrait appeler un contresens par assimilation. La « populace », en l'espèce, ne désigne pas, comme chez Voltaire, le « peuple » qu'il faudrait exclure de l'instruction (voir les textes cités dans G. Snyders, *La Pédagogie en France, aux XVIIe et XVIIIe siècles*, P.U.F., 1965, p. 405 sq.), mais bien cette partie de la bourgeoisie qui en a bénéficié — au détriment de l'instruction même.
(124) *Ibid.*, p. 29.
(125) *Ibid.*, p. 19.
(126) *Ibid.*

aux « opinions de leur siècle » (127) (les « convictions du siècle », dira Hegel), pour en recueillir les « récompenses » (128).

A partir de ces textes, et d'autres, on pourrait tracer des extrapolations dans plusieurs directions.

2. Rousseau a inauguré la révolte de ce qu'on appellera plus tard l'artiste (mais qui, chez lui, est encore en union personnelle avec le philosophe) contre la société : or la société, c'est-à-dire « la bonne société, telle que nous la connaissons à partir des XVIIIe et XIXe siècles, a problablement son origine dans les cours européennes de l'époque de l'absolutisme » (129). Mais la critique de Rousseau saute en quelque sorte un échelon : elle ne s'en prend pas à ce qu'au XIXe siècle, on appellera le « philistin » (130), mais bien déjà au « philistin cultivé », celui qui, grâce aux objets culturels, veut acheter « une position supérieure dans la société » et désintègre la civilisation en « valeur », « c'est-à-dire marchandise sociale qu'on peut faire circuler et réaliser en échange de toutes sortes d'autres valeurs, sociales et individuelles » (131). Rousseau avait parlé de « tout ce qui n'a d'existence que dans l'estime des hommes, mais qui mène par cette estime aux biens réels qu'on n'obtiendrait point sans elle » (132). Et ce stade même est dépassé par la critique : les « auteurs élémentaires » ne se contentent pas de vivre de la civilisation ; ils prétendent contribuer

(127) *Ibid., Préface*, p. 3 ; p. 21 : « Il rabaissera son génie au niveau de son siècle, et aimera mieux composer des ouvrages communs qu'on admire pendant sa vie, que des merveilles qu'on n'admirerait que longtemps après sa mort » ; « Que si par hasard entre les hommes extraordinaires par leurs talents, il s'en trouve quelqu'un qui ait de la fermeté dans l'âme et qui refuse de se prêter au génie de son siècle et de s'avilir par des productions puériles, malheur à lui ! ».
(128) *Ibid.*, p. 25 (« Les récompenses sont prodiguées au bel esprit »).
(129) H. ARENDT, *La Crise de la culture* (*Between Past and Future*, 1954), trad. fr., Gallimard, 1972, p. 255 *i.f.*
(130) *Id. ibid.*, p. 258.
(131) *Id. ibid.*, p. 261.
(132) ROUSSEAU, *Fragments politiques*, X, 1, *O.C.*, t. III, p. 530. Sur la dialectique, très subtile, de cette « réalisation » des valeurs culturelles, cf. *Anthropologie et politique...*, pp. 542-554.

activement à son élaboration. Ce sont les héritiers des Encyclopédistes qu'atteint Rousseau, en leurs avatars multiples. On a indiqué plus haut que la critique rousseauiste de la civilisation ne s'attaque pas à la société aristocratique de l'époque, mais bien à la bourgeoisie, enrichie et éprise de « lumières ». Capable de « récupérer » le génie et soumise, d'autre part, aux idées reçues dont Flaubert ne finira pas de dresser l'inventaire, elle produira l'*homo loquax* de Bergson, c'est-à-dire « l''homme intelligent ', habile à parler vraisemblablement de toutes choses », et aussi, il faut bien en convenir, l'« intellectuel » (132a), dont l'histoire événementielle assigne les origines honorables à la fin du siècle dernier, mais dont l'histoire dite des idées pourrait découvrir, dans les analyses de Rousseau, des traits moins estimables : la « fureur de se distinguer » jointe à un conformisme prudent (133) ; l'intolérance et l'ambition de « régner despotiquement » (134) (de nos jours, on a parlé de « terrorisme intellectuel ») ; ailleurs, une longue énumération s'achève sur « ... les philosophes, et tous les gens de parti qui font de la société un vrai brigandage » (135) ; ce n'est pas le fait du hasard que, dans le *Discours sur l'inégalité*,

---

(132a) A la suite principalement de P. Valéry, on prend ici ce mot dans son sens, si l'on peut dire, ingénu. Il s'entend dans une acception plus savante chez K. Mannheim, où il désigne tout uniment Thomas Münzer, Hegel, K. Marx, M. Weber et Pareto, les Chiliastes et Kierkegaard (*Idéologie et utopie*, Rivière éd., 1956, pp. 226-228). Il n'est pourtant pas vraisemblable que Rousseau eût approuvé cet impérialisme sociologique qui, au profit de la causalité historique « objective », supprime toute distinction de *format* entre les écrivains. La différence qu'il avait mise entre les génies et les « auteurs élémentaires » reste éclairante ef révélatrice, dans la mesure même où ces auteurs ont intérêt à la contester.

(133) « Je ne me soucie de plaire ni aux Beaux-Esprits, ni aux Gens à la mode. Il y aura dans tous les temps des hommes faits pour être subjugués par les opinions de leur siècle, de leur Pays, de leur Société : Tel fait aujourd'hui l'Esprit fort et le Philosophe, qui, par la même raison, n'eût été qu'un fanatique du temps de la Ligue » (Préface du 1er *Discours*, *O.C.*, t. III, p. 3) ; texte recueilli dans le florilège contenant les « crimes irrémissibles qui n'ont pu manquer de faire de leur Auteur le plus odieux de tous les monstres, et l'horreur du genre humain » (*O.C.*, t. I, p. 916).

(134) *Rousseau juge de Jean-Jacques, Dialogue troisième*, *O.C.*, t. I, p. 967.

(135) *Ibid.*, p. 926.

à un moment donc où il collabore encore à l'œuvre collective, Rousseau cite à plusieurs reprises, et avec beaucoup d'égards, le grand Buffon que les Encyclopédistes, du haut de leur compétence universelle, ont traité de la manière que l'on sait.

3. Dans le même ordre d'idées, on se demandera si la charge contre les « compilateurs d'ouvrages » et la « populace indigne d'approcher [le sanctuaire des sciences] » n'annonce pas déjà, avec la vulgarisation, la « culture de masse ». Deux points de vue devraient être distingués ici.

a) Comme la « société de masse » suppose l'intégration totale de la population, sans doute ne peut-on pas dire que Rousseau la critique ni même, peut-être, la prévoie ; ses références constantes à la Cité antique et sa revendication de l'égalité indiqueraient au contraire qu'il l'appelle de ses vœux (encore qu'il n'ait pu prévoir sous quelle forme ses vœux seraient appelés à se réaliser) ;

b) Comme, d'autre part, la société de masse suscite une civilisation de masse, on peut penser, en revanche, que celle-ci est justiciable de la critique prononcée par Rousseau contre la civilisation faussement aristocratique (et, de fait, déjà bourgeoise) de son temps. H. Arendt a caractérisé la « culture de masse » par deux traits : la transformation des objets culturels en objets de consommation (136) ; et la substitution, à la culture proprement dite, des « loisirs » (*entertainment*) (137). Or Rousseau, comme on sait, affecte polémiquement de ne mettre aucune distinction entre le *loisir*, condition, depuis l'antiquité, de toute activité digne de l'homme libre, et l'*oisiveté* (on a vu que d'Alembert avait accepté cette non-distinction, en parlant, à la suite de Rousseau, de l'« oisiveté » où se situent les activités culturelles (138)). Quant

(136) H. ARENDT, *loc. cit.*, p. 265.
(137) *Id. ibid.*, p. 263.
(138) D'ALEMBERT, *Essai sur les éléments de philosophie*, p. 230 sq. : « Ces études sont donc réservées aux citoyens d'une monarchie,

à la distinction entre objets culturels et objets de consommation, si satisfaisante qu'en soit l'évidence sur le plan conceptuel, autant, dans son application concrète, elle paraît d'un emploi malaisé. Nous pouvons bien juger, aujourd'hui, que le mécénat au XVIIIe siècle a donné naissance à des chefs-d'œuvre : quand le duc de Weimar impose à Bach l'obligation de composer et de faire exécuter une cantate par mois, ou le prince d'Esterhazy à Haydn de « subvenir à tous les besoins musicaux de la cour » (J.P. Larsen), on doit bien penser qu'ils commandent alors des objets de consommation. S'agissant de certaines tendances de l'esthétique contemporaine, Vl. Jankélévitch a parlé profondément de « la promotion du consommateur » (139). — C'est cette promotion qui est déjà visée dans le *Discours*, et cela moins comme simple diffusion du savoir qu'en tant que contamination du génie par la médiocrité des usagers et, surtout, pour la prétention des usagers à figurer eux-mêmes, à part entière, comme agents de la culture. « Que tout le monde ait le droit d'apprendre à lire, voilà qui à la longue ne corrompt pas seulement l'écriture, mais encore la pensée », dira Nietzsche. Sans doute ne saurait-on créditer Rousseau d'une prévision précise de la culture de masse. Mais ses analyses annoncent clairement la critique que devaient formuler, un siècle plus tard, Kierkegaard et Nietzsche, et elles conservent, si on accepte de la leur restituer, une actualité étonnante. Si contraire que cela paraisse à son égalitarisme, on doit bien admettre que Rousseau défend ici une civilisation aristocratique.

4. De fait, cette contrariété, aux yeux de Rousseau, ne serait qu'apparente, et ce serait en vertu d'une interprétation tout à fait abusive que l'on conclurait à l'hostilité de Rousseau contre ce qui existait d'ailleurs à peine

---

que la constitution du gouvernement oblige d'y rester inutiles, et de chercher à adoucir leur oisiveté par des occupations sans conséquence ».

(139) Vl. Jankélévitch, in *Revue de Métaphysique et de Morale*, oct.-déc. 1953, p. 434, col. b.

de son temps : « l'instruction publique » (l'expression est dans la *Lettre à M. de Beaumont*) (140). Le *Discours*, en dépit de l'universalité de sa thèse, fait le diagnostic d'une situation présente, et historiquement déterminée. C'est dans cette situation encore qu'il faut replacer l'*Émile*, dont le IVe Livre donne des indications pour un bon usage de la civilisation de l'époque. Mais dans ce que Rousseau considère comme la société idéale, la civilisation, réduite à ce qu'il appelle l'*opinion* (*Contr. soc.*, II, xii, *i.f.* et *Lettre à M. d'Alembert*), sera bien l'affaire de tous les citoyens. Et dans la situation présente même, cet idéal n'est pas perdu de vue. Le *Discours*, dans sa péroraison, contient une allusion au « peuple », en tant précisément qu'il n'est pas intégré dans la société, et exclu de toute participation à la civilisation. Cette allusion sera développée dans l'*Émile* et, surtout, dans la *Lettre à M. de Beaumont* (141) ; les *Considérations sur le gouvernement de Pologne* exposent un plan détaillé de ce que, après La Chalotais, Rousseau appelle « Éducation nationale » (142). — On sait, du reste, que l'*Émile* a contribué à former le projet pédagogique de la Révolution (143).

C'est sans doute par là qu'en fin de compte, la position de Rousseau se distingue de celle de d'Alembert : les « abus », que d'Alembert ne méconnaît nullement mais qui lui paraissent des concomitants inévitables d'une civilisation suffisamment justifiée par ses succès scientifiques, Rousseau y voit des maux inacceptables, et qu'il ne juge guérissables que grâce à une réforme politique.

Et ce serait peut-être ici le lieu de compléter les remarques de vocabulaire formulées au début. Comme ses contemporains, Rousseau est à la recherche d'un terme inédit qui puisse exprimer les aspirations plus ou moins

(140) *Lettre à M. de Beaumont*, Garnier éd., p. 472 (*O.C.*, t. IV, p. 968).
(141) *Lettre à M. de Beaumont*, pp. 470-472 (*O.C.*, t. IV, pp. 966-968).
(142) *Considérations sur le gouvernement de Pologne*, chap. IV.
(143) Cf. E. DURKHEIM, *L'Évolution pédagogique en France*, t. II, Alcan, 1938, pp. 149-151.

conscientes de l'époque. Mais le mot qui se présente à son esprit n'est pas celui de *civilisation*, c'est celui de *politie*. Ce n'est certes pas un néologisme à la lettre, mais c'est tout comme : tombé en désuétude, le mot est alors disponible pour désigner, non pas précisément la civilisation conçue comme une entité autonome, mais le *fait politique*, c'est-à-dire, selon la doctrine constante de l'auteur, l'idée que « tout tenait radicalement à la politique » — « tout », donc aussi les valeurs culturelles.

IX. — C'est bien de l'ordre politique aussi que relève, selon Rousseau, la deuxième divergence qui l'oppose à d'Alembert : le rapport entre civilisation et moralité. A la fin du *Discours préliminaire*, d'Alembert avait contesté toute espèce de rapport ; dans les *Éléments de philosophie*, il avait concédé une exception concernant les « connaissances pouvant contribuer à l'agrément de la société », mais sans préjudice de la règle même établie dans le *Discours préliminaire*. On peut penser que cette négation de tout lien entre civilisation et moralité se borne à formuler clairement une opinion commune tacitement admise. (Il en est, à cet égard, comme du point précédent, avec cette différence toutefois que là, le consentement universel ne fournissait qu'un point de départ, alors qu'ici le mérite de d'Alembert consiste à dégager franchement une opinion restée jusqu'alors diffuse et comme honteuse de s'avouer.)

Le « rétablissement des sciences et des arts », « époque mémorable » que l'on sent encore toute proche, avait inauguré « les progrès de l'esprit » (144), mais elle n'avait obéi à aucune finalité externe, telle la régénération des mœurs. — L'*Essai sur les mœurs* n'a pas pour objet la moralité, individuelle ou publique, et ce n'est pas par là que se distinguent les époques glorieuses de l'humanité : « Il ne faut pas croire que ces quatre siècles aient été exempts de malheurs et de crimes. La perfection des arts

---

(144) D'ALEMBERT, *Discours préliminaire*, p. 76.

cultivés par des citoyens paisibles n'empêche pas les princes d'être ambitieux, les peuples d'être séditieux, les prêtres et les moines d'être quelquefois remuants et fourbes. Tous les siècles se ressemblent par la méchanceté des hommes ; mais je ne connais que ces quatre âges distingués par les grands talents » (145). — Si les sciences et les arts produisent quelque résultat accessoire, c'est, comme le dit d'Alembert, de « rendre la société plus aimable », de contribuer au raffinement des manières, aux « commodités » (146) d'une vie civilisée et, par là, au bonheur : Voltaire l'avait indiqué sans ambages dans *Le Mondain* et dans l'*Apologie du luxe* (1736/37). Or le bonheur (et le luxe qui en est l'indispensable instrument) ne requiert nullement la vertu : d'après Mandeville (qui représente bien l'idéologie dominante de l'époque), sa matière première, ce sont les vices, et sans qu'il faille y voir malice : l'ordre social (et, selon l'autre idéologie du siècle, l'optimisme leibnizien : l'ordre du monde) est si bien agencé que les ombres locales se joignent en un tout lumineux, et que les faiblesses des individus concourent au bonheur collectif (on peut considérer que c'est avec Mandeville que commence déjà, encore malhabile dans sa méthode et tâtonnante quant à son vrai objet, la pensée sociologique). — L'ordre social est susceptible, au surplus, d'une sanction théologique : on le fera bien voir à Rousseau, à partir de 1762 ; en attendant, il se fait réprimander par son compatriote Ch. Bonnet, pour s'être « élevé, sans y penser » contre la « VOLONTÉ ADORABLE » de Dieu (147). Et, en effet, soulever, en face de tout cela, le problème de la moralité, comme le fait Rousseau, c'est, proprement, poser une question impertinente, puisque, justement, la question n'est pas là.

On doit admettre, d'autre part, que la thèse de d'Alembert est vraie, et qu'elle a été largement vérifiée par l'his-

---

(145) Voltaire, *Le Siècle de Louis XIV*, chap. I.

(146) Cf. plus haut § VII, 3, p. 107 et *Disc. sur les sc. et les arts*, p. 22 : « ... les commodités de la vie... ».

(147) Ch. Bonnet, *Lettre de M. Philopolis*, in Rousseau, *O.C.*, t. III, p. 1384.

toire après lui : le progrès de la civilisation (sciences et arts cumulés) n'a guère de rapport avec ce que la fin du *1er Discours* avait appelé « vertu » ou « voix de la conscience ». Dans un livre qui ne date pourtant que de 1932, Bergson décrit ce qui lui apparaît comme une « vision d'horreur », et commente : « On était entre ' civilisés ', mais l'instinct politique originel avait fait sauter la civilisation pour laisser passer la nature » (148). M. Weber constate comme une évidence que les sciences sont très propres à « tuer dans sa racine la croyance qu'il puisse y avoir quelque chose comme un ' sens ' du monde » (149), et en appelle à Tolstoï, pour répondre négativement à cette question : « Ce processus de désenchantement réalisé au cours des millénaires de la civilisation occidentale et, plus généralement, ce ' progrès ' auquel participe la science comme élément et comme moteur, ont-ils une signification qui dépasse cette pure pratique et cette pure technique ? » (150). Malraux, parlant de notre présent, juge qu'« avoir un sens, pour une civilisation, signifie aussi : rejeter la question du sens » (151). G. Steiner, en des pages pathétiques, se demande : « Pour quelles raisons les traditions et les modèles humanistes ont-ils si mal endigué la sauvagerie politique ? Ont-ils en réalité constitué un frein, ou bien est-il plus sage de reconnaître dans la culture humaniste des appels pressants à l'autoritarisme et à la cruauté ? » (152). « Cette réalité suprême, dit-il ailleurs, nous est tellement odieuse que nous nous efforçons de la rejeter, et continuons à susurrer des actes de foi en la culture, comme si la vérité n'allait pas nous briser les dents » (153). — Mais quoi ! En faisant incendier Rome, et brûler les Chrétiens, Néron ne

---

(148) Bergson, *Les deux sources de la morale et de la religion*, 1932, p. 302.

(149) M. Weber, *Le métier et la vocation de savant*, in *Le savant et le politique*, trad. fr., Plon éd., 1959, p. 84.

(150) *Id.*, *ibid.*, p. 79.

(151) Malraux, *L'Homme précaire et la littérature*, 1977, p. 314.

(152) G. Steiner, *La Culture contre l'homme* (*In Bluebeard's Castle*, 1971), trad. fr. Ed. du Seuil, 1973, p. 38.

(153) G. Steiner, *Language et silence* (*Language and Silence*, 1967), trad. fr. Ed. du Seuil, 1969, p. 166 (et *ibid.*, p. 18).

jouait-il pas de la lyre ? N'avait-il pas reçu de son maître les plus hautes leçons d'humanisme auxquelles se soit élevée l'antiquité ? Il semble bien que les quelques phrases mesurées et impassibles de la fin du *Discours préliminaire* rendent assez compte, sur le point litigieux, de l'histoire universelle et qu'elles renferment, par-delà la situation concrète où elles furent écrites, une vérité intrinsèque.

x. — Cette vérité, que l'historien suisse J. Burckhardt, après avoir écarté comme une naïveté toute enquête sur les « progrès moraux » (Buckle), formule ainsi : « Quand déjà dans des temps anciens quelqu'un donnait sa vie pour d'autres, on n'a pas fait mieux depuis » (154), — peut-elle abolir cette autre vérité que Rousseau croit avoir établie par des inductions historiques et par des raisonnements, et qui pose une « liaison nécessaire », chez « tous les peuples du monde », entre le déclin des mœurs et « le goût de l'étude et des lettres » ? (155). On doit rappeler d'abord une distinction essentielle, par laquelle Rousseau anticipe le jugement de Burckhardt : « Je trouvai qu'alors le développement des lumières et des vices se faisait toujours en même raison, non dans les individus, mais dans les peuples ; distinction que j'ai toujours soigneusement faite, et qu'aucun de ceux qui m'ont attaqué n'a jamais pu concevoir » (156). De plus, la thèse de d'Alembert s'accorde avec celle de Rousseau en ceci du moins qu'elle dénie toute influence moralisatrice à la civilisation : « Les lettres contribuent certainement à rendre la Société plus aimable ; il serait difficile de prouver que les hommes en sont meilleurs, et la vertu plus commune » (157). Quant à l'influence positivement néfaste des « connaissances de pur agrément », d'Alembert, on l'a vu, finira par la concéder, sinon à Rousseau nommément, du moins

(154) J. BURCKHARDT, *Considérations sur l'histoire universelle*, A. Kröner éd., Leipzig, s.d., p. 256.
(155) ROUSSEAU, *Préface de Narcisse*, p. 965.
(156) ROUSSEAU, *Lettre à M. de Beaumont*, p. 471 (*O.C.*, t. IV, p. 967).
(157) D'ALEMBERT, *Discours préliminaire*, p. 118.

à l'autorité de Xénophon (158). Aussi bien B. de Jouvenel, dans son édition du *Contrat social*, insiste-t-il sur « l'inspiration des Anciens » (159). A sa suite, le savant américain Roger D. Masters conclut ainsi son livre sur *La Philosophie politique de Rousseau* : « Le problème fondamental ' provoqué par la victoire de la science moderne ' attend toujours sa solution ; notre situation requiert, comme pour Rousseau, une confrontation de l'optimisme scientifique de l'opinion moderne avec le pessimisme politique de la philosophie ancienne » (160) ; et il considère le *1er Discours* comme « l'œuvre la plus défendable de Rousseau » (161).

IV

On pourrait s'en tenir là. Et sans doute y a-t-il chez Rousseau une « inspiration des Anciens ». Mais l'important, ici, n'est pas tant qu'il paraisse répéter l'enseignement de Xénophon, Platon, Plutarque, Sénèque, Tacite, pour en prendre la suite. C'est plutôt le fait que l'Antiquité, que beaucoup de ses contemporains, même et surtout des « philosophes », connaissaient bien mieux que lui, ait pu lui fournir le *lieu* d'où mettre une distance entre lui-même et son siècle, et le mettre en question. Ou encore : le fait que Rousseau ait été un des très rares lecteurs capables de sentir l'altérité et l'étrangeté des textes anciens (162), et l'on peut penser que ce fut grâce à sa qualité d'autodidacte, c'est-à-dire parce que, pour lui, « le monde latin » n'a jamais fonctionné « comme clô-

---

(158) D'Alembert, *Essai sur les éléments de philosophie*, p. 231.
(159) B. de Jouvenel, *Essai sur la politique de Rousseau*, in J.-J. Rousseau, *Du Contrat social*, Genève, 1947, p. 35 et *passim*.
(160) R.D. Masters, *The Political Philosophy of Rousseau*, Princeton University Press, 1968, p. 443.
(161) *Id. ibid.*, p. 438.
(162) « Quand on lit l'histoire ancienne, on se croit transporté dans un autre univers et parmi d'autres êtres » (*Considérations sur le gouvernement de Pologne*, II déb.).

ture » (163). On ajoutera par parenthèse qu'une raison analogue a concouru au succès du *1er Discours* : la mise en œuvre d'une « rhétorique » renouvelée, réinventée en quelque sorte, et non pas apprise dans la routine des Collèges (164).

Même ainsi, on aura rendu compte de la leçon morale du *Discours*, mais non pas de ce qu'il signifie, lui et les écrits qui lui font suite, pour le problème de la civilisation. Bien qu'il soit difficile, en l'espèce, d'échapper à la tentation de l'anachronisme, mais parce que, d'un autre côté, toute « illusion rétrograde » n'est pas nécessairement illusoire, on pourrait essayer, pour finir, de donner quelques indications non-exhaustives sur la contribution de Rousseau à l'élaboration de ce terme et à son histoire à venir.

1. Ce qui vient d'être dit des Collèges fournirait un point de départ. Si, bien avant l'*Émile*, le *1er Discours* s'en prend à ces « établissements immenses, où l'on élève à grands frais la jeunesse pour lui apprendre toutes choses, excepté ses devoirs », c'est aussi parce que les textes anciens y sont dépouillés de leur sens et, privés de tout rayonnement réel, servent à consolider une civilisation et un ordre social qui, en tout point, leur sont contraires.

La littérature antique devient ainsi pour Rousseau, comme déjà pour Montesquieu (165) et, un siècle plus tard, pour Nietzsche, la mesure idéale d'une authenticité perdue. Après avoir fait lire à Émile « les livres des anciens » (166), « après l'avoir ainsi fait remonter aux sources de la pure littérature, je lui en montre aussi les égouts dans les réservoirs des modernes compilateurs [le *Discours*

---

(163) Cf. G. SNYDERS, *La Pédagogie en France aux XVIIe et XVIIIe siècles, op. cit.*, p. 67 sqq.

(164) *Id. ibid.*, p. 111 sqq.

(165) « Je dis : ' Les livres anciens sont pour les auteurs ; les nouveaux, pour les lecteurs ' » (Montesquieu, *Pensées*, 703 (850), éd. A. Masson, t. II, p. 215) ; il ne m'est pas inconnu qu'on trouverait des jugements apparemment divergents chez le même auteur (p. ex. *Pensées*, 1314 (739 *i.f.*), p. 396).

(166) *Émile*, IV, p. 428 *i.f.* sq. (*O.C.*, t. IV, p. 676).

avait déjà employé ce mot] : journaux, traductions, dictionnaires » (167). A partir de quoi on pourrait, prolonger ou expliciter, comme on voudra, la pensée de Rousseau, en ce que, d'une part, elle critique une tradition qui ne se survit que dans sa lettre (Husserl parlera de « l'oubli des origines ») ; et en ce que, d'autre part, elle anticipe le diagnostic nietzschéen du nihilisme et aussi (mais allant dans le même sens) la critique kierkegaardienne du christianisme officiel : les textes à considérer sur ce dernier point se trouvent, bien avant le IVe Livre de l'*Émile* et la *Lettre à M. de Beaumont*, dans la Réponse au roi de Pologne, postérieure d'un an seulement au *Discours* (168).

2. La civilisation même est comprise comme un phénomène collectif (par le nombre de ses participants, où les usagers l'emportent de beaucoup sur les créateurs) et global (par le nombre de ses ingrédients : gouvernement et lois, sciences, lettres et arts, « contenance extérieure » et mœurs, luxe et nécessité de « s'enrichir à quelque prix que ce soit », technique militaire, agriculture, etc.). Ce phénomène est situé dans l'espace (contrairement à « ce bel adage de morale, si rebattu par la tourbe philosophesque : ' Que les hommes sont partout les mêmes ' » (169)) et doué d'un temps propre (par la loi biologique de la corruption : la civilisation apparaît ainsi comme « le secret d'accélérer la vieillesse et l'art d'engager les hommes à faire usage de cette rare découverte » (170) ; mais, d'autre part : « Si Sparte et Rome ont péri, quel État peut espérer de durer toujours ? » (171)). « Tout État qui brille est sur son déclin » (172).

---

(167) *Ibid.*
(168) *Observations... O.C.*, t. III, pp. 44-49.
(169) *Discours sur l'inégalité*, note X, p. 212 ; cf. *Préface de Narcisse*, p. 969, note.
(170) *Lettre à Philopolis*, in *O.C.*, t. III, p. 230.
(171) *Du Contrat social*, III, xi déb.
(172) *Émile*, III, p. 224, note (*O.C.*, t. IV, p. 468, note).

3. Il semble que ce soit la diffusion même des lumières qui en ternisse l'éclat. Un des fils directeurs du *Discours* est l'idée de médiocrité qui paraît liée analytiquement à l'accroissement du nombre des participants ou encore à ce que, avant de parler d'une culture de masse, on a appelé le « lent glissement de l'hétérogène à l'homogène, d'une civilisation de la *qualité*, à une civilisation de la *quantité* » (173). Cette participation, conformément à la dichotomie posée dès le début du *Discours*, porte sur les biens matériels comme sur ceux de l'esprit : de ce que Rousseau dit du luxe, on passerait aisément à ce que l'auteur qu'on vient de citer appelle « les objets de demi-luxe » (174), et à ce qu'on nomme aujourd'hui l'*ère de l'opulence*. Or une des lois qui, aux yeux de Rousseau, régissent l'histoire universelle, c'est que : « Les peuples riches ont toujours été battus et conquis par les peuples pauvres » (175). Cette loi paraît mise en question par la technologie dont Rousseau ne pouvait prévoir le développement : on sait que l'histoire du XXe siècle n'en offre pas moins des exemples qui la confirmeraient. — La pauvreté, pour Rousseau, est l'indice de ce qu'ailleurs il appelle vertu (et l'on doit rappeler que la vertu rousseauiste est inséparable de la Nature, comme de son fondement métaphysique), indice de quelque chose d'élémentaire donc, de pré-civilisé si l'on veut et qui, dans les sociétés saines, se manifeste comme l'*opinion* (*C.S.*, II, XII fin), appuyée sur un consensus sans faille. On reste cependant encore dans un espace humain. C'est seulement quelque 180 ans plus tard qu'on rencontre ce qui, par rapport à la doctrine de Rousseau, peut paraître comme une surenchère et une caricature : l'exaltation nietzschéenne de l'animalité, interprétée par Heidegger comme « la fin de la métaphysique » (176). En face de ce dernier

---

(173) F. SARTIAUX, *La Civilisation*, A. Colin éd., 1938, p. 206.
(174) *Id. ibid.*, p. 220.
(175) *Considérations sur le gouvernement de Pologne*, XI, p. 385 (*O.C.*, t. III, p. 1004) ; cf. *Disc. sur l'inégalité*, note IX, p. 206 sq.
(176) Cf. *Platonisme et pensée contemporaine*, p. 188 sq.

courant, mais dans un livre dont la traduction ne date que de 1939, J. Huizinga insiste sur la relative nouveauté, dans la pensée (et la propagande politique) contemporaine, de l'« idéal héroïque », et constate que « l'héroïsme en vogue aujourd'hui [...] n'est le plus souvent en pratique pas beaucoup plus que le renforcement du sentiment collectif du 'nous' » (177). Rousseau avait déjà écrit : « Rien n'est si commun que les héros parmi nous ; mais chez les anciens ils étaient rares » (178).

4. On peut considérer que le sommet où le *Discours* touche au sublime, est dans cette phrase : « Il semble, aux précautions qu'on prend, qu'on ait trop de laboureurs et qu'on craigne de manquer de philosophes (178a). Je ne veux point hasarder ici une comparaison de l'agriculture et de la philosophie : on ne la supporterait pas ». De quoi l'on rapprochera un inédit de Kant, signalé par V. Delbos (179), où l'on trouvera à la fois un commentaire et un prolongement de la pensée de Rousseau. On rappellera également que, pour Kant, l'« ultime degré » où doive parvenir le genre humain, après être « *cultivé*

(177) J. Huizinga, *Incertitudes*, trad. fr., Paris, 1939, p. 166, et tout le chap. XV.

(178) *Emile*, IV, p. 428 (*O.C.*, t. IV, p. 675).

(178a) Dans son *Traité du choix et de la méthode des études* (1685), C. Fleury avait écrit : « Le bien de la société demande que les connaissances du peuple ne s'étendent pas plus loin que ses occupations [...] Le laboureur n'a pas seulement le loisir de regretter qu'on ne lui ait pas appris à consumer quelques heures de la journée dans la lecture », et La Chalotais, en 1763, dira : « Il n'y a pas assez de laboureurs dans un pays où il y a des terres en friche » (cités in G. Snyders, *La pédagogie... op., cit.*, pp. 404, 403). Une certaine histoire des idées rangerait aisément la phrase de Rousseau dans ce même « courant », celui que G. Snyders caractérise par les « *Craintes conservatrices* ». Inutile de dire que, pour l'histoire de la philosophie et même la simple explication de textes, il y aurait là un contresens monumental.

(179) « Je sens la soif de connaître tout entière, le désir inquiet d'étendre mon savoir, ou encore la satisfaction de tout progrès accompli. Il fut un temps où je croyais que tout cela pouvait constituer l'honneur de l'humanité, et je méprisais le peuple qui est ignorant de tout. C'est Rousseau qui m'a désabusé. Cette illusoire supériorité s'évanouit ; j'apprends à honorer les hommes ; et je me trouverais bien plus inutile que le commun des travailleurs, si je ne croyais que ce sujet d'étude peut donner à tous les autres une valeur qui consiste en ceci : faire ressortir les droits de l'humanité » (cité in V. Delbos, *La Philosophie pratique de Kant*, Paris, 1905, p. 116 sq.).

à un haut degré par l'art et la science, et *civilisé* à satiété par toute sorte de civilité et de décence », c'est d'être « *moralisé* » : or il en est encore loin (180). En réalité, il n'y a pas là des degrés d'une ascension continue : la civilisation existe fort bien sans moralité, et celle-ci, à son tour, peut exister aussi bien chez « le commun des travailleurs » (181).

Rousseau déjà avait distingué la vertu, des valeurs culturelles : « L'homme de bien peut être fier de sa vertu, parce qu'elle est à lui ; mais de quoi l'homme d'esprit est-il fier ? Qu'a fait Racine pour n'être pas Pradon ? [...] (182) ». Et c'est encore ce que signifie « la distinction que j'ai toujours soigneusement faite » entre les individus et les peuples (183). C'est pourquoi la critique de la civilisation, qui est un phénomène collectif, s'accompagne, et cela dès le *Discours*, d'un appel à l'individu qui, pour découvrir la « véritable philosophie », n'a pas besoin de « tant de peine et d'appareil » (184). Ce serait une question de savoir si ce qui est entendu par le mot de vertu chez Rousseau, ou par celui de moralité chez Kant a un sens fondamentalement différent pour nous ou, peut-être, n'a plus de sens du tout. Au moins, dans ce dernier cas, peut-on affirmer que toutes les tentatives, convergentes, de remédier aux comportements dysfonctionnels par les ressources variées de la psychologie, de la neuro-physiologie et d'autres disciplines s'inspirant de l'éthologie, reposent (toute question de morale et de morale politique étant réservée) sur une anthropologie

---

(180) Kant, *Idée d'une histoire universelle au point de vue cosmopolitique*, Septième Proposition. Dans la *Pédagogie*, Introd., Kant ajoute un quatrième stade, préalable aux trois autres : être « *discipliné* ».

(181) Cf. p. 303, n. 179.

(182) *Émile*, IV, p. 293 (*O.C.*, t. IV, p. 537) ; cf. *Préface de Narcisse*, p. 966 : « Quand une fois les talents ont envahi les honneurs dus à la vertu, chacun veut être un homme agréable et nul ne se soucie d'être homme de bien. De là naît encore cette autre inconséquence qu'on ne récompense dans les hommes que les qualités qui ne dépendent pas d'eux : car nos talents naissent avec nous, nos vertus seules nous appartiennent ».

(183) *Lettre à M. de Beaumont*, p. 471 (*O.C.*, t. IV, p. 967).

(184) *Discours sur les sciences et les arts*, p. 30.

déficiente. Qu'il suffise ici de renvoyer aux analyses pertinentes d'Yves Michaud (185).

5. Aussi bien la contribution la plus décisive de Rousseau à l'élaboration, non pas peut-être du concept, mais du problème moderne de la civilisation est-elle dans cette distinction, qui enveloppe une opposition et enfin un conflit, entre individu et société. Cette distinction s'appuie sur la découverte, d'une part, des structures sociales autonomes (186a), totalement indépendantes des individus, et de la dépendance totale, à l'inverse, des individus à l'égard de ces structures : en quoi consiste, précisément, la dépravation de l'homme par la société. Ce que Rousseau appelle vertu et, d'abord, « la voix de sa conscience » indique un éveil possible et, sur le plan collectif, le fait que l'individu, bien que livré entièrement aux contraintes sociologiques, n'accepte cependant pas toujours de s'y soumettre pleinement : en jargon contemporain : qu'il reste « irrécupérable ». Ce même conflit, que Rousseau a découvert et qu'il a élaboré principalement à partir de l'opposition entre l'homme et le citoyen, Sartre l'accueillera à son tour, quand il tentera de concilier l'existentialisme et le marxisme, et c'est ce conflit qui, bien que sous des formes nouvelles, peut servir à définir ce qu'on a appelé la « crise de la culture ».

6. Au prix de cette découverte fondamentale, il ne vaut guère la peine de s'attarder sur deux autres points, développés ailleurs, où les analyses de Rousseau anticipent sur la civilisation à venir :

(185) Y. Michaud, *Violence et politique*, Gallimard, 1978, p. 145 sqq.

(186a) On doit se borner ici à indiquer que ces structures, oppressives et corruptrices (auxquelles se réfère également Zola dans sa Préface de *L'Assommoir*), ne ressemblent que par leur « inflexibilité » aux « lois des nations » que Rousseau voudrait voir rédigées (et appliquées) sur le modèle de « celles de la nature » (*Émile*, II, p. 70 ; *O.C.*, t. IV, p. 311). Elles illustrent, au contraire, ce que le même texte appelle la « dépendance des hommes » laquelle, tout en étant « désordonnée », n'en est pas moins sanctionnée par une contrainte sociale irrésistible.

a) Dans la Note IX, ajoutée au *Discours sur l'inégalité*, Rousseau dénonce déjà la *pollution*, et constate « l'étonnante disproportion » entre le progrès des techniques et la *qualité de la vie*, la transformation de la nature par les techniques, le danger de la surpopulation et jusqu'au problème de « La Paix indésirable ? » (186) ;

b) La critique de la civilisation dans son rapport avec la politique. Le *1er Discours* avait parlé des sciences, des lettres et des arts, « moins despotiques et plus puissants peut-être », qui « étendent des guirlandes de fleurs sur des chaînes de fer » (187) ; l'idée est développée dans le *Discours sur l'inégalité* (188). Ce dont il s'agit ici, ce n'est pas une « idéologie » ni, bien moins encore, une doctrine imposée. Si profitable qu'elle puisse être aux Pouvoirs, la civilisation attaquée par Rousseau n'est pas d'origine étatique. La diffusion des lumières fait que tous y contribuent spontanément et de très bon cœur, et consentent aux fers à l'instant même où ils ont l'illusion de les secouer. Il est à peine besoin d'extrapoler ces textes pour qu'ils recoupent le jugement porté sur la civilisation contemporaine par J. Ellul (189).

7. La critique rousseauiste de la civilisation de son temps s'accompagne, implicitement mais aussi expressément, de projets de réformes (190), qui ne sont pas pour-

---

(186) Cf. *Anthropologie et politique...*, p. 547 sq.
(187) *Disc. sur les sc. et les arts*, p. 7.
(188) *Disc. sur l'inégalité*, p. 190.
(189) Cf. *Anthropologie et politique...*, p. 746 sq.
(190) Le *1er Discours* s'achève sur un appel aux rois : Rousseau le rappelle expressément dans la *Lettre à l'Abbé Raynal* (*O.C.*, t. III, p. 32 sq) et dans la Réponse au roi de Pologne (*ibid.*, p. 39). Il écrit dans la *Préface de Narcisse* : « [...] je fais voir surtout une chose très-consolante et très-utile en montrant que tous ces vices n'appartiennent pas tant à l'homme qu'à l'homme mal gouverné » (p. 969). Dans la *Lettre à M. de Beaumont*, mentionnant ses projets politiques, Rousseau ajoute : « Mais c'est ici que je commence à parler une langue étrangère, aussi peu connue des lecteurs que de vous » et, quant à son projet d'éducation : « Je n'ai pas affirmé que dans l'ordre actuel la chose fût absolument possible ; mais j'ai bien affirmé et j'affirme encore qu'il n'y a, pour en venir à bout, d'autres moyens que ceux que j'ai proposés » (Garnier éd., p. 445 ; *O.C.*, t. IV, p. 937).

tant une panacée et qui, parfois, se réduisent à des *palliatifs* (191). C'est que Rousseau tient le plus grand compte des situations, géographiques et historiques : ainsi le projet de paix perpétuelle est écarté, « car cela ne peut se faire que par des moyens violents et redoutables à l'humanité » (192).

Comment ces remèdes seront appliqués dans la suite, si et dans quelle mesure ces applications resteront conformes à l'intention de l'auteur, ce serait l'objet d'une longue enquête, qui ne serait même pas assurée d'une conclusion cohérente. C'est ainsi que le Doyen G. Vedel voit dans Rousseau à la fois le « père de l'individualisme libéral » (193) et un « précurseur du socialisme, particulièrement du socialisme marxiste » (194) : il admet cependant la « logique interne indiscutable » de la pensée de Rousseau (195). Parmi les problèmes impliqués dans ces appréciations, on se bornera à indiquer un seul, ce qui nous obligera à inverser la perspective adoptée précédemment ; on a relevé, en effet, plusieurs traits où se manifeste l'actualité de la philosophie de Rousseau : c'est sur son inactualité qu'il faudrait insister pour éclairer le point en question.

On sait que le « malaise dans la civilisation » contemporaine a produit des solutions politiques, opposées en leurs idéologies, mais également radicales et totales, qui ont ceci de commun qu'elles attestent, d'une manière inédite, l'intrusion et l'efficacité dans la vie politique, d'une pensée utopique (ce dernier mot étant entendu dans son sens traditionnel, tel qu'il se constitue à partir

---

(191) « Quand le mal est incurable, le médecin applique des palliatifs, et proportionne les remèdes, moins aux besoins qu'au tempérament du malade. C'est aux sages législateurs d'imiter sa prudence ; et, ne pouvant plus approprier aux peuples malades, la plus excellente police, de leur donner du moins, comme Solon, la meilleure qu'ils puissent comporter » (*Observations...*, *O.C.*, t. III, p. 56).

(192) *Écrits sur l'abbé de Saint-Pierre*, *O.C.*, t. III, p. 600.

(193) G. Vedel, *Manuel élémentaire de droit constitutionnel*, Sirey éd., 1949, p. 26.

(194) *Id. ibid.*, p. 193.

(195) *Id. ibid.*, p. 21.

de la Renaissance) (196) ; or l'Utopie, dès qu'elle décide de quitter son refuge insulaire, se fait nécessairement violente. La pensée de Rousseau, elle, n'est utopique, dans le sens indiqué, à aucun degré ; elle est historique et demeure parfaitement classique. Pour Rousseau, la politique est un art, comme pour les législateurs antiques, pour Platon et pour Aristote, c'est-à-dire qu'elle est conçue sur le modèle de la médecine, laquelle répudie toute violence comme une solution ignorante. (Ce qui n'empêche que l'idée et l'expression de « violence publique » est déjà chez Rousseau (197) : il n'est pas inutile, aujourd'hui, de le faire remarquer, bien qu'il ne puisse s'agir, ici, d'en donner le commentaire.)

C'est dans le contexte rappelé plus haut du projet de paix perpétuelle, que Rousseau écrit : « On ne voit point de Ligues fédératives s'établir autrement que par des révolutions, et sur ce principe qui de nous oserait dire si cette Ligue Européenne est à désirer ou à craindre ? Elle ferait peut-être plus de mal tout d'un coup qu'elle n'en préviendrait pour des siècles (198) ». Entre l'évidence qui, aux yeux de Rousseau, rend cette question purement rhétorique, et la pitié dédaigneuse qu'elle ne manquerait pas d'inspirer à nombre de lecteurs contemporains, on mesure le chemin parcouru par l'Histoire universelle et, on l'a dit, l'inactualité de la pensée politique de Rousseau. Reste à savoir si cette inactualité ne pourra pas reprendre un sens et un prix, pour une génération qui se serait lassée des bienfaits de la pensée utopique.

---

(196) Je me permets de renvoyer ici à *Platonisme et pensée contemporaine* (Aubier, 1970), *Les Querelles sur le platonisme*, chap. I, et à une étude sur *Rousseau et le Droit*, publiée dans la *Tijdschrift voor Filosofie* [40/4, déc. 1978, p. 578-608].

(197) *Émile* V, p. 605 (*O.C.*, t. IV, p. 858), et déjà p. 583 (p. 835) : « ... un gouvernement violent... »).

(198) *Écrits sur l'abbé de Saint-Pierre*, *O.C.*, t. III, p. 600.

ROUSSEAU ET LE DROIT

1. Le droit naturel n'est certes pas une invention du XVIIIe siècle. Les grands fondateurs de cette discipline, aux temps modernes, appartiennent au siècle précédent (Grotius, Hobbes, Pufendorf), et Barbeyrac, dans l'histoire qu'il en donne, en retrace l'origine jusqu'à la restauration de la philosophie par Bacon : „On a lieu de croire que ce fut la lecture des ouvrages de ce grand homme, qui inspira à Hugues Grotius la pensée d'oser le premier faire un système de Droit Naturel" [1]. Mais c'est bien au XVIIIe siècle que le droit naturel prend, dans la connaissance, la critique et les projets d'organisation de la vie politique et sociale, un rôle analogue à celui que les mathématiques (et la physique mathématique) avaient tenu, au siècle de Descartes, dans la connaissance et l'exploitation du monde de la nature.

Il y a là même plus qu'une analogie. Par sa fonction, d'abord, le droit met de l'ordre dans la vie sociale, comme la physique nous découvre l'ordre du monde inorganique : l'*Esprit des lois,* au jugement des contemporains, fait évoquer Descartes [2] et Newton [3]. Par sa méthode, ensuite, le droit participe des mathématiques, et comporte autant de certitude que celles-ci : Leibniz et Locke, Pufendorf et Barbeyrac s'accordent là-dessus [4], et Kant encore dira que „le droit fait partie du

1. J. BARBEYRAC in PUFENDORF, *Le Droit de la Nature et des Gens,* t. I, Londres, 1740, Préf. du traducteur, p. CXLIX.
2. D'ALEMBERT, *Éloge de M. de Montesquieu,* in *Œuvres Complètes de Montesquieu,* éd. A. Masson, t. I, p. XIX.
3. Ch. BONNET, *Lettre à Montesquieu du 14 november 1753, ibid.,* t. III, p. 1478.
4. V. GOLDSCHMIDT, *Anthropologie et politique...,* p. 133 sqq.

système exposé *a priori*" [5]. Hobbes déjà, en 1642, après avoir célébré les bienfaits de la géométrie („Ce que nous devons à la physique, elle-même le doit à la géométrie") propose celle-ci en exemple à la morale et au droit : „Si, en matière de morale [or la morale est le droit naturel], les philosophes s'étaient acquittés de leur tâche avec autant de bonheur, je ne vois pas ce que l'ingéniosité humaine pourrait apporter en outre à la félicité dans cette vie" [6]. Or cette tâche sera essentiellement celle du siècle suivant, et c'est le droit naturel qui devient, dans cette entreprise, et même au-delà, la science fondamentale. Même Hume écrira un essai „où l'on prouve que la Politique peut être réduite en forme de Science" [7] ; dans la *Critique de la Raison pure,* „le tribunal de la raison" n'est pas une métaphore, et Hegel considérera le système juridique comme le „règne de la liberté réalisée, le monde de l'Esprit produit par lui-même, en tant que seconde Nature" [8].

I

2. Rousseau s'est initié de bonne heure à cette discipline : dès 1729, à Annecy, il lit Pufendorf [9], le projet de ses *Institutions politiques* remonte à son séjour à Venise (1743-44) [10] ; lors de son secrétariat chez Mme Dupin (1746-50), il parfait ses connaissances historiques et juridiques (Bodin, Domat, Grotius, Montesquieu [11]) [12]. Que Mably lui ait fait confier, „par l'entremise de Mad^e Dupin" [13], la mise au net et

5. KANT, *Doctrine du droit,* préf. ; *Fondements de la métaphysique des mœurs,* préf. déb.
6. HOBBES, *De Cive,* epist. dedic., p. 137, MOLESWORTH ; cf. *Computatio sive Logica,* p. 7.
7. HUME, *Essais politiques,* nouv. éd., Londres, 1788, réimpr. J. Vrin, 1972, p. 37 sqq.
8. HEGEL, *Principes de la philosophie du droit,* Introd., § 4, p.28 Hoffmeister.
9. *Confessions,* III, *O.C.,* Bibl. de la Pléiade, t. I, p. 110.
10. *Ibid.,* IX, p. 404.
11. Sans qu'il y ait lieu, pour autant, d'attribuer à Rousseau quelque responsabilité dans le pamphlet de Claude Dupin ; voir J. BRETHE DE LA GRESSAYE, éd. de l'*Esprit des lois,* t. I, Introd., p. LXV, n. 5, et P. VERNIÈRE, *Montesquieu et l'Esprit des lois ou la raison impure,* Société d'édition d'Enseignement Supérieur, 1977, p. 128, n. 72.
12. *Confessions,* éd. citée, p. 1413, note à la p. 342.
13. *Confessions,* IX, p. 407.

la présentation des écrits et des inédits de l'abbé de Saint-Pierre, paraît bien indiquer que l'intérêt de Rousseau pour les questions de „morale et de politique" était connu.

On rappellerait encore que le *Discours sur les Sciences et les Arts* (1750) s'adjoint, dans sa „constitution", des procédés empruntés à la rhétorique judicaire, et que le *Discours* même se présente comme une plaidoierie. Le *Discours sur l'Inégalité* prétend rivaliser avec les traités de droit naturel et, dans sa structure, se conforme à l'ordre des matières suivi dans ses traités ; la Nature, qui y tient un si grand rôle, est conçue comme une Législatrice [14].

On notera, enfin, que Rousseau, qui prend plaisir à parler de ses études d'arithmétique et de géométrie [15], avait, dès le Ier *Discours,* revendiqué pour ses démonstrations la certitude qui s'attache aux vérités mathématiques [16]. Dans le *Deuxième Discours,* il applique une méthode géométrique, faisant voir ainsi qu'il partage entièrement le sentiment de Pufendorf, selon lequel il est faux que „les Sciences Morales soient destituées de cette certitude que l'on trouve dans les autres sciences, surtout dans les mathématiques" [17]. Dans le *Contrat social,* principalement au IIIe livre, il a recours à des considérations mathématiques, visiblement destinées à servir d'appareil démonstratif [18].

3. Selon la tradition, systématisée par Pufendorf, mais dont les sources doivent être cherchées chez Hobbes [19], le Droit natural peut être défini par rapport à deux disciplines voisines :

„Les Devoirs des Hommes, & les Règles de ce qu'ils sont tenus „ici-bas de faire ou de ne pas faire, comme étant honnête ou déshonnête, „découlent manifestement de trois grandes sources, savoir, des *lumières*

14. *Anthropologie et politique...*, pp. 23, 24, 40 ; 175-6 ; 226-8.
15. *Confessions,* V, p. 179 sq. ; VI, p. 238.
16. *Anthropologie et politique,* p. 19.
17. *Ibid.*, p. 427 sqq.
18. Voir M. Françon, *Le langage mathématique de J.-J. Rousseau,* in *Isis,* 40 (1949), p. 341 sqq. ; *Sur le langage algébrique de Rousseau,* in *Annales de la Société J.-J. Rousseau,* XXXIII (1953-1955), p. 243 sqq.
19. *Anthropologie et politique,* pp. 168 sq., 177 sqq.

„*de la Raison toute seule* ; des *Lois Civiles* ; & de la *Révélation.* Le „premier de ces Principes renferme les Devoirs les plus généraux de „l'*Homme,* surtout ceux qui tendent à le rendre sociable. Le second „est le fondement des Devoirs auxquels on est tenu en tant que *Sujet* „de tel ou tel État. Le dernier est celui d'où résultant les Devoirs du „*Chrétien,* considéré comme tel.

„De là naissent trois Sciences distinctes, savoir le d r o i t n a t u r e l, „commun à tous les *Hommes,* le d r o i t c i v i l, qui est ou peut être „différent dans chaque État ; & la t h e o l o g i e m o r a l e, ainsi „nommée par opposition à cette partie de la Théologie où l'on enseigne „les Dogmes.

„Chacune de ces Sciences prouve ses maximes d'une manière qui „répond à son principe fondamental. Le *Droit Naturel* prescrit telle ou „telle chose, parce que la droite Raison nous la fait juger nécessaire „pour l'entretien de la Société Humaine en général. La raison propre & „immédiate de ce qui est enjoint par les *Lois Civiles,* c'est que la „Puissance Législative l'a ainsi établi & ordonné. Les Préceptes de la „*Théologie Morale* sont obligatoires directement & précisément à „cause que Dieu les a donnés aux Hommes dans l'Écriture" [20].

Ce texte peut appeler quatre remarques : 1° Entre ces trois sciences, Pufendorf pose des rapports de bon voisinage, et même de coopération. C'est ainsi que „la Théologie Morale a une très-grande efficace pour rendre les Hommes plus propres au Commerce de la Vie Civile, & plus exacts à en remplir les devoirs" [21] ; d'autre part, „on tombe aisément d'accord de la convenance du Droit Naturel avec le Droit Civil, malgré ce qu'il y a de particulier qui les distingue" [22].

2° Par „droit civil", il faut entendre *„les Ordonnances du Souverain, par lesquelles il prescrit à ses Sujets ce qu'ils doivent faire ou ne pas faire"* [23]. Parmi ces ordonnances, „il y a bien des maximes du Droit

20. PUFENDORF, *Les Devoirs de l'homme et du citoyen,* trad. J. Barbeyrac, 5e éd., Amsterdam, 1735, Préf. de l'Auteur, p. XXXVI sq.
21. *Id., ibid.,* p. XLII sq.
22. *Id., ibid.,* p. XXXVIII.
23. *Id., ibid.,* II, XII, p. 332.

Naturel mélées" que les lois civiles se bornent à valider, tout en y ajoutant, outre la „Sanction Pénale", „certaines formes ou formalités" de soi indifférentes, par exemple en matière de testaments ou de contrats [24]. Si bien qu'en définitive, si „l'on écarte tout ce qui est de Droit Naturel, le Droit Civil se trouvera, pour le fond, réduit à des bornes assez étroites" [25]. – On rappellera que chez Hobbes, dans un texte où, anticipant déjà la doctrine de Kelsen, il réserve l'interprétation des lois à la seule autorité établie, il est question de „lois naturelles" [26].

3° Le droit civil étant formé par les ordonnances du Souverain, on pourrait s'étonner de l'absence, dans cette tripartition, du droit qui institue le souverain lui-même et qui définit les rapports avec ses sujets. De fait, ces dispositions, dans la tradition suivie par Pufendorf, font partie du droit naturel, et ce qu'elles peuvent avoir de positif y est étudié sous le titre de „lois fondamentales" [27]. C'est chez Montesquieu qu'on trouve la claire division des lois positives en droit politique et droit civil (sans compter le droit des gens, traité lui aussi, dans l'École de Pufendorf, dans le droit naturel [28]) [29].

4° Il s'ensuit, enfin, des rapports amicaux entre ces trois disciplines, que les règles qu'elles établissent ont indistinctement pour destinataire „l'homme et le citoyen" (et le chrétien) [30] : dans ce „système si net, si solide, si plein et si méthodique, de la Science des Mœurs" [31], on ne saurait même pas concevoir quelque conflit de devoirs.

4. La position de Rousseau, en face de cette tradition, s'exprime déjà dans le *Ier Discours,* dont, deux ans plus tard, il résumera ainsi la

24. *Id., ibid.*, p. 333, 335.
25. PUFENDORF, *Le Droit de la nature et des gens,* éd. citée, VIII, I, § I, t. III, p. 259.
26. „Dans un État constitué, l'interprétation des lois naturelles dépend, non pas des docteurs et auteurs de philosophie morale, mais de l'autorité établie. Les doctrines, sans doute, peuvent être vraies ; mais c'est l'autorité, non la vérité, qui fait la loi" (*Leviathan,* XXVI, éd. MOLESWORTH, t. III, p. 202).
27. PUFENDORF, *Le Droit de la nature et des gens,* VII, VI et § X.
28. *Id., ibid.*, VIII, VI sqq.
29. MONTESQUIEU, *De l'Esprit des lois,* I, III ; XXVI, XV sqq.
30. BARBEYRAC in PUFENDORF, *Les Devoirs..., Préf. du traducteur,* p. XXIX.
31. *Id. ibid.*

leçon : „ ... je fais voir surtout une chose très-consolante et très-utile, en montrant que tous ces vices n'appartiennent pas tant à l'homme, qu'à l'homme mal gouverné" [32]. La découverte même de cette vérité, Rousseau la fait remonter à ses expériences vénitiennes : „J'avais vu que tout tenait radicalement à la politique, et que, de quelque façon qu'on s'y prît, aucun peuple ne serait jamais que ce que la nature de son Gouvernement le ferait être" [33]. D'où il résulte une attitude fort peu traditionnelle concernant les quatre points qu'on vient d'indiquer.

1° Quant aux trois sciences, droit naturel, droit civil, théologie morale, Rousseau n'en a pas examiné dogmatiquement les rapports. Mais il les a comme symbolisées par les trois figures de Socrate, Caton et Jésus, entre lesquelles il découvre des affrontements dialectiques subtils, qui ne s'achèvent guère dans une synthèse [34] ;

2° Comme Montesquieu, Rousseau pourrait dire : „Je n'ai point séparé les lois *politiques* des *civiles*" [35]. Sans doute n'a-t-il pas étudié le droit civil comme tel. Mais il s'est interrogé sur la structure de la loi, sur les principes de la législation et, dans les projets de constitution pour la Pologne et la Corse, il a traité dans le détail des questions relevant du commerce, de l'agriculture, des finances, de l'organisation judiciaire, de l'administration etc., sans y voir de simples „suppléments" du droit naturel [36] ;

3° Mais c'est le droit politique qui devient, pour Rousseau, la science dominante, au même titre, mais dans un sens tout nouveau, que le droit naturel dont, traditionnellement, il n'était qu'une partie [37]. „Tout tenait radicalement à la politique", disent les *Confessions,* et l'*Émile* précise :

32. *Préface de Narcisse, O.C.,* t. II, p. 969.

33. *Confessions,* IX, p. 404.

34. *Anthropologie et politique,* pp. 598-614.

35. *De l'Esprit des lois,* I, III.

36. PUFENDORF, *Le Droit de la nature et des gens,* VIII, I, § I, p. 258 : „Les Lois Civiles [...] roulent sur des choses qui se rapportent au bien particulier de l'État, quoique d'ailleurs indifférentes par le Droit Naturel & par le Droit Divin, dont elles sont comme des *suppléments,* selon l'expression d'un ancien Juif" (il s'agit de Philon d'Alexandrie).

37. La séparation est faite dans les *Principes du droit politique* de Burlamaqui (1751).

„Ceux qui voudront traiter séparément la politique et la morale n'entendront jamais rien à aucune des deux" [38]. C'est le droit naturel qui, dès le *Discours sur l'inégalité,* jette les fondements d'une anthropologie et d'une morale, et le droit politique a pour tâche d'achever et de réaliser l'une et l'autre ;

4° Or si le concours de ces deux sciences s'impose, c'est parce que, contrairement à ce qu'enseignent les théoriciens, il existe, entre la morale et la politique, une situation permanente de conflit ; l'homme moderne est „toujours en contradiction avec lui-même" [39], et l'on doit considérer que c'est l'expérience vécue de cette contradiction, qui est à l'origine de la philosophie de Rousseau.

Cette contradiction, sous ses diverses manifestations, peut être définie par la science du droit naturel. Mais elle n'est contradiction et elle n'est réelle que, précisément, dans la réalité des choses, au niveau des institutions concrètes, c'est-à-dire, en fin de compte, du droit positif.

On s'est rarement interrogé sur la place du droit positif dans la pensée de Rousseau. Il y aurait pourtant, pour une telle étude, des matériaux abondants dans les *Lettres de la Montagne,* dans les écrits sur l'abbé de Saint-Pierre et dans les projets constitutionnels. On se bornera ci-après à poser cette question sous sa forme la plus générale, à partir du *Contrat social.*

Il est très remarquable, en effet, que ce traité qui prétend exposer les „principes du droit politique", au lieu d'en rester, comme Rousseau en fait reproche à Montesquieu, au „droit positif des gouvernements établis" [40], n'en descende pas moins, sinon dans les détails du droit politique positif (encore que tout un livre soit consacré à l'„historique de la police romaine"), en tout cas dans l'examen des constitutions particulières, en insistant sur leur particularité, en sorte que le droit naturel, tout autrement que dans la tradition, semble ici requis pour fonder le droit positif en tant, précisément, qu'il est non-universel, et qu'il a tout intérêt à se cantonner dans sa particularité et même

38. *Emile,* IV, p. 279, Garnier éd. (*O.C.* t. IV, p. 524).
39. *Emile,* I, p. 10 (t. IV, p. 249 *i.f.*).
40. *Emile,* V, p. 584 (t. IV, p. 836).

dans son particularisme. On peut préciser cet enseignement par un rappel sommaire de la structure du traité.

II

5. Par opposition au siècle précédent, le XVIIIe siècle ne distingue pas radicalement entre raison et histoire, et conçoit des récits qui peuvent se comprendre autant comme des histoires rationnelles que comme des déductions historiques [41]. Cette non-distinction (qui n'est pas une confusion) vaut également pour le *Contrat social* et entraîne plusieurs lectures possibles, qu'on peut distinguer par l'analyse mais entre lesquelles il n'y pas lieu de construire une opposition.

1° Dans le *Ms. de Genève,* le *Contrat social comprend* trois livres : I. *Premières notions du corps social ;* II. *Établissement des lois ;* III. *Des lois politiques ou De l'institution du gouvernement.* Cette tripartition essentielle est rappelée dans le „sommaire" du traité que donne l'*Émile* : on y distingue trois „rapports" sous lesquels le peuple peut être considéré : celui par lequel il se constitue en corps politique et souverain ; celui qui le définit comme législateur ; celui, enfin, où il figure „comme magistrat ou exécuteur de la loi qu'il a portée comme souverain" [42].

2° A cet ordre doctrinal, se superpose une démarche génétique, dont le programme, dans la version primitive, est indiqué au début des IIe et IIIe livres, alors que, dans la version définitive, le premier point est différé jusqu'au VIe chapitre du Livre II : 1. „Par le pacte social, nous avons donné l'existence et la vie au corps politique : il s'agit maintenant de lui donner le mouvement et la volonté par la législation" [43] ; 2. „Toute action libre a deux causes qui concourent à la produire : l'une morale, savoir la volonté qui détermine l'acte ; l'autre physique, savoir la puissance qui l'exécute [...]. Le corps politique a les mêmes mobiles : on y distingue de même la force et la volonté ;

41. *Anthropologie et politique,* p. 154-6.
42. *Émile,* V, p. 590 (t. IV, p. 842 *i.f.*).
43. *Du Contrat social,* II, VI.

celle-ci sous le nom de *puissance législative,* l'autre sous le nom de *puissance exécutive*" [44]. – Ainsi, le pacte social donne au corps politique son existence et sa vie ; la législation y ajoute le mouvement et le volonté ; le gouvernement complète cette volonté par la force.

3° Cette démarche ne relate pas, comme c'est le cas dans le *Discours sur l'Inégalité,* une succession historique [45]. C'est plutôt une genèse idéale qui explicite progressivement des données présentes dès le premier stade. Ainsi, la *volonté* (*générale*) se constitue déjà dans et par le pacte initial : la législation n'en fait que préciser les modalités ; la *force* exécutive (et coactive) est présente d'emblée : „Quiconque refusera d'obéir à la volonté générale y sera contraint par tout le corps" (I, vii *i.f.*). Les deux derniers stades, d'autre part, sont indissolublement liés : aussi bien, en introduisant le deuxième : „Il s'agit maintenant de lui donner le mouvement et la volonté par la législation", Rousseau anticipe déjà sur le troisième, puisque, d'après la métaphore même, illustrant le début du IIIe livre, du paralytique et de l'homme agile, c'est seulement la puissance exécutive dont le concours traduit la volonté législative en *mouvement.*

4° Le Ier livre relève éminemment du droit naturel et pose les „principes du droit politique". Il répudie tout recours à l'histoire (laquelle ne fournit, selon la langage de l'École, que des preuves *a posteriori*), et les clauses du contrat qu'il établit, „bien qu'elles n'aient peut-être jamais été formellement énoncées, [elles] sont partout les mêmes, partout tacitement admises et reconnues" [46] ; la même thèse se trouve dans la première version, où Rousseau ajoute : „Mais je cherche le droit et la raison et ne dispute pas des faits" [47]. – Les deux livres suivants, sans pour autant délaisser le plan des principes, adaptent ceux-ci aux législations et aux institutions particulières : aussitôt, les exemples historiques vont se multiplier. Il y a là, par rapport au Ier livre, un passage de l'universel au particulier [48], de l'essence, pourrait-on dire,

44. *Ibid.,* III, i.
45. *Discours sur l'origine de l'inégalité,* pp. 180, 185, 187.
46. *Du Contrat social,* I, vi.
47. *Ibid.,* 1ère version, I, v (*O.C.,* III, p. 297).
48. Comme cela est indiqué dès le début de II, viii.

à l'existence, étant entendu que celle-ci garde encore une valeur exemplaire et, par là, idéale. Or ce passage est motivé par les principes mêmes qu'avait posé le livre I.

1. „L'acte d'association produit un corps moral et collectif" [49] ; cependant ce pacte fondateur resterait, comme Rousseau le dit dans un autre contexte, „un vain formulaire", si „ce passage de l'état de nature à l'état civil" ne produisait pas „dans l'homme un changement très remarquable, en substituant dans sa conduite la justice à l'instinct, et donnant à ses actions la moralité qui leur manquait auparavant" [50]. – 2. Par le pacte, les hommes deviennent des „citoyens" [51] ; toutefois, „chaque individu peut, comme homme, avoir une volonté particulière contraire ou dissemblable à la volonté générale qu'il a comme citoyen" [52]. – 3. Enfin, le pacte, dès sa conclusion, pose la „suprême direction de la volonté générale" [53] ; mais cette volonté doit être „éclairée" [54], car „jamais on ne corrompt le peuple, mais souvent on le trompe" [55].

Ces trois problèmes sont étroitement liés ; ils définissent conjointement les conditions (et les difficultés) de l'application concrète du droit politique : le premier fait voir que la vie politique n'est pas une pure affaire de droit, et que l'éducation morale et civique devra venir en renfort ; le second formule l'antagonisme permanent qu'il peut y avoir entre la volonté générale et les volontés individuelles, antagonisme dont l'action du gouvernement n'est qu'un cas particulier [56] ; le troisième, enfin, montre que la volonté n'est pas, à elle seule, suffisante pour légiférer.

49. *Du Contrat social,* I, VI (p. 361).
50. *Ibid.,* I, VIII.
51. *Ibid.,* I, VI *i.f.*
52. *Ibid.,* I, VII (p. 363).
53. *Ibid.,* I, VI (p. 361).
54. *Ibid.,* II, III *i.f.*
55. *Ibid.,* II, III déb.
56. „Comme la volonté particulière agit sans cesse contre la volonté générale, ainsi le gouvernement fait un effort continuel contre la souveraineté" (III, x déb).

6. C'est en ce dernier point que s'effectue le passage des principes à l'application. Le personnage du législateur, qui „est à tous égards un homme extraordinaire dans l'État", l'est surtout parce qu'il apporte une solution initiale à ces difficultés : sans toucher au primat de la volonté, il éclaire celle-ci par l'entendement (le volontarisme de Rousseau reste ainsi en accord avec lui-même et, comme on peut l'ajouter, avec celui de Hobbes[57]) ; il *institue* le peuple, conciliant ainsi les volontés particulières avec la volonté générale (par où il résout le problème de l'éducation morale et civique). Surgissant, enfin, sinon de l'âge du mythe, du moins d'un passé héroïque, il symbolise le passage de l'idée à l'histoire. Lui-même n'est plus le porte-parole d'une sagesse universelle, mais l'un seulement parmi „les pères des nations"[58], et toute la suite du IIe livre insiste sur la nécessaire particularisation des lois.

Cette deuxième démarche qui consiste, par l'entremise du législateur et à l'aide de la législation, à donner au corps politique „le mouvement et la volonté", doit se comprendre comme la mise en place, individualisée déjà selon le caractère des nations, mais soustraite encore aux vicissitudes de l'histoire, des conditions où vont se constituer enfin les différents gouvernements. Le IIIe livre, descendant dans les détails concrets, examine, dans sa première partie (III, I-IX) la vie, et, dans sa deuxième, le déclin des gouvernements ainsi que les remèdes propres à retarder ce déclin (comme Aristote l'avait fait au Ve Livre de sa

57. „Ceux, écrit Hobbes, qui ont coutume de comparer l'État et les citoyens avec un homme et ses membres, disent à peu près tous que celui qui détient le *pouvoir suprême* dans l'État est, par rapport à l'ensemble de l'État, ce que la tête est par rapport à l'ensemble de l'homme. Mais il résulte de ce qui vient d'être dit que celui qui est investi d'un tel pouvoir, que ce soit un *homme* ou une *assemblée,* occupe dans l'État le rôle, non pas de la tête, mais de l'âme. Car c'est par l'âme que l'homme possède la volonté, c'est-à-dire qu'il peut vouloir et ne pas vouloir : de même c'est par celui qui détient le *pouvoir suprême,* et non pas autrement, que l'État possède la volonté, et qu'il peut vouloir et ne pas vouloir. Ce qu'il faut comparer plutôt à la tête, c'est le collège des conseillers, ou encore un conseiller unique, quand il s'agit d'un seul au conseil duquel a recours le détenteur du *pouvoir suprême,* concernant les affaires gouvernementales les plus importantes. Car la tête a pour fonction de conseiller, comme l'âme, de commander" (*De Cive,* VI, 19).

58. *Du Contrat social,* II, VII (p. 383 *i.f.*).

Politique). Du plan idéal du Ier Livre, décrivant la genèse idéale de l'État comme tel, on est passé ainsi, par degrés, à la „mort du corps politique" (III, xi). La métaphore organiciste qui avait défini le programme de l'enquête, peut servir encore à en marquer le terme, selon une analogie assez exactement comparable à un texte de Spinoza [59].

7. Il reste à s'interroger sur le IVe Livre, dont la finalité n'est pas apparente, qui n'a peut-être pas été prévu dans l'économie primitive de l'œuvre et qui n'est introduit par aucune considération doctrinale ni de méthode. Au moins se rattache-t-il à la première version par le chapitre sur la religion civile et, lors même que les trois premiers livres, s'ils avaient été seuls rédigés, paraîtraient former un ouvrage complet, il semble bien que le IVe, en fait, les achève pour en faire un tout organique (et non pas seulement systématique). On doit présumer, en effet, qu'à défaut de toute justification explicite, la présence de ce livre s'est imposée par des considérations d'un autre ordre, plus secrètes mais sans doute aussi contraignantes, encore que le lecteur, à cet égard, soit réduit à des conjectures. On se bornera ici à quelques indications.

1° Du point de vue doctrinal, chacun des trois premiers livres avait son objet propre. Le IVe Livre, de même, est unifié par son thème,

59. *Du Contrat social,* III, xi : „La puissance législative est le cœur de l'État, la puissance exécutive en est le cerveau, qui donne le mouvement à toutes les parties. Le cerveau peut tomber en paralysie et l'individu vivre encore. Un homme reste imbécile et vit : mais sitôt que le cœur a cessé ses fonctions, l'animal est mort". – *Éthique,* IV, prop. XXXIX, scol. : „La mort du corps, telle que je l'entends, se produit, quand ses parties sont disposées de telle sorte qu'un autre rapport de mouvement et de repos s'établisse entre elles. Je n'ose nier en effet que le corps humain, bien que le sang continue de circuler et qu'il y ait en lui d'autres marques de vie, puisse néanmoins changer sa nature contre une autre entièrement différente. Nulle raison ne m'oblige à admettre qu'un corps ne meurt que s'il est changé en cadavre ; l'expérience même semble persuader le contraire. Parfois en effet un homme subit de tels changements qu'il serait difficile de dire qu'il est le même..." (trad. Appuhn). Si l'on admet l'interprétation politique de ce texte, proposée par H. A. Wolfson, il faudra dire que „la vie de l'État, comme la vie de l'individu [...] ne se termine pas seulement avec la disparition physique de son peuple. Elle se termine avec la disparition des institutions, grâce auxquelles il avait joui d'une continuité historique, en tant qu'entité individuelle" (*The Philosophy of Spinoza,* t. II, p. 250). Ce que Spinoza, à suivre cette exégèse, interprète comme la mort d'un peuple, c'est ce que Rousseau appellera simplement sa paralysie.

qui est la „quatrième sorte" distinguée dans la „division des lois" : „Je parle des mœurs, des coutumes, et surtout de l'opinion : partie inconnue à nos politiques, mais de laquelle dépend le succès de toutes les autres ; partie dont le grand législateur s'occupe en secret ..." [60]. On montrerait aisément que les *mœurs,* envisagées dès le premier chapitre [61], constituent proprement l'objet de ce livre. Sans doute, Rousseau avait-il écrit plus haut : „Entre ces diverses classes, les lois politiques, qui constituent la forme du gouvernement, sont la seule relative à mon sujet" [62]. Mais outre que cette phrase, prise restrictement, doit s'entendre du seul IIIe Livre qu'elle est destinée à introduire, elle ne contredirait pas, même si on l'étendait à l'ensemble de l'œuvre, la lecture proposée : les mœurs, au IVe Livre, étant traitées en liaison étroite avec les lois politiques (comme on le voit plus particulièrement dans les chapitres V, VI, VII), sans compter qu'on comprendrait mal que l'auteur se soit désintéressé de la „partie la plus importante", et „dont le grand législateur s'occupe en secret".

2° Le personnage même du législateur ne figure plus au IVe Livre, mais son action n'en est pas moins présente, et cela dès le départ : „Tant que plusieurs hommes réunis se considèrent comme un seul corps, ils n'ont qu'une seule volonté qui se rapporte à la commune conservation et au bien-être général [...]. La paix, l'union, l'égalité sont ennemies des subtilités politiques. Les hommes droits et simples sont difficiles à tromper à cause de leur simplicité" [63]. – Nous sommes ici au même niveau qu'au chapitre vi du IIe Livre, c'est-à-dire *au début* de la vie politique. Seulement, au Livre II, la mise en œuvre concrète du pacte social requérait la sagesse du législateur, seule capable de guider la volonté générale ; ici, au début du Livre IV, tout se passe comme si ce

60. *Du Contrat social,* II, xii (p. 394).
61. *Ibid.,* IV, ii déb. : „On voit par le chapitre précédent que la manière dont se traitent les affaires générales peut donner un indice assez sûr de l'état actuel des mœurs, et de la santé du corps politique".
62. *Ibid.,* II, xii *i.f.*
63. *Ibid.,* IV, i (p. 437) ; cf. Montesquieu : „J'aime les paysans : ils ne sont pas assez savants pour raisonner de travers" (*Mes Pensées,* 1313, éd de la Pléiade, I, p. 1318).

récit idéal était directement transposable dans la réalité historique – celle des Suisses d'autrefois –, et cela en faisant l'économie de ce personnage (peut-être aussi : en s'appuyant sur le résultat de son intervention antécédente). De même, en tout cas, que le législateur éclaire, par son entendement, les volontés particulières et, par là, les accorde à la volonté générale, de même, ici, les facultés du vouloir et du connaître sont réunies sous le terme commun du *bon sens* [64], les hommes „n'ont qu'une seule volonté", il règne, dans un tel État, „la paix, l'union, l'égalité" [65] : l'éducation morale et civique par laquelle, au IIe Livre, le législateur entreprend d'„instituer un peuple", est ici présente d'emblée, au point qu'à la limite, n'importe lequel des citoyens peut, dans un État ainsi constitué, faire office de législateur : „Le premier qui propose [des lois] ne fait que dire ce que tous ont déjà senti..." [66]. C'est un tel esprit civique, précisément, qui illustre la „quatrième sorte" de lois, „partie inconnue à nos politiques", à quoi répond, dans notre texte : „Ce qui trompe les raisonneurs, c'est que, ne voyant que des États mal constitués dès leur origine, ils sont frappés de l'impossibilité d'y maintenir une semblable police" [67] : ces États sont ceux précisément auxquels manque la quatrième sorte de lois.

Ensuite, le premier chapitre retrace, à partir de ces origines, la vie et le déclin de l'État : il résume donc, sur le plan des mœurs politiques, l'ensemble du mouvement que le IIIe Livre avait décrit sur le plan des lois politiques, après quoi le IVe Livre, tout comme le IIIe en sa seconde partie, va proposer des remèdes (tirés, cette fois du maintien des mœurs) pour retarder la déchéance.

8. 3° On peut préciser cette analogie de structure. Le *Contrat social* comporte une bipartition fondamentale : la première partie (jusqu'au début de II, vi) décrit la genèse de l'État ; la seconde en étudie la vie

64. *Ibid.*, IV, 1 déb. : „Le bien commun se montre partout avec évidence, et ne demande que du bon sens pour être aperçu".
65. *Ibid.*
66. *Ibid.*, p. 437.
67. *Ibid.*, IV, 1 (p. 437 *i.f.*).

et la mort, les maladies et les remèdes. Cette seconde partie, à son tour, comprend deux mouvements : elle pose d'abord, sous le patronage du législateur, les conditions idéales (bien que déjà, on l'a dit, particularisées) de toute législation (II, VI-XII), puis s'attache aux législations politiques concrètes, selon les institutions d'abord (III), auxquelles viennent se joindre les mœurs (IV). Or le IVe livre reproduit, analogiquement, la bipartition de la seconde partie du Traité : le premier chapitre, en son début, transpose, sur le plan historique, les conditions idéales de la législation, mais sans référence explicite au législateur, après quoi la suite du livre étudie les causes qui compromettent ces conditions et, surtout, par l'examen de la „police romaine", les maximes qui les maintiennent.

4° De même que la conclusion du pacte social, l'intervention du législateur est un acte continué (c'est pourquoi, concernant les „anciennes lois", „on doit croire qu'il n'y a que l'excellence des volontés antiques qui les ait pu conserver si longtemps") [68]. Par cet acte, il avait fait adopter des lois (en instruisant les volontés particulières par sa „raison sublime") [69], et institué des mœurs (conciliant ainsi ces volontés avec la volonté générale, en altérant „la constitution de l'homme pour la renforcer") [70]. Cette intervention s'était appuyée sur „l'autorité divine" [71]. L'histoire, sur ce point, confirme la genèse idéale : „Les hommes n'eurent point d'abord d'autres rois que les dieux, ni d'autre gouvernement que le théocratique" [72].

Or, si l'œuvre du législateur lui survit dans la vie politique après lui, et si cette vie politique demeure fidèle à ses instructions, il semble que même l'autorité divine, qui avait consolidé son action législatrice et éducative, doive accompagner la vie politique, pour lui apporter son appui : telle est la fonction de la religion civile. Il ne s'agit plus, ici, d'une religion imposée comme de l'extérieur et agissant par voie d'auto-

68. *Du Contrat social,* III, IX (p. 424 *i.f.* sq.).
69. *Du Contrat social,* II, VII (p. 383 *i.f.*).
70. *Du Contrat social,* II, VII (p. 381).
71. *Du Contrat social,* II, VII (p. 384 déb.).
72. *Du Contrat social,* IV, VIII déb.

rité, comme celle qu'avait invoquée le législateur ; mais d'une religion acceptée, *participée,* inséparable des vertus qu'elle devra garantir, et renforçant d',,une autorité d'un autre ordre" la soumission des volontés particulières à la volonté générale. Or, comme le montre le chapitre sur la Censure : ,,la loi ne règle pas les mœurs", ou encore : ,,l'opinion publique" n'est ,,point soumise à la contrainte", pas plus que les lois fondamentales, proposées par le législateur, ne pouvaient être imposées autoritairement à la ratification populaire. Il faut, dans les deux cas, recourir à une ,,autorité d'un autre ordre" : ,,l'intervention du ciel", dans un cas, la ,,religion civile", dans l'autre.

5° On voit dès lors comment, dans la structure de l'œuvre, ces deux chapitres se correspondent. En II, vi, la vie politique était inaugurée par un ,,homme extraordinaire", investi d'un prestige divin. En IV, I, ce même début est décrit, mais sans l'aide d'aucune affabulation : la bonté des lois et la pureté des mœurs y sont présentes, sans qu'il y ait à s'enquérir de quelque héros fondateur. Cependant, en étudiant plus avant le développement et la vie de telles institutions, principalement à Rome et à Sparte, on finit par s'apercevoir (parce que la Censure ni les Éphores ne peuvent créer ni susciter la droiture des mœurs) qu'il faut, pour conserver l'esprit civique, une source et une garantie supra-politiques : ce sera la religion. Les deux chapitres sont donc exactement symétriques, encore que l'un soit au départ du récit, l'autre à son terme.

Mais le mouvement circulaire qui est imprimé ainsi à la seconde partie de l'œuvre indique clairement que la religion devra être présente d'emblée pour renforcer l'institution des mœurs dont, concurremment avec sa proposition des lois, le législateur prend l'initiative. Cette coïncidence, au surplus, est conforme, on l'a vu, aux origines historiques [73] et, dans le présent, la religion, non plus étroitement nationale, mais ,,purement civile", subsiste comme l'indispensable effet de l'action inaugurale du législateur.

73. *Ibid.*

III

9. La correspondance subtile entre les deux chapitres et la place privilégiée qu'ils occupent dans la structure du traité nous ramènent à la question initiale concernant le droit.

La première partie du *Contrat* expose les conditions idéales d'existence de tout État, quel qu'il soit, et relate, conjointement, le passage à la „moralité" qui, „d'un animal stupide et borné, fit un être intelligent et un homme" : liée à la vie sociale mais non pas encore à la vie politique organisée, la moralité, à ce moment de la démarche, est celle de l'homme en tant qu'homme. La seconde partie adapte ces conditions aux données géographiques et ethniques („que toute forme de gouvernement n'est pas propre à tout pays") [74], et cette particularisation se fait dès le départ [75] : le législateur entreprend d'„instituer un peuple" [76], non le genre humain. Or le chapitre sur la religion civile [77] rejoint, tout ensemble, l'„autorité d'un autre ordre" du législateur, et l'idéalité de la première partie : il renferme „tous les dogmes vraiment utiles à la société, soit universelle soit particulière" [78]. *Achevant* tout l'ouvrage, ce chapitre semble concilier ainsi le droit positif avec le droit naturel, le nationalisme avec l'universalisme, l'homme avec le citoyen. De fait, cette tentative de conciliation n'abolit pas le problème posé dans ce même chapitre [79], et formulé d'une manière encore beaucoup plus radicale dans des textes ultérieurs [80]. Aussi la solution à laquelle s'arrêté

74. *Du Contrat social,* III, VIII.
75. *Du Contrat social,* II, VIII.
76. *Ibid.*, II, VI (p. 381).
77. Sur lequel, voir en dernier lieu R. DERATHÉ, *La religion civile de Rousseau* in *Annales J.-J. Rousseau,* t. XXXV, 1963 et, surtout H. GOUHIER, *Les Méditations métaphysiques de Jean-Jacques Rousseau,* Vrin, 1970, chap. VI.
78. *Lettres écrites de la Montagne,* I, p. 705.
79. *Du Contrat social,* IV, VIII (p. 464) : „La religion, considérée par rapport à la société, qui est ou générale ou particulière, peut aussi se diviser en deux espèces : savoir, la religion de l'homme, et celle du citoyen".
80. *Lettre à Usteri* du 18 juillet 1763 (nº 32 du recueil de *Lettres philosophiques,* présentées par Henri Gouhier, Vrin, 1974, p. 111) : „La grande Société, la Société humaine en général, est fondée sur l'humanité, sur la bienfaisance universelle ; je dis et j'ai toujours dit que le Christianisme est favorable à celle-ci.

Rousseau est-elle plutôt un compromis : c'est bien une religion de l'homme (mais ce n'est pas celle du Vicaire Savoyard [81]), et c'est bien une religion civile (mais qui manque du ressort puissant des religions antiques, „maintenant qu'il n'y a plus et qu'il ne peut plus y avoir de religion nationale exclusive") [82]. Il paraît clair que le problème posé et, à l'intérieur du *Contrat*, ici seulement, nous fait sortir du cadre même du traité.

Il est indiqué, pourtant, encore que d'une manière implicite, quand Rousseau, en accord d'ailleurs avec l'enseignement des jusnaturalistes, écrit, dans le tout dernier chapitre : „Après avoir posé les vrais principes du droit politique et tâché de fonder l'État sur sa base, il resterait à l'appuyer par ses relations externes ...". A l'endroit correspondant du *sommaire* de l'*Emile,* le sens véritable d'un tel programme, est dévoilé sans ménagement [83] ; il l'était déjà dans l'inédit sur *l'État de guerre* [84]

„Mais les Sociétés particulières, les Sociétés politiques et civiles ont un tout autre principe. Ce sont des établissements purement humains dont, par conséquent, le vrai Christianisme nous détache comme de tout ce qui n'est que terrestre : il n'y a que les vices des hommes qui rendent ces établissements nécessaires, et il n'y a que les passions humaines qui les conservent". – *Lettres écrites de la Montagne,* I (p. 704) : „Tous les établissements humains sont fondés sur les passions humaines et se conservent par elles : ce qui combat et détruit les passions n'est donc pas propre à fortifier ces établissements...".

81. „Il n'est donc pas un seul instant question d'accommoder la religion du Vicaire aux intérêts de la cité. A dire vrai, le législateur n'a jamais l'occasion de se mettre à la place du Vicaire" (H. GOUHIER, *Les Méditations métaphysiques..., op. cit.*, p. 255).

82. *Du Contrat social,* IV, VIII (p. 469).

83. *Émile,* V, p. 596 (t. IV, p. 848) : „Après avoir ainsi considéré chaque espèce de société civile en elle-même, nous les comparerons pour en observer les divers rapports : les unes grandes, les autres petites ; les unes fortes, les autres faibles ; s'attaquant, s'offensant, s'entre-détruisant ; et, dans cette action et réaction continuelle, faisant plus de misérables et coûtant la vie à plus d'hommes que s'ils avaient tous gardé leur première liberté. Nous examinerons si l'on n'en a pas fait trop ou trop peu dans l'institution sociale ; si les individus soumis aux lois et aux hommes, tandisque les sociétés gardent entre elles l'indépendance de la nature, ne restent pas exposés aux maux des deux états, sans en avoir les avantages, et s'il ne vaudrait pas mieux qu'il n'y eût point de société civile que d'y en avoir plusieurs... N'est-ce pas cette association partielle et imparfaite qui produit la tyrannie et la guerre ?".

84. *L'État de guerre,* p. 610.

et dans *l'Extrait du projet de paix perpétuelle*[85]. Rappelons-en brièvement les données[86].

10. Si le pacte social fait passer les hommes, de l'état de nature à l'état civil, les corps politiques ainsi constitués demeurent, les uns par rapport aux autres, dans l'état de nature qui, en l'espèce, équivaut à l'état de guerre. Il s'ensuit, à l'intérieur de chaque nation, un conflit permanent entre „le patriotisme et l'humanité", „deux vertus incompatibles dans leur énergie, et surtout chez un peuple entier. Le législateur qui les voudra toutes deux n'obtiendra ni l'une ni l'autre : cet accord ne s'est jamais vu ; il ne se verra jamais, parce qu'il est contraire à la nature, et qu'on ne peut donner deux objets à la même passion"[87]. On a donc beau vouloir imaginer quelque constitution idéale : „Il ne faut pas avoir longtemps médité sur les moyens de perfectionner un gouvernement quelconque, pour apercevoir des embarras et des obstacles qui naissent moins de sa constitution que de ses relations externes ; de sorte que la plupart des soins qu'il faudrait consacrer à sa police, on est contraint de les donner à sa sûreté, et de songer plus à le mettre en état de résister aux autres qu'à le rendre parfait en lui-même"[88]. Cette „contradiction manifeste"[89] compromet la sûreté de l'État. Elle conduit donc nécessairement à subordonner la vie politique interne (la „police") à la sûreté extérieure, ce qui, à la limite, amène à installer la „tyrannie" au dedans et la „guerre" au dehors[90].

(On doit penser que cette analyse, réaffirmée emphatiquement dans l'*Émile,* n'est pas contredite, aux yeux de Rousseau ni objectivement, par la critique, faite au début de ce même ouvrage, des pays modernes, où il n'y a plus, ni p a t r i e ni c i t o y e n s).

L'aporie, telle qu'elle est discernée et élaborée par Rousseau affecte également l'État et l'individu, puisqu'elle maintient chez celui-ci le

85. *Extrait du projet de paix perpétuelle,* p. 564.
86. Voir pour la suite *Anthropologie et politique,* p. 620 sqq.
87. *Lettres écrites de la Montagne,* I, p. 706, n. 2.
88. *Projet de paix perpétuelle,* p. 564.
89. *L'État de guerre,* p. 610.
90. *Emile,* V, p. 596 (t. IV. p. 848).

conflit entre l'homme et le citoyen. Au niveau de l'État, elle peut s'envisager à partir du droit positif.

D'après une découverte fondamentale de Rousseau, la volonté générale est particulière par rapport à d'autres volontés. Cela est vrai aussi bien à l'intérieur de l'État („Toute société politique est composée d'autres sociétés plus petites" [91]) que dans les relations interétatiques („La volonté de l'État, quoique générale par rapport à ses membres, ne l'est plus par rapport aux autres États et à leurs membres, mais devient pour eux une volonté particulière et individuelle" [92]). D'où, dans l'*Économie politique,* la critique, aussi décidée que courtoise, de la thèse optimiste de Diderot qui avait voulu trouver un *droit naturel* univoque „dans les principes du droit écrit de toutes les nations policées" [93].

De fait, le droit positif est toujours un droit national qui, en tant que tel, fournit son support au „patriotisme", non à l'„humanité". Et c'est le droit national encore qui commande (et entrave) les tentatives faites pour substituer à l'état de guerre, un droit des gens. Le droit international (Rousseau, sur ce point, suit la doctrine de Grotius, contredite par Pufendorf et Barbeyrac), encore qu'il soit conforme à la nature, n'est cependant pas du droit naturel, mais du droit „volontaire", c'est-à-dire positif : il repose sur des conventions internationales (soit tacites, soit expresses). Ainsi compris, „le droit des gens n'ayant d'autre garant que l'utilité de celui qui s'y soumet, ses décisions ne sont respectées qu'autant que l'intérêt les confirme" [94]. De plus, les conventions où se forme ce droit, doivent tenir compte, non seulement de l'intérêt national et de la puissance des États contractants, mais encore de leurs „polices" respectives, c'est-à-dire de leur ordre juridique : c'est ainsi, par exemple, qu'on ne saurait conclure, entre la France et la Hollande, une convention portant sur la presse, à moins de changer, dans l'un des

91. *Discours sur l'Économie politique,* p. 245.
92. *Ibid.*
93. DIDEROT, *Droit naturel,* § 8 déb.
94. *L'État de guerre,* p. 610.

deux pays, la constitution [95]. D'où il résulte que le droit des gens „varie et doit varier, de nation à nation" [96]. Il ne saurait, et par définition, être universel ; tout au plus peut-on concevoir des ententes régionales et, au gré des fluctuations de la politique internationale, des „confédérations" [97], comme celle que le roi Henri IV voulait opposer à la puissance des Habsbourg, – c'est dans ce projet que Rousseau voit l'argument le plus fort qu'on puisse alléguer en faveur du projet de paix perpétuelle [98].

11. On peut juger décevante la position de Rousseau, et déplorer qu'il n'ait pas „développé les germes féconds contenus dans la tendance universaliste de la pensée éclairée" [99]. Et, en effet, une tout autre solution était possible de l'aporie mise en évidence par Rousseau : celle que proposera Kant. Comme Rousseau (à partir et à l'aide de ses analyses), Kant constate que l'état de guerre entre les peuples empêche les gouvernements d'éduquer leurs sujets pour la *moralité* : „Aussi longtemps que les États consacreront toutes leurs forces à des vues d'expansion chimériques et violentes, et entraveront ainsi sans cesse le lent effort de formation intérieure de la pensée chez leurs citoyens, les privant même de tout secours dans la réalisation de cette fin, on ne peut escompter aucun résultat de ce genre". Il est toutefois permis de se demander si l'idée de finalité de la nature n'autorise pas l'espoir d'un avenir meilleur : „Toutes les guerres sont de ce fait autant de tentatives (non pas bien entendu dans l'intention des hommes, mais dans celle de la nature) pour réaliser de nouvelles relations entre les États, et, par leur destruction, ou du moins, par leur démembrement général, pour

95. *Lettre à M. de Malesherbes du 5 novembre 1760, Œuvres,* A. Belin éd., Paris, 1817, t. VII, p. 494 sq.
96. *Ibid.*, p. 494 déb.
97. Cf. *Du Contrat social,* III, xv (p. 431, n. 2).
98. *Jugement sur le projet de paix perpétuelle,* p. 596-600. – Sur la portée contemporaine de ces idées, voir Stanley HOFFMANN, *Rousseau, la guerre et la paix, Annales de philosophie politique,* t. V, P.U.F., 1965, p. 195 sqq.
99. S. STELLING-MICHAUD, in ROUSSEAU, *O.C.*, t. III, p. CXLIII.

former de nouveaux corps" [100]. Ce texte est de 1784. Treize ans plus tard, Kant écrira : „La question n'est plus de savoir si la paix perpétuelle est quelque chose de réel ou si ce n'est qu'une chimère et si nous ne nous trompons pas dans notre jugement théorique, quand nous admettons le premier cas, mais nous devons agir comme si la chose qui peut-être ne sera pas devait être et en vue de sa fondation établir la constitution (peut-être le républicanisme de tous les États ensemble et en particulier) qui nous semble la plus capable d'y mener et de mettre fin à la conduite de la guerre néfaste" [101].

On voit que cette solution se borne à une seule recommandation concrète (encore que, ici [102], faite dubitativement) : l'adoption du républicanisme ; pour le reste, c'est-à-dire pour l'essentiel, elle transpose le problème politique dans la sphère de la raison pratique et de la finalité de la nature, se réfugiant ainsi dans le monde de l'idée et du droit naturel. Or le problème, tel que Rousseau l'avait exposé, se situait au niveau des faits et du droit positif. – Il serait hors de propos d'arbitrer ici le différend entre l'idéalisme kantien et le réalisme politique de Rousseau. (Ce qui, au surplus, exigerait, au préalable : de se demander si les analyses de ce réalisme n'ont pas contribué à préparer les impératifs kantiens ; de méditer cette thèse de P. Bénichou, selon laquelle „C'est dans les régions de l'humanitarisme qu'a germé l'idolâtrie de la Nation, en tant que valeur suprême et pseudo-divinité" [103] ; de restituer, pour ne pas durcir artificiellement l'antithèse, la pleine et complexe pensée de Rousseau, qui a exalté le projet de paix perpétuelle en des termes

100. KANT, *Idée d'une histoire universelle au point de vue cosmopolitique,* éd. K. Vorländer, p. 15, p. 13 (trad. St. PIOBETTA, *La Philosophie de l'histoire,* coll. „Médiations", p. 39, p. 37).

101. KANT, *Métaphysique des mœurs,* éd. K. Vorländer, p. 185 (trad. A. PHILONENKO, *Doctrine du droit,* Vrin, 1971, p. 237 sq.).

102. Deux ans auparavant, il est vrai, cette recommandation, énoncée impérativement, forme le premier article définitif du projet philosophique *Vers la paix perpétuelle* : mais les motifs qui, dans une telle constitution, inciteraient les citoyens à voter contre la guerre sont tous d'ordre *pathologique* et ne se rapportent en rien à la „moralité" (voir en part., dans l'édition Vorländer, p. 127 sq. ; éd. J. DARBELLAY, P.U.F., 1958, p. 92/3).

103. P. BÉNICHOU, *Le temps des prophètes, doctrines de l'âge romantique,* Gallimard, 1977, p. 547.

dont les accents émus ne sont pas cherchés – avant d'en examiner les conditions de possibilité ; de s'interroger, enfin, d'une manière générale, sur le rôle des doctrines dans le cours de l'histoire politique et sur ce qu'on a appelé ailleurs la „responsabilité philosophique"). – Il reste seulement à indiquer comment ce réalisme, face à une situation politique concrète, parvient à maintenir et à prolonger l'enseignement du *Contrat.*

IV

12. Dussaulx nous rapporte que, bien des années plus tard, Rousseau, parlant du *Contrat social,* aurait dit : „C'est un livre à refaire" ; Vaughan situe cette histoire en 1770 ou 1771 [104], c'est-à-dire à peu près au moment où Rousseau rédige les *Considérations sur le gouvernement de Pologne.* L'exégèse de cette phrase reste nécessairement conjecturale. La façon peut-être la moins arbitraire de la comprendre serait d'y voir une allusion au programme établi au dernier chapitre de l'ouvrage, concernant les „relations externes". A lire ce chapitre, il semblerait, à première vue, que le droit des gens qu'il appelle, ait pu prendre simplement la suite du *Contrat,* à titre de complément. Cependant, un droit international satisfaisant [105], encore inexistant („matière toute neuve, et où les principes sont encore à établir"), aurait eu pour résultat de mettre fin à la „contradiction" dont le traité même, il est vrai, parle fort peu, mais qui est mise en lumière, on l'a vu, dans l'*Émile,* et en guise de conclusion, précisément, du „sommaire" du *Contrat* [106]. Or cette „contradiction" avait frappé également la „sûreté" et la „police" : une fois assuré, par conséquent, la sécurité au dehors par un droit des gens suffisant, il aurait fallu réaménager le droit public interne. Autrement dit : les compléments au *Contrat,* prévus dans son dernier chapitre, ne pouvaient pas rester de simples additions, mais eussent obligé à „refaire" le livre même.

104. C. E. VAUGHAN, *Jean-Jacques Rousseau, The Political Writings,* Oxford, (1915), 1962, t. I, p. 445.
105. *Du Contrat social,* III, xv *i.f.,* note.
106. *Émile,* V, p. 596 (t. IV, p. 848).

Toutefois, une conjecture inverse est plausible tout autant et, à notre avis, davantage : en l'absence de tout droit international effectif, et en abandonnant comme chimérique (comme prématuré, en tout cas et, dans les circonstances présentes, comme inopérant) le programme de la fin du *Contrat,* Rousseau aurait conçu l'ideé d'un remaniement du traité à partir de cette situation même : détailler et renforcer les institutions, de manière à subordonner décidément la „police" à la „sûreté" [107]. Le *Gouvernement de Pologne,* où les références au *Contrat social* sont fréquentes, fournirait des indications propres, sinon à corroborer cette dernière hypothèse, du moins à faire voir, si on l'adoptait, dans quel sens se serait faite la refonte du traité. On se bornera ici à trois points.

13. Dans les *Considérations,* toute allusion étant effacée aux devoirs de l'„homme", Rousseau montre comment la consolidation des institutions nationales peut assurer la sécurité de l'État.

1° Le *Contrat social,* dans sa division des lois, avait énuméré les lois politiques, les lois civiles et les lois criminelles [108]. Les *Considérations* recommandent la rédaction de „trois codes : l'un politique, l'autre civil et l'autre criminel". On les suppose d'ailleurs conformes au droit naturel, lequel, en cas de silence de la loi, servira à combler les lacunes des „lois positives" [109] ; „ces codes seront enseignés, non seulement dans les universités, mais dans tous les collèges" [110]. „A l'égard du droit romain et des coutumes, tout cela, s'il existe, doit être ôté des écoles et des tribunaux. On n'y doit connaître d'autre autorité que les lois de l'État ; elles doivent être uniformes dans toutes les provinces, pour tarir une source de procès" [111]. L'incise : „tout cela, s'il existe ... „semble bien indiquer qu'au-delà de son sujet précis, Rousseau a en vue, ici, l'organisation judiciaire du Royaume de France.

107. Cf. *Anthropologie et politique,* p. 626-632.
108. *Du Contrat social,* II, XII.
109. *Considérations sur le gouvernement de Pologne,* X, p. 1001.
110. *Ibid.*
111. *Ibid.*

Il est traditionnel de reprocher à l'École du droit naturel de se complaire dans le „rationalisme le plus complet", au mépris des „lois positives, insuffisantes ou irrationnelles" [112]. Il n'en est que plus remarquable de voir Rousseau, pourtant favorable, sinon à cette École même, du moins à sa visée fondamentale, recommander ici des codifications et, par là, anticiper le grand mouvement qui, au cours du XIXe siècle, va s'étendre, à partir du Code civil, à travers toute l'Europe. Il n'est guère contestable d'ailleurs que ce mouvement se rattache, en réalité, à l'École du droit naturel [113], et l'on doit souligner que, dans la querelle qui opposera Hegel à Savigny, Rousseau se range par avance du côté de Hegel [114].

2° Le *Contrat* avait prévu une „quatrième" sorte de lois : „Je parle des mœurs, des coutumes, et surtout de l'opinion ; partie inconnue à nos politiques, mais de laquelle dépend le succès de toutes les autres" [115] : „les routes inconnues aux modernes, disent les *Considérations,* par lesquelles les anciens menaient les hommes à cette vigueur d'âme, à ce zèle patriotique..." [116]. Cette phrase est tirée du chapitre sur l'*Education,* thème que le *Contrat* n'avait pas traité expressément, mais qui occupe ici une place éminente : celle, très précisément qui, dans le *Contrat,* était réservée à la religion civile. Du problème proprement religieux, il ne subsiste ici que cette phrase, qui s'applique aux „modernes" : ‚S'ils s'assemblent, c'est dans des temples pour un culte qui n'a rien de national, qui ne rappelle en rien la patrie" [117]. Pour célébrer l'éducation „qui doit donner aux âmes la forme nationale, et diriger tellement leurs opinions et leurs goûts, qu'elles soient patriotes par

112. P. Roubier, *Théorie générale du droit,* Sirey, 1951, p. 137.

113. R. David, *Les grands systèmes de droit contemporains,* 2e éd. Dalloz, 1966, p. 62 : „Le deuxième succès spectaculaire de l'École du droit naturel a été la codification".

114. Hegel, *Principes de la philosophie du droit,* § 211 (éd. J. Hoffmeister, p. 182 *i.f.* sq.).

115. *Du Contrat social,* II, xii (p. 394).

116. *Considérations...,* IV, p. 969.

117. *Ibid.,* II, p. 958 ; on méconnaît totalement le sens rousseauiste, c'est à-dire, original, de cette phrase, en la rapprochant de remarques faites par La Bruyère ou par Sébastien Mercier (*O.C.,* III, p. 1747 sq., n. 3).

inclination, par passion, par nécessité", Rousseau retrouve les accents de la *Politique* d'Aristote [118] et, s'il est vrai qu'„il faut opter entre faire un homme ou un citoyen : car on ne peut faire à la fois l'un et l'autre" [119], l'éducation formera des Polonais [120], comme, dans l'antiquité, elle avait formé des Spartiates ou des Romains [121]. – La tâche de „l'éducation nationale" [122] a rarement été exposée, à cette époque, avec autant de détermination.

3° Du droit international, que Rousseau n'a cessé d'appeler de ses vœux mais qu'il juge impuissant, en l'état actuel des choses, à effacer la „contradiction manifeste" entre l'homme et le citoyen, il n'est guère question dans les *Considérations* – sauf exception conjoncturelle (qui peut inciter la Pologne à se rapprocher de la Turquie) : „Quoique je ne fasse aucun cas de la sûreté qu'on se procure au dehors par des traités, cette circonstance unique vous forcera peut-être de vous étayer autant qu'il se peut de cet appui, ne fût-ce que pour connaître la disposition présente de ceux qui traiteront avec vous. Mais ce cas excepté, et peut-être en d'autres temps quelques traités de commerce, ne vous fatiguez pas en de vaines négociations, ne vous ruinez pas en ambassadeurs et ministres dans d'autres cours, et ne comptez pas les alliances et traités pour quelque chose" [123]. De toute façon, la Pologne est entourée de puissants voisins : „Vous ne sauriez empêcher qu'ils

118. *Considérations,* IV, p. 966 : „Cet amour fait toute son existence ; il ne voit que la patrie, il ne vit que pour elle ; sitôt qu'il est seul, il est nul : sitôt qu'il n'a plus de patrie, il n'est plus et s'il n'est pas mort, il est pis". Aristote : „Celui qui est sans cité est, par nature et non par hasard, un être ou dégradé ou supérieur à l'homme ... il est comme un pion isolé au jeu de dames... Si chacun isolément ne peut se suffire à lui-même, il sera dans le même état qu'en général une partie à l'égard du tout ; un homme qui ne peut pas vivre en communauté ou qui n'en a nul besoin parce qu'il se suffit à lui-même, ne fait point partie de la cité : dès lors, c'est un monstre ou un dieu" (*Politique,* I, chap. II, trad. J. AUBONNET).

119. *Émile,* I, p. 9 (t. IV, p. 248).

120. *Considérations...,* IV, p. 966 : „A vingt ans, un Polonais ne doit pas être un autre homme ; il doit être un Polonais".

121. *Emile, loc. cit.*

122. *Considérations...,* IV, p. 966. – Il est vrai que l'*Essai d'éducation nationale* de La Chalotais est de 1763.

123. *Considérations...,* XV, p. 1037.

vous engloutissent ; faites au moins qu'ils ne puissent vous digérer" [124]. A la différence de l'universalisme abstrait des autres nations, „donnez une autre pente aux passions des Polonais, vous donnerez à leurs âmes une physionomie nationale qui les distinguera des autres peuples, qui les empêchera de se fondre, de se plaire, de s'allier avec eux" [125]. Ainsi, „vous ne ferez jamais en sorte qu'il soit difficile à vos voisins d'entrer chez vous ; mais vous pouvez faire en sorte qu'il soit difficile d'en sortir impunément, et c'est à quoi vous devez mettre tous vos soins" [126]. Aussi bien, „la plus inviolable loi de la nature est la loi du plus fort. Il n'y a point de législation, point de constitution qui puisse exempter de cette loi. Chercher les moyens de vous garantir des invasions d'un voisin plus fort que vous, c'est chercher une chimère" [127].

Cette phrase, bien moins connue que le troisième chapitre du *Contrat social* qu'elle semble contredire, ne doit pas en être séparée. Le droit du plus fort, „droit pris ironiquement en apparence et réellement établi en principe", ne représente et ne crée aucun doit. Les hommes qui voudront instaurer un ordre social, et intersocial, qui soit un „droit sacré" devront lui chercher un autre fondement : c'est ce qu'enseignent le *Contrat social* et le *Projet de paix perpétuelle.* Mais face à ceux qui ne s'accordent pas pour instaurer un tel ordre, un État en sera réduit, soit à l'imposer par la loi du plus fort („ ... si un accord n'a pas lieu, il n'y a que la force qui puisse y suppléer, et alors il n'est plus question de persuader mais de contraindre, et il ne faut pas écrire des livres mais lever des troupes") [128], soit, pour ne pas lui-même subir cette loi, à lui opposer la force – fût-ce celle du plus faible. Kant constate que l'idée de paix perpétuelle, telle qu'elle se trouve chez l'abbé de Saint-Pierre ou Rousseau, a pu prêter à rire, tant elle paraît „chimérique" [129]. Mais Rousseau n'a jamais recommandé de courir après des chimères, et il avait appris chez Hobbes que, dans l'état de nature, la

124. *Considérations...*, III, p. 959 *i.f.* sq.
125. *Considérations...*, III, p. 960 *i.f.*
126. *Ibid.*, XII, p. 1018.
127. *Ibid.*, XII, p. 1013.
128. *Jugement sur le projet de paix perpétuelle,* p. 595.
129. KANT, *Idée d'une histoire universelle...*, VIIe prop., éd. Vorländer, p. 13.

loi naturelle ne nous oblige qu'à l'égard de ceux qui, de leur côté, acceptent de s'y soumettre – précisément parce qu'elle n'est pas sanctionnée par l'Autorité souveraine [130]. Il ne faut pas simplifier la pensée de Rousseau qui, sur ce point, est bien plus complexe que celle de Kant, et l'on doit admettre que pour lui, la recherche de la paix n'empêche pas – bien que dans un tout autre sens que celui de l'adage latin – de préparer la guerre.

Le *Contrat social* avait envisagé les différentes constitutions en elles-mêmes ; sauf de très rares exceptions et qui restent allusives, il les avait isolées, pour des raisons de méthode, de leur environnement, renvoyant à plus tard le droit des gens. Les *Considérations,* écrites pour une nation aux prises, surtout, avec des difficultés externes, se présentent comme une application concrète du *Contrat* ; si elles non plus ne font aucune place au droit international, ce n'est plus pour des raisons théoriques : c'est parce que ce droit n'existe pas, et qu'il faut mettre en garde le gouvernement de Pologne contre la tentation d'en susciter un, par la conclusion d'alliances illusoires. Il s'agit donc seulement de faire voir, parce qu'il faut viser le possible, comment, retranchée derrière une législation, une administration et des institutions conformes à son génie, une nation parvient, sinon à empêcher des invasions, du moins à leur *résister* : „Une seule chose suffit pour la rendre impossible à subjuguer : l'amour de la patrie et de la liberté animé par les vertus qui en sont inséparables. Vous venez d'en donner un exemple mémorable à jamais" [131].

14. Essayons de conclure.

1° Le droit naturel, telle que cette expression est entendue depuis Grotius et, surtout, Pufendorf, reste la science fondamentale pour comprendre l'homme et les rapports de l'homme avec ses semblables. Mais cette science, mise au contact des réalités, perd quelque chose de

130. HOBBES, *De Cive,* III, 27 (et note), 33 ; *Emile,* IV, p. 278, note (t. IV, p. 523, note).
131. *Considérations...,* XII, p. 1019.

son universalisme optimiste et abstrait : c'est qu'elle découvre le droit (ou l'absence du droit) positif, celui dont Pufendorf avait jugé que si l'„on écarte tout ce qui est de Droit Naturel, le Droit Civil se trouvera, pour le fond, réduit à des bornes assez étroites". Cette découverte se situe à trois niveaux : celui de l'individu, qui vit comme une contradiction sa condition d'homme et celle de citoyen ; sur le plan de la cité, où le gouvernement agit contre les institutions qu'il a pour office de maintenir ; entre les États, enfin, qui restent dans l'état de nature, parce que le droit naturel qui devrait régir leurs rapports ne parvient pas à se consolider en droit positif. En retour, c'est cet état de nature, c'est-à-dire de guerre, entre les nations qui détermine le conflit entre l'homme et le citoyen dans l'âme de l'individu, où il se reflète comme dans un microcosme.

2° Rousseau n'a inventé ni l'idée ni l'expression de „volonté générale" : elle se trouve, avec son sens politique précis, dans l'*Esprit des lois* (XI, vi), et l'on doit admettre que c'est là que Rousseau l'a prise, et non pas, avec son acception des plus vagues, dans l'article de Diderot. Qu'une volonté législatrice puisse être universelle, comme l'enseignera Kant, Rousseau ne l'ignorait certes pas. Il fallait plus de perspicacité pour apercevoir, derrière les banalités moralisantes de l'article *Droit naturel,* que dans la nature des choses, c'est-à-dire du droit positif, des institutions politiques et des décisions de la puissance exécutive, toute volonté générale est particulière par rapport aux autres nations : „Ainsi, il n'est pas impossible qu'une république bien gouvernée fasse une guerre injuste". D'une manière correspondante, la volonté générale est menacée à l'intérieur, non pas par les volontés individuelles, mais par les „associations partielles aux dépens en la grande" qui se constituent en volontés générales comme autant d'États dans l'État. On sait que les Assemblées révolutionnaires et les rédacteurs du Code civil se souviendront de cette analyse.

De ces divers antagonismes, le conflit entre l'homme et le citoyen n'est que le plus apparent : il n'en continue pas moins à être utilisé par des interprètes bien-intentionnés pour mettre le système en difficulté.

En réalité, on est en face d'une découverte, et la contradiction est dans les choses, non dans la réflexion qui l'a mise au jour. Il était plus difficile, alors, de diagnostiquer le mal que de proposer, puisée dans le „rationalisme', de l'époque, quelque panacée, satisfaisante pour l'esprit.

3° De ce désaccord, le droit est, à la fois, un élément et un procédé possible de résolution. Par son intelligence du droit positif, Rousseau rejoint le véritable fondateur de ce qui, bien moins qu'une École, est un mouvement d'idées : Hobbes (le seul d'ailleurs des jusnaturalistes dans lequel, au-delà de toutes les polémiques, il a reconnu son égal). Comme Hobbes (et, avant lui, Épicure), Rousseau a vu qu'il est de la nature du droit d'être positif, et que le droit naturel ne se conçoit et se légitime que par la fonction à la fois critique et directive qu'il assume à l'égard du droit existant. Hobbes s'était attaché surtout à la sécurité que le droit positif doit procurer à l'individu. Rousseau qui, lui, ne voit pas le pire des maux dans la guerre civile (*C.S.*, III, IX *i.f.*, note), envisage la „sûreté" de l'État, en tant que telle sans doute, mais aussi en tant qu'elle est l'objectif principal des gouvernements. D'où le problème correspondant de la „police", où Hobbes n'avait pas vu de difficulté, mais que Kant reprendra, et dans l'énoncé même que Rousseau lui avait donné, encore que la solution qu'il propose ne soit plus la même. D'autres tentatives de solutions ont été faites depuis lors ; il n'y a que l'énoncé qui n'ait guère varié depuis Rousseau.

4° Le sens des réalités concrètes, qui se manifeste dans l'acceptation du droit positif, se conjuge avec la poursuite d'un idéal que l'on caractériserait par le terme d'*autarcie,* dans le double sens, moral et politique, où ce mot est pris à l'époque hellénistique : aussi bien commande-t-il l'anthropologie de Rousseau et ses principes de droit politique. Or l'autarcie, ni pour le sage ni pour la cité, n'est un état de quiétude sans histoire : c'est bien l'indépendance à l'égard des circonstances, mais cela au moment même où elles semblent la menacer. L'idée d'autarcie, autrement dit, avant de formuler une règle de conduite, traduit la pression des choses, à quoi cette règle ne fait que donner la réplique. C'est donc une vue optimiste des choses, quand

Fichte, reprenant cette idée, imaginera qu'un État ainsi constitué pourrait faire l'économie d'une armée permanente : „Il ne voudra pas entreprendre une guerre de conquête et, comme il aura renoncé à s'ingérer dans les affaires politiques des autres États, il n'aura guère à craindre une agression" (*L'État commercial fermé,* III, VII). Rousseau, qui a toujours condamné les guerres de conquêtes, n'a pas jugé que son organisation, dictée par des raisons „internes et absolues" (*C.S.,* II, IX), suffise pour mettre un État à l'abri de toute atteinte. Il s'est donc contenté de montrer, dans le *Gouvernement de Pologne,* comment, appuyé sur ses institutions nationales, un peuple pouvait défendre son identité contre l'invasion, et résister à l'occupant.

On reproche parfois à Rousseau d'avoir favorisé l'éclosion des nationalismes futurs. Disons qu'il s'agirait, en l'espèce, d'un nationalisme défensif : l'histoire après Rousseau n'en fournira pas tant d'exemples. Et ajoutons que l'époque qui verra la création d'un droit des gens, à la fois juste et effectif, sera certainement qualifiée pour jeter la pierre à Rousseau.

5° Une dernière remarque, enfin. On sait que, depuis Bacon jusqu'à A. Huxley, les projets d'utopie se situent volontiers dans une *île* où ils peuvent opérer, si l'on peut dire, en vase clos. Ce qui sépare le rousseauisme de la pensée utopique et lui épargne l'isolement insulaire, c'est que les principes, chez lui, s'ils s'énoncent d'abord en eux-mêmes et pour eux-mêmes, seront ensuite rapprochés progressivement des réalités. Tout comme Émile, élevé d'abord dans la solitude, finira par être intégré dans la société (et même, dans le projet des *Solitaires,* submergé par elle). Dans le *Contrat social,* le livre des principes (I) sera appliqué, par degrés, à la cité concrète, et la suite de l'œuvre, que ce soit dans le programme du chapitre terminal ou dans le *Gouvernement de Pologne,* mettra la cité au contact du monde hostile qui l'environne. Le droit naturel, chez Rousseau, tend toujours à rejoindre le droit positif ; cette positivité, en retour, préserve le droit naturel de tomber dans l'imaginaire.

INDIVIDU ET COMMUNAUTÉ CHEZ ROUSSEAU

On reproche parfois à la théorie politique de Rousseau de n'avoir pas su concilier l'indépendance de l'individu avec la souveraineté de l'Etat; tout récemment encore, on a dénoncé le contrat social comme un « marché de dupes ». Il serait sans intérêt d'évoquer ici cette polémique. Elle s'explique, en réalité, par la condition même de l'homme moderne, qui est contradictoire, bien plus que par les analyses de Rousseau, dont le principal objet — et le mérite — est de dévoiler cette contradiction, avant d'essayer d'y porter remède. C'est ce qu'on se propose de montrer sur deux points, étroitement liés: le premier concerne l'opposition, dans les Etats modernes, entre l'homme et le citoyen; le second se rapporte à l'isolement de certains individus au sein de la communauté.

I

1. « Le passage de l'état de nature à l'état civil produit dans l'homme un changement très remarquable, en substituant dans sa conduite la justice à l'instinct et donnant à ses actions la moralité qui leur manquait aupara-

vant»[1]. Ce «changement» est dû aux «institutions politiques», qui visent à la fois à fonder l'Etat et à former le citoyen, et par l'invention desquelles l'art vient «au secours de la nature»[2]. Cependant, l'art n'abolit pas la nature, et l'état civil ne peut être solide et durable que parce qu'il transpose (et donc, en un sens, conserve) les données de l'état de nature sur un autre plan. Ainsi, l'établissement des lois, des lois positives, imite l'inflexibilité et l'impersonnalité des lois physiques auxquelles l'homme était soumis dans l'état de nature: l'indépendance dans laquelle vivait l'homme naturel est ainsi préservée dans l'état civil, puisque le citoyen n'obéit qu'à la volonté générale, et non pas à l'arbitraire de quelque volonté particulière qui à la fois l'opprimerait et le dépraverait: on joint donc «à la liberté qui maintient l'homme exempt de vices, la moralité qui l'élève à la vertu»[3]. L'éducation civique, d'autre part, pour l'instauration de laquelle Rousseau requiert le personnage mythique du Législateur, se présente comme une transposition et un développement des «deux principes antérieurs à la raison» c'est-à-dire le souci de la «conservation de nous-mêmes» et la pitié[4]. A voir les choses ainsi, le problème serait intégralement résolu: l'art politique parvient à transposer les «droits naturels» dans l'ordre civil, à protéger l'individu par les lois générales, et la cohésion du groupe par l'éducation civique. De fait, il n'en est pas ainsi.

2. Face à l'universalisme optimiste, et un peu facile, tel qu'il s'exprime alors couramment, par exemple dans l'article *Droit naturel* de Diderot, une des découvertes de Rousseau est d'avoir compris que toute volonté générale est particulière par rapport à d'autres nations. «Ainsi, il n'est pas impossible qu'une république bien gouvernée fasse une guerre injuste»[5]. L'art politique réussit bien à tirer l'individu de l'état de nature et cela grâce à des «prodiges» qui sont «l'ouvrage de la loi»[6]. Mais l'état de nature persiste de nation à nation, et l'art, dans ce domaine plus vaste, est impuissant à opérer le même miracle, d'autant que l'état de nature, ici, équivaut à l'état de guerre. Si bien qu'«on a fait trop ou trop peu pour notre bonheur: [que] chacun de nous étant dans l'état civil avec ses concitoyens et dans l'état de

[1] *Du Contrat social*, I, VIII (*Oeuvres complètes*, t. III, Bibliothèque de la Pléiade, Paris 1964, p. 364).

[2] *Du Contrat social* (1re version), i, III (*O.C.*, t. III. p. 289).

[3] *Emile*, II, éd. Garnier p. 71 (*O.C.*, t. IV, Paris 1969, p. 311).

[4] *Discours sur l'Inégalité*, p. 126.

[5] *Discours sur l'économie politique*, p. 246.

[6] *Du Contrat social* (1re version), I, VII (p. 310).

nature avec tout le reste du monde, nous n'avons prévenu les guerres particulières que pour en allumer de générales, qui sont mille fois plus terribles; et [qu']en nous unissant à quelques hommes, nous devenons réellement les ennemis du genre humain»[7].

Ce qui revient à dire que le pacte social n'a résolu un problème que pour en engendrer un autre, bien plus redoutable. Mais l'on ne saurait sérier ainsi les questions, comme si l'état de nature pouvait au moins être contenu en dehors des frontières nationales. Il pénètre dans l'ordre social même et, par là, compromet l'œuvre même de l'art politique et corrompt l'exécution du pacte. «Car vivant à la fois dans l'ordre social et dans l'état de nature, nous sommes assujettis aux inconvénients de l'un et de l'autre, sans trouver la sûreté dans aucun des deux. La perfection de l'ordre social consiste, il est vrai, dans le concours de la force et de la loi; mais il faut pour cela que la loi dirige la force; au lieu que, dans les idées de l'indépendance absolue des princes, la seule force parlant aux citoyens sous le nom de loi et aux étrangers sous le nom de raison d'Etat, ôte à ceux-ci le pouvoir et aux autres la volonté de résister, en sorte que le vain nom de justice ne sert partout que de sauvegarde à la violence»[8].

Les rapports — ne serait-ce que potentiellement — conflictuels avec les Etats environnants obligent à subordonner la vie politique interne (la «police») à la sûreté extérieure, ce qui conduit à installer la tyrannie au dedans et la guerre au dehors[9]. L'«indépendance absolue des princes» détourne ainsi «sous le nom de loi», la Volonté générale et usurpe la souveraineté: on assiste alors au processus que le *Contrat social* décrit sous le titre: «De l'abus du gouvernement et de sa pente à dégénérer» (III, x). Mais ce serait méconnaître le sens de ce phénomène et s'abuser sur la source du mal, si l'on s'en prenait seulement à l'absolutisme et à la forme monarchique de la constitution. Le souci de la sécurité s'impose à tout gouvernement, quelle qu'en soit la forme; et de tout Etat, quelle qu'en soit la volonté de paix, il est vrai de dire «que la plupart des soins qu'il faudrait consacrer à sa police, on est contraint de les donner à sa sûreté, et de songer

[7] *Extrait du projet de paix perpétuelle*, p. 564.
[8] *L'Etat de guerre*, p. 610.
[9] *Emile*, V, p. 596 (*O.C.*, t. IV, p. 848).

plus à le mettre en état de résister aux autres qu'à le rendre parfait en lui-même»[10].

3. Cette contradiction, par où l'état de guerre prolonge, entre les nations, l'état de nature, ne corrompt pas seulement l'ordre civil: elle se retrouve au cœur même de l'individu. Celui-ci, partagé entre sa condition d'homme et son statut de citoyen, vit dans un conflit permanent. Il est bien rendu *un* en tant que citoyen, «dénaturé» donc selon la terminologie de l'*Emile*: cependant, sa citoyenneté ne l'unifie pas totalement, puisqu'elle laisse subsister en lui l'homme, et l'homme naturel, à l'égard de tous ceux dont il n'est pas le concitoyen. L'éducation civique et morale avait concilié son indépendance naturelle et le principe de pitié en lui avec ce qu'on pourrait appeler un universalisme restreint. Mais ce mouvement de *civilisation* s'arrête contradictoirement aux frontières nationales, au-delà desquelles le citoyen, en tant que soldat, est replongé dans l'état de nature. On ne saurait mieux commenter cette «contradiction manifeste»[11] que par un texte de Kant qui, de toute évidence, présuppose les analyses de Rousseau: «Quant à nous considérer comme déjà *moralisés*, il s'en faut encore de beaucoup. Car l'idée de moralité appartient encore à la culture... Mais aussi longtemps que des Etats consacreront toutes leurs forces à des vues d'expansion chimériques et violentes, et entraveront ainsi sans cesse le lent effort de formation intérieure de la pensée chez leurs citoyens, les privant même de tout secours dans la réalisation de cette fin, on ne peut escompter aucun résultat de ce genre; car un long travail intérieur est nécessaire de la part de chaque communauté pour former à cet égard ses citoyens. Or tout bien qui n'est pas greffé sur une disposition moralement bonne n'est que pure chimère et faux clinquant. Le genre humain restera sans doute dans cette position jusqu'à ce que, de la manière que je viens d'indiquer, il se dégage laborieusement de la situation chaotique où se trouvent les rapports entre Etats»[12].

«... La manière que je viens d'indiquer...» consiste «à sortir de l'état anarchique de sauvagerie, pour entrer dans une *Société des Nations*», projet, ajoute Kant, que l'on trouve déjà «chez un Abbé de Saint-Pierre ou un Rousseau»[13]. Ce remède, tout ensemble, établit l'état civil entre les peuples et achève l'éducation morale de chaque citoyen. C'est pourquoi, en attendant que la conscience collective soit disposée à accepter une telle Société interétatique, Kant, plus tard, se bornera à anticiper le progrès de la conscience individuelle, et fera appel à la «raison morale pratique» (et à sa maxime: «Il ne doit pas y avoir de guerre, ni entre moi et toi dans l'état de

10 *Extrait du projet de paix perpétuelle*, p. 564.

11 *L'Etat de guerre*, p. 610.

12 I. Kant, *Idée d'une histoire universelle au point de vue cosmopolitique*, Septième proposition *i.f.* (trad. St. Piobetta, légèrement modifiée, Paris 1965, p. 39).

13 I. Kant, *Idée d'une histoire...*, éd. citée, p. 36.

nature, ni entre nous en tant qu'Etats»)[14], c'est-à-dire, en dernière instance, à l'éveil moral de l'individu.

4. La Société des Nations, aboutissement lointain de l'impératif catégorique — voilà la solution kantienne d'un problème découvert et élaboré par Rousseau. Mais le réalisme politique de Rousseau (qui avait déjà critiqué le *Projet de paix perpétuelle*) ne se serait pas satisfait de cette réponse morale qui, en fait, suppose le problème résolu. Pour saisir, sur ce point, la véritable pensée de Rousseau, on doit comparer deux textes, séparés par une vingtaine d'années: le *Contrat social* où le problème est pour ainsi dire laissé en suspens et les *Considérations sur le Gouvernement de Pologne* où, face à une situation concrète qui ne souffre pas de délai, il est tranché dans un sens entièrement contraire à l'idéalisme kantien.

D'après le *Contrat social*, nous l'avons rappelé dès le départ, le «passage de l'état de nature à l'état civil produit dans l'homme un changement très remarquable, en substituant dans sa conduite la justice à l'instinct, et donnant à ses actions la moralité qui leur manquait auparavant». Cette «moralité» sera ensuite prise en main, informée et restreinte par le Législateur, lequel entreprend d'«instituer un peuple», non le genre humain: la législation «doit être exclusive», alors que le christianisme «inspirant l'humanité plutôt que le patriotisme», tend «à former des hommes plutôt que des citoyens»[15]. Toutefois «maintenant qu'il n'y a plus et qu'il ne peut plus y avoir de religion nationale exclusive...» (*C.S.*, IV, VIII, p. 335 *i.f.*), la fonction inaugurale du Législateur est assumée par l'action continuée de la «religion civile», qui semble concilier le nationalisme avec l'universalisme, l'homme avec le citoyen. Mais cette solution apparaît plutôt comme un compromis: c'est bien une religion de l'homme (mais ce n'est pas celle du Vicaire Savoyard)[16] et c'est bien une religion civile (mais qui manque du ressort puissant des religions antiques, n'étant plus une «religion nationale exclusive»).

D'autre part, la Cité du *Contrat social*, même décrite sous ses formes constitutionnelles diverses, est toujours envisagée en soi et comme en vase clos: le tout dernier chapitre seulement prévoit un élargissement de perspective: «Il resterait à appuyer [l'Etat] par ses relations externes; ce qui comprendrait le droit des gens, le commerce, le droit de la guerre et les conquêtes, le droit public, les ligues, les négociations, les traités, etc.» — Mais peut-on réserver ainsi une enquête complémentaire et, dans l'étude même de l'Etat, mettre entre parenthèses les rapports avec son environnement? Car on l'a vu: tout Etat, du fait même de sa situation géographique,

[14] I. KANT, *Metaphysik der Sitten*, éd. K. Vorländer, Hamburg 1966, p. 185.

[15] *Lettres écrites de la montagne*, p. 706.

[16] Cf. H. GOUHIER, *Les Méditations métaphysiques de J.-J. Rousseau*, Paris 1970, p. 255.

est obligé de subordonner la vie politique interne à la défense nationale, en sorte que «la plupart des soins qu'il faudrait consacrer à sa police, on est contraint de les donner à sa sûreté, et de songer plus à le mettre en état de résister aux autres qu'à le rendre parfait en lui-même».

5. On comprend dès lors que, bien des années plus tard, Rousseau, parlant du *Contrat social*, ait pu dire: «C'est un livre à refaire»[17]. Ce jugement peut prêter à bien des interprétations, dont voici, à notre avis, la plus vraisemblable: constatant l'absence de tout droit international effectif, et abandonnant comme chimérique (ou comme prématuré) le projet esquissé à la fin du *Contrat*, Rousseau aurait conçu l'idée d'un remaniement à partir de cette situation même: détailler et renforcer les institutions, de manière à subordonner décidément la «police» à la «sûreté». Or les *Considérations sur le Gouvernement de Pologne*, où les références au *Contrat* sont fréquentes et dont la rédaction se situe à peu près à la même époque que ce jugement[18], peuvent fournir des indications sur le sens dans lequel se serait orientée cette refonte du *Contrat*.

Le projet de constitution pour la Pologne est élaboré précisément, non pas pour un Etat clos sur lui-même et susceptible d'une constitution idéale, mais pour un Etat plongé dans une insécurité perpétuelle, où le maintiennent ses puissants voisins. Chacune des mesures que propose Rousseau tient compte de ce fait. Il ne peut donc faire fond sur aucun droit international, même réduit à quelques alliances («... ne comptez pas les alliances et traités pour quelque chose»)[19]. La fonction qui devrait être assumée par le droit des gens (peut-être à venir, mais qui pour l'instant n'existe pas) sera donc confiée aux seules institutions internes: c'est la constitution seule qui devra pourvoir à la sécurité des citoyens, ne serait-ce qu'en les rendant capables de résister à l'invasion, puis à l'occupation («Vous ne sauriez empêcher qu'ils vous engloutissent; faites au moins qu'ils ne puissent vous digérer»)[20]. Dans une telle situation, il est clair qu'une «religion civile» (par où le *Contrat* avait tâché de concilier la religion de l'homme avec celle du citoyen) ne saurait suffire: aussi est-elle remplacée, dans le *Gouvernement de Pologne*, par une «éducation nationale»[21]. L'universalisme abstrait de l'époque (que Rousseau avait accueilli, dans son *Deuxième Discours*, en magnifiant, avec des accents qui ne sont qu'à lui, les «grandes âmes cosmopolites»)[22] est ici décidément abandonné. Est supprimé, par là-même, tout conflit entre l'homme et le citoyen: non plus en visant une impossible

[17] Jugement rapporté par Dussaulx (cf. C. E. VAUGHAN, *The Political Writings of Jean-Jacques Rousseau*, t. I, Oxford 1962, p. 445).

[18] VAUGHAN, *ibid.*, n. 1.

[19] *Considérations sur le Gouvernement de Pologne*, XV, p. 1037.

[20] *Considérations...*, III, p. 959 *i.f.*sq.

[21] *Considérations...*, IV, p. 966.

[22] *Discours sur l'Inégalité*, p. 178.

conciliation entre « humanité » et « patriotisme »[23], mais en éduquant les citoyens dans le seul culte du patriotisme, c'est-à-dire, au juste, en mettant à la place d'une religion civile, une religion qui, comme dans la Cité antique, sera une religion nationale.

La « contradiction manifeste » où l'anarchie des relations internationales maintient l'homme moderne ne se résoudra, dans un avenir lointain, que par l'instauration de la paix perpétuelle. Mais en attendant, la pression de l'histoire peut recommander de supprimer ce conflit en résorbant l'homme dans le citoyen, en le *dénaturant.* Rousseau a prévu, tout ensemble, la Société des Nations et le fait national. Il est inutile de préciser que, s'agissant de la Pologne, le nationalisme en question est un nationalisme défensif — ce dont l'histoire après Rousseau ne fournira pas tant d'exemples. Disons plutôt que ce sont les projets constitutionnels (pour la Pologne, et aussi pour la Corse) qui témoignent du réalisme de la philosophie politique de Rousseau, et par là, contribuent à faire acquitter même le projet de paix perpétuelle de toute accusation d'utopisme.

II

6. La dualité de l'homme et du citoyen se formule, et parfois se résout, en termes politiques. Cependant, il est un niveau où l'individu tend vers une indépendance qui, tout à la fois, requiert l'ordre social et le repousse comme un cadre trop étroit. C'est à ce niveau que se situe l'ultime et insurmontable conflit entre l'individu et la société — conflit que Rousseau a vécu lui-même et dont il a parlé, mais qu'il n'a jamais élaboré ni pris pour objet d'une recherche propre. On doit se borner ici à des indications.

Il est traditionnel de voir en Rousseau un précurseur du Romantisme. Ce mouvement même, par delà la diversité des définitions qu'il a suscitées, peut être considéré, de la manière la plus générale, comme le triomphe de l'individualisme. « On a dit cent fois, écrit A. Thibaudet, que le romantisme depuis Rousseau était l'insurrection, chez l'écrivain, du sens individuel contre la société »[24]. Il est alors aisé d'établir un rapport généalogique avec les *Confessions*, les *Dialogues* et, surtout, les *Rêveries du promeneur solitaire.* Mais ce serait simplifier les choses, et s'enfermer dans le domaine de l'histoire littéraire ou, si l'on préfère, de l'histoire des idées. De fait, ce conflit entre individu et société, s'il se manifeste surtout dans les œuvres autobiographiques, s'enracine cependant dans la pensée philosophique de l'auteur. L'« individualisme » de Rousseau représente, non pas un triomphe, mais une quête, une revendication, parfois une conquête, et il faut en trouver le

[23] *Lettres écrites de la Montagne,* p. 706, note.

[24] A. THIBAUDET, *Réflexions sur le Roman,* Paris 1938, p. 135.

témoignage originaire, non pas tant dans les écrits intimes, que dans la théorie politique, parce que c'est contre la pression de la société que l'individu se cherche, se découvre et tâche de défendre, sans y parvenir entièrement, ses droits.

Depuis le traité *Du Citoyen* de Hobbes (1642), les théoriciens construisent l'Etat à partir d'un *consensus* entre des hommes qui, auparavant, vivaient dans l'état de nature, où tous avaient leur indépendance et les mêmes droits (que l'on appellera plus tard les «droits subjectifs»). Ces hommes sont bien des individus, mais sans que leur individualité comme telle soit prise en compte: le contrat de société ne peut se conclure qu'à la condition que tous les hommes soient considérés comme égaux.

Chez Rousseau, la théorie politique ne se sépare pas de la pédagogie, civique et morale, et du problème de la civilisation. Par là, le rôle de certains individus, hors du commun, va devenir déterminant, que ce soit à l'intérieur même de l'Etat, ou qu'il s'agisse de l'auteur même qui élabore cette théorie, et qui l'annonce et la propose à ses contemporains.

La théorie politique de Rousseau présuppose une critique de la société et de la civilisation modernes, critique qui prend appui sur l'idéal de la Cité antique. Mais cette Cité n'existe plus, et celui qui prononce cette critique, se place, en cela même qu'il la formule, en dehors de la société actuelle, soit qu'il parle en son propre nom, soit qu'il emprunte la voix de Socrate, de Caton, de Fabricius ou encore, s'adressant aux Académiciens de Dijon, en se supposant «dans le Lycée d'Athènes, répétant les leçons de mes maîtres, ayant les Platon et les Xénocrates pour juges, et le genre humain pour auditeur»[25].

En invoquant cette tradition illustre, Rousseau, tout à la fois, s'intègre dans la société qu'il prétend instruire, et, par cette ambition même, se met en face d'elle et, par là, s'en exclut. Cette même ambivalence se retrouve dans l'action des grands individus au sein même de la société.

La critique de la civilisation contemporaine, dans son exaltation des valeurs antiques, s'en prend principalement, et cela dès le *Discours sur les sciences et les arts*, à la *médiocrité*, à laquelle elle oppose la figure du *grand homme*: héros ou génie[26]. Or le statut du grand homme varie selon les textes et le contexte: toujours est-il que voilà un individu qui, par cela même qu'il est, se situe en dehors ou au-dessus de la foule. Il peut se mettre au service de la communauté, comme Moïse, Lycurgue, Numa ou le Législateur du *Contrat social* (qui «est à tous égards un homme extraordinaire dans l'Etat»[27]. Il peut encore rendre des services à l'Etat, tout en dépassant,

[25] *Discours sur l'Inégalité*, p. 133.

[26] Cf. *Anthropologie et politique: Les principes du système de Rousseau*, Paris 1974, p. 92 sq.

[27] *Du Contrat social*, II, VII, p. 382.

d'autre part, les frontières étroites par son action ou par son savoir: telles sont les «grandes âmes cosmopolites, qui franchissent les barrières imaginaires qui séparent les peuples»[28], ou encore les héros de l'esprit; Bacon, Descartes, Newton, «ces précepteurs du genre humain»[29].

Mais ce préceptorat s'adresse au «genre humain», précisément, plutôt qu'à la Cité. Rousseau se fait de la science et, plus généralement, de la civilisation, une idée aristocratique — on dirait aujourd'hui élitiste. «J'avoue dit-il dans la *Préface de Narcisse*, qu'il y a quelques génies sublimes qui savent pénétrer à travers les voiles dont la vérité s'enveloppe, quelques âmes privilégiées, capables de résister à la bêtise de la vanité, à la basse jalousie, et aux autres passions qu'engendre le goût des lettres. Le petit nombre de ceux qui ont le bonheur de réunir ces qualités, est la lumière et l'honneur du genre humain; c'est à eux seuls qu'il convient pour le bien de tous de s'exercer à l'étude»[30]. Mais Rousseau ne fait pas voir en quoi cette étude contribue au «bien de tous». Bien au contraire, «Tout peuple qui a des mœurs, et qui par conséquent respecte ses lois et ne veut point raffiner sur ses anciens usages, doit se garantir avec soin des sciences, et surtout des savants, dont les maximes sentencieuses et dogmatiques lui apprendraient bientôt à mépriser ses usages et ses lois; ce qu'une nation ne peut jamais faire sans se corrompre»[31]. C'est là tout le sujet du *Discours sur les sciences et les arts.* Il ne s'agit pas du tout, dans cette œuvre, de critiquer les sciences, les Beaux-Arts ou la Philosophie, mais uniquement de montrer que les acquisitions des Sciences et des Arts, dues au génie d'une élite restreinte, ne sont accessibles à la foule qu'à travers des livres de vulgarisation où ces créations se dégradent, et sont rabaissées à un niveau où les vulgarisateurs («cette foule d'auteurs élémentaires qui ont écarté du temple des Muses les difficultés qui défendaient son abord»)[32] et les usagers se corrompent mutuellement.

7. Cette distinction entre l'individu d'exception et le peuple tient étroitement à la conception rousseauiste de la perfectibilité. Pour un peuple, la perfectibilité, comme le montre la *Lettre à Philopolis*, est faculté de vieillissement et de décrépitude, parce que «l'état de société [a] un terme extrême auquel les hommes sont maîtres d'arriver plus tôt ou plus tard»[33], mais il n'en va pas de même pour l'individu: «Je ne sache pas qu'aucun philosophe ait encore été assez hardi pour dire: Voilà le terme où l'homme peut parvenir et qu'il ne saurait passer. Nous ignorons ce que notre nature nous permet d'être; nul de nous n'a mesuré la distance qui peut se trouver entre un homme et un autre homme. Quelle est l'âme basse que cette idée

[28] *Discours sur l'Inégalité*, p. 178.
[29] *Discours sur les sciences et les arts*, p. 29.
[30] *Préface de Narcisse, O.C.*, t. II, Paris 1961, p. 970.
[31] *Ibid.*, p. 971.
[32] *Discours sur les sciences et les arts*, p. 28 sq.
[33] *Lettre à Philopolis, O.C.*, t. III. p. 232.

n'échauffa jamais, et qui ne se dit pas quelque fois dans son orgueil: combien j'en ai déjà passé! Combien j'en puis encore atteindre! Pourquoi mon égal irait-il plus loin que moi?»[34] Texte remarquable, où l'individu repousse les limites de son génie loin au-delà de l'égalité naturelle ou civique. Tout lien est ici rompu avec la Cité, à laquelle le génie ne doit rien, même pas sa première formation: «Il n'a point fallu de maîtres à ceux que la nature destinait à faire des disciples... Des maîtres ordinaires n'auraient pu que rétrécir leur entendement en le resserrant dans l'étroite capacité du leur»[35].

Un rapport cependant semble subsister ici entre l'homme et la communauté, et ce serait le plus paradoxal. Rousseau écrit dans la *Lettre à M. de Beaumont*: «Je trouvais que... le développement des lumières et des vices se faisait toujours en même raison, non dans les individus, mais dans les peuples: distinction que j'ai toujours soigneusement faite, et qu'aucun de ceux qui m'ont attaqué n'a jamais pu concevoir»[36]. L'individu est ici formellement exempté de la loi, naturelle et historique, qui commande le développement et la vie des Etats. Mais l'on peut se demander si le génie ne pousse pas sur le terrain d'une Cité corrompue, voire même, bien que Rousseau ne le dise pas explicitement, si la dépravation d'un peuple n'aurait pas comme finalité subsidiaire de produire des génies. Il est clair, en tout cas, dans ce contexte, que la figure du grand homme s'évade entièrement du cadre étatique.

Et vers où s'échappe-t-il? C'est vers un monde nouveau, situé hors des limites de l'Etat. Rousseau a fait ici une découverte, qui ne recevra sa formulation classique qu'avec Hegel, mais qui n'en remonte pas moins à Rousseau. «Le goût de la philosophie relâche tous les liens d'estime et de bienveillance qui attachent les hommes à la société, et c'est peut-être le plus dangereux des maux qu'elle engendre. Le charme de l'étude rend bientôt insipide tout autre attachement»[37]. Et la découverte de ce «charme» ébranle les valeurs de la tribu, lors même que le philosophe prétendrait les consolider: «Jusqu'alors les Romains s'étaient contentés de pratiquer la vertu; tout fut perdu quand ils commencèrent à l'étudier»[38]. Socrate même «ne fit que mettre en leçons» la vertu dont d'autres avaient donné «l'exemple»[39]. Car cette réflexivité met en question la Cité, et elle est contre nature[40]. C'est à la suite des analyses de Rousseau, que Hegel prendra plus tard le parti de la démocratie athénienne contre Socrate: il a «énoncé le principe, par où le monde intérieur a trouvé son domaine et se sépare de ce

[34] *Emile*, I, p. 41 (*O.C.*, t. IV, p. 281).
[35] *Discours sur les sciences et les arts*, p. 29.
[36] Lettre à M. de Beaumont, p. 471, Garnier (*O.C.*, t. IV, p. 967).
[37] *Préface de Narcisse*, p. 967.
[38] *Discours sur les sciences et les arts*, p. 14.
[39] *Emile*, IV, p. 379 (*O.C.*, t. IV, p. 626).
[40] *Anthropologie et politique*, p. 74.

qui, jusqu'alors, a été le monde objectif. C'est à partir de là que des individus ont pu se satisfaire d'un monde idéal, sans s'attacher à l'Etat»[41].

Ce «monde idéal», ce peut être le monde des idées, le domaine de la création artistique, le champ de l'imaginaire, la sphère du sentiment d'existence et de l'extase; ce peut être encore, comme Jaspers l'a dit des univers de Strindberg ou de Van Gogh, celui de la schizophrénie. Le monde, en un mot, où l'individu se retire et s'abrite, libre de tout attachement à l'«Etat».

Ici encore, comme entre l'homme et le citoyen, Rousseau a découvert un conflit fondamental, qui ne devait tomber que bien après lui dans le domaine public, qui, à notre époque, a pris une de ses formes extrêmes dans le rejet de ce qu'on a appelé les auteurs «maudits», et que le XXe siècle, pas plus que l'effort de Rousseau, n'est parvenu à surmonter.

On voit bien qu'il s'agit ici de tout autre chose que de l'individu, confortablement installé dans ses revendications «libérales» qui, fort de ses «droits subjectifs», argumenterait contre le *Contrat social* comme contre un «marché de dupes».

8. Le génie d'un philosophe ne consiste pas toujours à «résoudre» les problèmes, et les problèmes insolubles, mais tout d'abord, comme Aristote l'avait dit, à les bien poser.

A partir de Hobbes, jusqu'à Pufendorf, Barbeyrac ou Burlamaqui, la théorie du pacte social avait servi surtout à fortifier l'absolutisme: l'Etat omnipotent est requis pour protéger efficacement les personnes et les biens, et l'individu a tout intérêt à se soumettre à ce puissant Léviathan qui, seul, peut lui assurer la sécurité et la paix — cette paix dont Pascal, dans un texte d'inspiration hobbienne, avait dit qu'elle était «le souverain bien». Mais Rousseau ne voit pas dans les guerres civiles le pire des maux (*C.S.*, III, IX, note), et ne croit pas que la seule préoccupation du citoyen soit sa sécurité. Aussi bien, d'après le schème du *Contrat social*, la «personne particulière de chaque contractant» ne devient pas seulement un *sujet*, mais encore un citoyen «comme participant à l'autorité souveraine». — Cette formulation toute nouvelle, et apparemment contradictoire, du problème politique et de sa solution, n'a pourtant rien d'utopique: bien au contraire, elle prétend énoncer les clauses du contrat qui «sont partout les mêmes, partout tacitement admises et reconnues»; elle indique, autrement dit, les conditions de possibilité de tout Etat quel qu'il soit. Et c'est pourtant en mettant au jour ces conditions, que le *Contrat social* renferme (et jusqu'à nos jours conserve) son impulsion révolutionnaire.

Si, contrairement à la théorie consensualiste de la tradition, l'individu-sujet se taille une part de la souveraineté, les conditions sont posées, sinon constitutionnelles, du moins anthropologiques, qui permettront à l'homme

[41] G. W. F. HEGEL, *Vorlesungen über die Philosophie der Weltgeschichte*, éd. G. Lasson, t. III, Hamburg 1976, p. 644.

d'exception, en proportion de son génie et selon le jeu des circonstances, d'assumer une souveraineté d'un autre ordre: comme législateur, conseiller du prince, censeur des mœurs, critique des civilisations-guirlandes et, pour finir, créateur d'un monde autonome qui défie l'Etat clos au nom de l'humanité, du rêve, du sentiment d'existence, au nom aussi des valeurs dont l'Etat ne garde que la contrefaçon idéologique.

Dans la VIe *Promenade*, Rousseau a porté ce mouvement libérateur à son plus haut point, quand il imagine qu'il eût été « possesseur de l'anneau de Gygès: il m'eût tiré de la dépendance des hommes et les eût mis dans la mienne ». Puis, développant cette fiction de toute-puissance, il poursuit: « Peut-être aurais-je eu dans des moments de gaieté l'enfantillage d'opérer quelques fois des prodiges: mais parfaitement désintéressé pour moi-même et n'ayant pour loi que mes inclinations naturelles, sur quelques actes de justice sévère, j'en aurais fait mille de clémence et d'équité. Ministre de la providence et dispensateur de ses lois selon mon pouvoir, j'aurais fait des miracles plus sages et plus utiles que ceux de la légende dorée et du tombeau de St Médard ».

Mais ici non plus, nous ne sommes pas dans l'utopie; la retombée s'effectue aussitôt, et en deux mouvements: « Tout bien considéré, je crois que je ferai mieux de jeter mon anneau magique, avant qu'il m'ait fait faire quelque sottise ». Enfin, rejoignant la réalité c'est-à-dire les hommes, c'est-à-dire les autres, il avoue « que je n'ai jamais été vraiment propre à la société civile... et que mon naturel indépendant me rendit toujours incapable des assujettissements nécessaires à qui veut vivre avec les hommes ».

Pas un instant, il ne songe à se demander si cette incapacité qui l'a empêché de vivre avec les hommes, ne l'a pas investi de l'autorité de les instruire. Rousseau est aux antipodes de la psychose du surhomme et de sa démesure. Et il termine ainsi: le tort de mes contemporains « n'a donc pas été de m'écarter de la société comme un membre inutile, mais de m'en proscrire comme un membre pernicieux ». Jusque dans son extrême solitude, Rousseau a accepté de se juger et de se voir jugé d'après le standard du bon citoyen. En comparaison du romantisme du siècle suivant, et du romantisme, plus proliférant encore et plus insidieux de notre propre époque, il est saisissant de lire cet aveu de modestie chez l'auteur qui est à l'origine de la société moderne et du modernisme.

IV. HEGEL

L'ABOLITION DE L'ESCLAVAGE SELON HEGEL

[Kant et Hegel considèrent l'esclavage, sous toutes ses formes, comme injuste et comme incompatible avec l'essence même de l'homme. Pourquoi Kant exige la suppression brusque de l'esclavage, alors que Hegel n'en recommande que l'abolition progressive. Solidarité de cette dernière thèse avec la philosophie de l'histoire et la philosophie politique de Hegel. A partir de quoi on pose, d'une manière générale, le problème d'une philosophie de l'histoire, à partir, surtout, de la *Dialectique transcendantale.*]

"L'esclavage est en soi et pour soi injustice, car l'essence de l'homme est la liberté" (*Leçons sur la Philosophie de l'Histoire,* 2e éd. G. Lasson, t. I, p. 216).

1. Si ces deux thèses avaient un sens simplement normatif, il n'y aurait, face à l'esclavage, tel qu'il est apparu au cours de l'histoire et "jusque dans les temps les plus modernes" *(Ibid.),* aucun problème théorique (la condamnation morale en tiendrait lieu), ni pratique (l'action politique travaillant à sa suppression immédiate en découlerait, à titre d'impératif, d'une manière analytique).

Mais cette position de moraliste ne saurait être celle de Hegel. Elle imiterait ces "raisonneurs dont l'entendement se donne la continuelle satisfaction de pouvoir proposer, contre tout ce qui est, un devoir-être et, par là, un savoir-mieux", elle se contenterait du "mauvais infini" et tomberait dans la *contradiction* entre "l'idée subjective du Bien" et "l'idée du Vrai": prenant la suite de la "philosophie kantienne et fichtéenne", elle placerait "le point culminant où se résolvent les contradictions de la raison dans le *devoir-être,* lequel, en fait, est bien plutôt le point de vue où l'on demeure encore dans la finitude et, par là, dans la contradiction" *(Science de la Logique,* éd. G. Lasson, t. I, pp. 124, 128; *Encyclopédie,* 5e éd. J. Hoffmeister, §§ 233-234).

2. Cette opposition générale, clairement formulée, entre la philosophie kantienne et la doctrine de Hegel se vérifie très exactement sur le point en question.

"L'affirmation de l'absolue injustice de l'esclavage s'en tient au *concept* de l'homme, en tant qu'esprit, en tant que libre *en soi*, et elle est unilatérale, parce qu'elle pose l'homme comme étant libre par *nature* ou, ce qui revient au même, parce qu'elle prend pour le vrai le concept en tant que tel dans son immédiateté, et non pas l'idée." Or, il ne faut pas "réduire l'esprit objectif, le contenu du droit, à son concept sujectif", ce qui, en l'espèce, signifie: "Que l'homme en soi et pour soi ne soit pas destiné à l'esclavage, —ne pas interpréter cela comme un simple *dévoir-être*, ne peut se faire que si l'on comprend que l'idée de liberté n'est véritable qu'en tant qu'*Etat*" *(Principes de Philosophie du Droit,* 4e éd. J. Hoffmeister § 57, pp. 66-67).

Cette "compréhension", en revanche, nous permet, à la fois, de porter un jugement correct sur l'esclavage des temps passés et, en face du présent, d'adopter une attitude moralement correcte: "Présent dans l'Etat, l'esclavage est lui-même un moment du progrès, à partir de l'existence simplement singulière, sensible, un moment de l'éducation, une manière de participer à une moralité supérieure et à la formation qui s'y trouve liée. En soi et pour soi, l'esclavage est injustice, car l'essence de l'homme est la liberté; mais il doit d'abord devenir mûr pour celle-ci. L'abolition progressive de l'esclavage est donc quelque chose de plus adéquat et de plus correct que sa suppression brusque" *(Phil. de l'Hist., loc. cit.).*

Ces textes sont antithétiquement opposés à l'enseignement de Kant: "J'avoue ne pas pouvoir approuver cette expression dont se servent d'ailleurs aussi des hommes prudents: certain peuple (en train d'élaborer une liberté légale) n'est pas encore mûr pour la liberté; les serfs d'un propriétaire ne sont pas encore mûrs pour la liberté; et de même aussi: les hommes en général ne sont pas encore mûrs pour la liberté confessionnelle. Dans une telle supposition, la liberté ne se produira jamais; car on ne peut pas devenir mûr pour celle-ci, si tout d'abord on n'a pas été affranchi (il faut être libre, pour pouvoir se servir convenablement de ses forces dans la liberté). Les premières tentatives seront sans doute grossières, généralement aussi accompagnées d'une situation plus difficile et plus dangereuse, que quand on était encore soumis aux commandements, mais aussi au soin d'autrui; mais l'on ne devient jamais mûr pour la raison, si ce n'est par ses propres tentatives (et pour pouvoir les effectuer, il faut être libre). Je ne vois pas d'inconvénient à ce que ceux qui détiennent le pouvoir, obligés par les circonstances, renvoient à plus tard, à beaucoup plus tard la rupture de ces trois chaînes. Mais poser en maxime qu'à ceux qui se trouvent vivre dans leur sujétion, la liberté ne vaut rien et qu'on a le droit de les en écarter à jamais, c'est porter atteinte aux régales de la Divinité même, qui créa l'homme pour la liberté. Il est plus commode, sans doute, de dominer, dans l'Etat, dans la famille, dans l'Eglise, quand on a la force pour imposer une telle maxime. Est-ce aussi plus juste? *(La religion dans les limites de la simple raison,* éd. K. Vorländer, p. 212, note).

3. *Par* rapport à ce texte de Kant, on pourrait, en première approche, caractériser la position hégélienne comme étant celle de la politique contre la morale, de la prudence ("des hommes prudents", disait Kant) contre l'intransigeance, voire du réalisme réfléchi contre l'idéalisme juvénile.

Il n'est pas sûr, cependant, que cette manière de voir soit bonne. Ni objectivement (le "réalisme", en matière de politique, n'est pas toujours payant, et il est des situation où le recours à la morale est la meilleure politique, la plus réaliste), ni du point de vue des deux auteurs (lequel, fondamentalement, n'est pas d'ordre moral ou politique, mais philosophique). D'une manière générale, si l'attitude hégélienne est justiciable de la morale, elle ne l'est précisément pas en première approche, et, bien entendu, ce serait allier au psychologisme, la platitude *(Seichtigkeit,* dirait Hegel), que de l'expliquer par ce que Haym a appelé "l'esprit de réaction".

Le motif —philosophique, s'entend— le plus formel qui inspire le jugement de Hegel est son idée de temps. Sans doute, "seules les choses de la nature sont soumises au temps, dans la mesure où elles sont finies; en revanche, le vrai, l'idée, l'esprit sont éternels. Mais le concept d'éternité ne doit pas être pris négativement, comme une abstraction du temps, comme si l'éternité existait en quelque sorte hors du temps" *(Enc.,* §258). Or, les trois *catégories* sous lesquelles se manifeste l'esprit dans l'histoire sont celles de *changement,* de *rajeunissement,* de *raison.* Si la nature ne retire du temps, comme unique profit, que "sa répétition uniforme", sans faire de progrès, il en va autrement de l'esprit : « ici, le changement ne s'opère pas seulement en surface, mais dans le concept. C'est le concept même qui est corrigé... Dans l'esprit, tout changement est progrès". C'est qu'"il est conforme au concept de l'esprit que le développement de l'histoire se place dans le temps", et il faut dire que "l'histoire universelle en général est le déploiement de l'esprit dans le temps, de même que c'est dans l'espace que l'idée se déploie comme nature" *(Phil. del'Hist.,* t. I, pp. 10-12; 133-134).

4. Cette conception d'un temps créateur —qui fait déjà songer à la doctrine de Bergson— place le progrès, non pas dans l'individu, mais dans l'esprit universel. Or, déjà dans le passé, les grands hommes n'ont été que des "instruments inconscients" de l'esprit, dont ils réalisent sans doute l'« action substantielle", mais non pas à titre d'"objet et de fin", puisqu'elle leur

demeure "cachée" *(Phil. du Droit,* §§ 344, 348). A plus forte raison, le sens de l'histoire échappe-t-il, dans la situation présente, à la "liberté subjective" et à la "réflexion abstraite" des réformateurs, qui, fiers de leur "mécontentement moral" et se posant en défenseurs de "la raison, du droit, de la liberté", inventent, "surtout de nos jours", des "constitutions idéales" et, plus généralement, "des idéaux"; après quoi "ils se donnent la satisfaction de ne pas trouver le présent conforme à leurs pensées, maximes et conceptions; à une telle existence, ils *opposent* leur *devoir-être,* qui serait le droit objectif" *(Phil. du Droit,* § 124; *Phil. de l'Hist.*, p. 86). Mais "le moment absolument décisif du tout n'est pas l'individualité en général, mais *un* individu, le *monarque*" *(Phil. du Droit,* § 279).

Sur les deux points signalés, la position de Kant est fort différente, précisément parce qu'il ne tient pas l'Etat pour une instance ultime. 1° Certaines relations entre individus (comme celles, sans aucun doute, de l'esclavage ou du servage) devront être envisagées et appréciées d'une manière intemporelle, et détachées du devenir historique de l'Etat où elles peuvent apparaître. Kant formule ainsi, dans un tout autre contexte, il est vrai, ce principe général « Dans la relation purement morale ou juridique, ...où les hommes se trouvent en tant qu'êtres intelligibles, on *abstrait logiquement* de tout ce qui est physique (de ce qui se rapporte à leur existence dans l'espace et le temps"; "dans la pure relation juridique, on fait abstraction de toutes les conditions physiques (du temps) » *(Métaphysique des Moeurs,* 3e éd. K. Vorländer, p. 114, note) ; 2° Sur le droit de critique, les textes sont nombreux, et il suffit de citer celui-ci : « Il doit y avoir une *obéissance* à l'égard du mécanisme de la constitution de l'Etat suivant des lois de contrainte (qui se rapportent au tout), mais en même temps un *esprit de liberté,* puisque chacun, en ce qui concerne le devoir d'humanité en général, demande à être convaincu par la raison que cette contrainte est légitime, afin de n'être pas poussé dans une contradiction avec lui-même". Kant ajoute prophétiquement: "La première condition, sans la dernière, est la cause qui provoque toutes les *sociétés secrètes" (Sur le lieu commun* etc., in *Opuscules de philosophie de l'histoire* etc., éd. K. Vorländer, pp. 103-4).

5. Surtout, l'esclavage n'est pas, en dépit des apparences, un problème quelconque, un problème particulier sur lequel, à la rigueur, on pourrait accepter des propositions de réformes ou en discuter, entre simples citoyens, comme, par exemple, des projets de codification, contre Savigny *(Droit,* § 211). Il s'agit, au contraire, du problème même de l'Etat et de l'histoire universelle, laquelle est "le progrès dans la conscience de la liberté, progrès dont nous aurons à connaître la nécessité"; et c'est tout un de dire que "l'objet plus précisément déterminé de l'histoire universelle en général, c'est

l'Etat, où la liberté obtient son objectivité et vit dans la jouissance de cette objectivité" *(Hist.*, t. I, pp. 40, 94).

Dépasser l'état d'esclavage est donc, à la fois, conforme au concept et soustrait à l'arbitraire de la volonté subjective: "L'esclavage ne doit pas être, puisque, d'après le concept de la chose, il est en soi et pour soi injuste. Le devoir-être exprime quelque chose de subjectif; en tant que tel, il n'est rien d'historique. Ce qui manque encore au devoir-être, c'est la moralité substantielle d'un Etat. L'esclavage n'existe pas dans des Etats raisonnables; mais avant l'avènement de tels Etats, l'idée véritable n'existe, par certains de ses côtés, que comme un devoir-être, et là, l'esclavage est encore nécessaire: il est un moment du passage à un degré plus élevé" *(Hist.*, t. I, p. 216).

Cette "nécessité" ne traduit pas seulement un moindre mal, ni même, pour parler avec Bergson, l'obligation d'attendre que le sucre fonde. Tout d'abord, l'esclavage, au cours de l'histoire, a pu rendre des services réels et, plus précisément, des services à la liberté, à Athènes, par exemple, ou à Sparte: "L'esclavage était la condition nécessaire d'une telle belle démocratie" *(Hist.*, t. III, p. 611).

Sous la forme du servage, il a été cause de bienfaits encore sensibles aujourd'hui: "La dureté du sentiment egoïste, pris dans sa singularité, a été brisée et broyée par l'effroyable discipline du moyen âge. Les deux verges d'airain de cette discipline étaient l'Eglise et le servage. L'Eglise a placé le sentiment hors de lui-même, a conduit l'esprit à travers la servitude la plus rude, en sorte que l'âme ne s'appartînt plus à elle-même... De même le servage, où son corps n'est pas à l'homme, mais appartient à autrui, a traîné l'humanité à travers toute la grossièreté de la servitude et du désir sans frein, et cette grossièreté s'y est brisée elle-même. Ce n'est pas tellement *de* la servitude, que l'humanité a été libérée, que bien plutôt *par* la servitude. Car la grossièreté, le désir, l'injustice sont le mal; l'homme, en tant qu'il y est pris, est incapable de la moralité et de la religiosité, et c'est précisément de ce vouloir violent que la discipline l'a libéré *(Hist.*, t. IV, p. 875).

6. Plus précisément encore, cette discipline, dont l'esclavage et le servage ne sont que des formes historiques, des *manifestations,* constitue l'instrument principal de ce qu'on pourrait appeler "l'éducation du genre humain" (conception qui, chez Lessing, est simplement "ingénieuse, mais ne touche que de très loin ce dont il est question ici"; *Hist.*, t. I, p. 130). Le nom véritable, et le plus fondamental, de cette discipline est celui de *travail.* On sait le lien qu'établit la célèbre "dialectique du maître et de l'esclave" entre la crainte du maître, qui est "le commencement de la sagesse", et le travail qui est "désir entravé, disparition différée, ou il *forme*". "Sans la discipline du service et de l'obéissance, la crainte en reste au formel, et ne se répand pas sur la réalité consciente de l'existence" (*Phénoménologie de l'esprit*, 3e éd. G. Lasson, pp. 148-9).

Or, s'il est vrai, comme nous essaierons de le montrer ailleurs, que ce texte de la *Phénoménologie* décrit le passage de l'état naturel à l'état civil, ou, comme Hegel l'indique lui-même, "le commencement des Etats", on conçoit que "la violence" qui préside à ce commencement, soit "le moment nécessaire et légitime du passage", à la fois par la *crainte* salutaire qu'elle suscite et par le *service* qu'elle institue (*Encyclopédie*, § 433).

Mais ce qui se présente, du point de vue de l'histoire, comme "le commencement des Etats", subsiste, du point de vue du concept, dans tout Etat quel qu'il soit, sous la forme, justement, de la "société civile" que l'on peut "considérer d'abord comme l'*Etat extérieur*, Etat de *nécessité*" (Droit, § 183). Or, c'est dans la société civile que s'opèrent la *formation* et la *libération*. Et "cette libération est dans le sujet le *dur travail* contre la simple subjectivité du comportement, contre l'immédiateté du désir, aussi bien que contre la vanité subjective du sentiment et l'arbitraire du bon plaisir. Que la libération soit ce dur travail, constitue une part de la défaveur qui la frappe. Mais c'est par ce travail de formation, que la volonté subjective même acquiert en elle l'*objectivité*, dans laquelle seule elle est, de son côté, digne et capable d'être la *réalité* de l'idée" (*Droit*, § 187, p. 169).

Or si l'on la replace ainsi, comme l'exégèse devrait le faire, dans la société civile, la relation: maîtrise-servitude, ainsi que son renversement dialectique ne sont plus seulement un événement, ni même une catégorie, historique: ils expriment la structure permanente de la société civile en tant que "système des besoins", c'est-à-dire en tant que "système de dépendance universelle" (*Droit*, § 183), où tous les citoyens, les uns à l'égard des autres, sont à la fois maîtres et serviteurs.

7. Il serait donc tout à fait inexact d'attribuer le conseil de n'abolir l'esclavage que progressivement à de vagues considérations de "prudence" politique. Au juste, il ne s'agit même pas d'un conseil ni d'un impératif (qui, à son tour, tomberait sous la condamnation du *devoir être)*, mais d'une affirmation et, comme celle-ci s'appuie sur l'enseignement de l'histoire, d'une constatation; on pourrait presque dire que Hegel formule un jugement de fait, bien plutôt qu'un jugement de valeur: "L'abolition progressive de l'esclavage est donc quelque chose de plus adéquat et de plus correct que sa suppression brusque".

Cette constatation, on vient de le voir, est étroitement solidaire de la conception hégélienne de l'histoire et de sa philosophie politique: elle tient compte de la marche progressive vers la liberté, considère la fonction formatrice du travail, même sous ses formes les plus dures, et enfin prend acte de la nécessaire servitude, inhérente au système même de la société civile.

En dépit de son opposition avec l'exigence kantienne qui, elle, avait revêtu, précisément, la forme de l'impératif, elle ne donne pas prise à la critique, tout au moins à la critique interne.

8. C'est sur la légitimité, plutôt, de sa forme même de constatation, de son mode indicatif, de sa prétention à légiférer au nom de l'histoire, qu' on pourrait la questionner. Mais cela touche un problème beaucoup plus général qu'il faut, ici, se borner à indiquer.

Selon la doctrine constante de Kant, l'idée de progrès est une idée infinie qui, à titre d'impératif, doit sans cesse guider notre action; elle n'est pas un concept constitutif, capable de nous faire interpréter scientifiquement le devenir historique, de nous faire mettre le doigt sur ce qu'on apelle aujourd'hui "le sens de l'histoire". Aussi bien l'espace temporel où se situe la validité de cette idée est-il celui-ci même où se place l'action, le présent et l'avenir. Sa contrainte impérative, par là même, est absolue et ne saurait en rien (tout comme, plus tard, chez Husserl, l'idée de philosophie rigoureuse) être impugnée ni mise en question par des constatations empiriques qui paraissent lui être contraires.

En revanche, toute philosophie de l'histoire qui, comme celle de Hegel, opère avec l'idée de progrès et en tient pour empiriquement constatables les manifestations, les réalisations, la matérialisation, pourrait-on dire, risque de confondre l'idée avec le concept (au sens kantien de ces termes), la raison avec l'entendement et de tomber sous le coup de la définition que Jaspers a donnée de la superstition: matérialiser la transcendance.

Cela à l'égard du passé. Mais, en ce qui concerne le présent et l'avenir, une fois qu'on aura concrétisé et dissous le *devoir-être* dans le cours de l'histoire universelle, on est incapable de le récupérer en tant que tel et, nous l'avons vu, Hegel l'abandonne consciemment et volontairement, au nom de l'être. Toute norme d'action, même si elle revêt la forme grammaticale de l'impératif, ne peut alors se présenter et se justifier que comme jugement de fait, déduit du sens de l'histoire et fondé sur lui. L'exigence, pour avoir répudié le prétendu "formalisme" kantien, devra emprunter son contenu aussi bien que sa forme impérative au devenir historique, auquel elle nous enjoint seulement de consentir (plutôt que de coopérer).

Or, aucune philosophie idéaliste (et toute philosophie du progrès, dès lors qu'elle aura récusé le réalisme théocentrique de la *Ciuitas Dei,* est nécessairement humaniste, subjectiviste et idéaliste) ne saurait s'évader de sa situation ou, si l'on aime mieux, de son historicité. Mais cette situation est le présent, où nous sommes obligés d'agir —ou de nous abstenir d'agir; c'est, en tout cas, par définition, une condition qui relève de la Raison pratique.

Il est alors permis de se demander si l'on n'assiste pas, en fait, à un renversement complet, et si les philosophies du progrès qui, en apparence, déduisent l'exigence d'action d'une interprétation du sens de l'histoire, ne construisent pas, en réalité, leur interprétation en fonction de l'exigence, —ou, en l'espèce, de la suspension de l'exigence.

On peut penser que, depuis Hegel, la philosophie de l'histoire a pris la place et la relève des problèmes dont la *Dialectique Transcendantale* avait prouvé qu'ils étaient inconnaissables et qu'ils reposaient sur une confusion entre la raison théorique et la raison pratique. La raison pratique, dans de telles philosophies, n'a rien à gagner, puisqu'elle s'en trouve dépossédée, et asservie à des pseudo-connaissances. Mais, en réalité l'absoluté de l'impératif, par une nouvelle "ruse de la raison", de la raison pratique, prend sa secrète revanche, puisqu'elle fournit le moteur caché des philosophies de l'histoire et dicte le "sens" que celles-ci prétendent déchiffrer au niveau empirique des événements.

État de nature et pacte de soumission chez Hegel

Le mouvement de la conscience de soi, dans la *Phénoménologie de l'Esprit*, est déterminé par sa dialectique propre : on ne saurait, sans plus, lui juxtaposer un mouvement historique ni, bien moins encore, le réduire à une philosophie de l'histoire qu'en fait il déborde de beaucoup et dont il contribuerait plutôt à définir les conditions de possibilité ; à cet égard, l'opposition : maître et esclave, en particulier (de même que F. Rosenzweig avait déjà attribué une portée générale à l'ensemble des figures historiques de ce chap. IV), peut bien être interprétée comme le « principe moteur du processus historique » (A. Kojève) ou, plus précisément, comme « une catégorie de la vie historique » (J. Hyppolite).

Il reste que Hegel lui-même a situé historiquement le stoïcisme et le scepticisme ; depuis Haym, on s'accorde à retrouver, derrière la conscience malheureuse, le christianisme médiéval. Il paraît donc légitime de se demander à quel moment de l'histoire se place la lutte pour la reconnaissance qui se termine par la relation de maîtrise et servitude.

Si l'on accepte de poser cette question et si l'on consent à donner acte à l'auteur des nombreuses références que lui-même a faites ultérieurement à ce texte, la réponse ne saurait guère être douteuse ; le texte reprend un problème traditionnel et le résout, semble-t-il, par une théorie prise, elle aussi, à la tradition : le passage de l'état de nature à l'état de société, achevé par le pacte de soumission (ou de domination, *Herrschaftsvertrag*, selon la terminologie des théoriciens allemands du XVIIIe siècle). — On essaiera de montrer ci-après que l'apparente insignifiance de cette constatation n'enlève rien à sa portée.

* * *

1. C'est Rousseau qui, dans son *Deuxième Discours*, avait renouvelé ce problème, en le liant, précisément, à celui de la genèse de la conscience de soi (*Préface*, in *Du contrat social*, etc., éd. H. Guillemin, Paris, 1963, en part. p. 245 : « C'est dans ces changements successifs de la constitution humaine qu'il faut chercher la première origine des différences qui distinguent les hommes », et p. 247 : « C'est cette ignorance de la nature de l'homme qui jette tant d'incertitude et d'obscurité sur la véritable définition du droit naturel »). Aussi les éléments empruntés au *Discours sur l'inégalité* sont-ils nombreux, et l'exégèse aurait intérêt à en faire le recensement, en dehors de tout souci d'érudition. Indiquons seulement quelques points.

La conscience de soi se saisit d'abord comme « simple genre » (*Gattung*), avant de se découvrir dans autrui. « Le premier regard, écrit Rousseau, qu'il [l'homme] porta sur lui-même y produisit le premier mouvement d'orgueil ; c'est ainsi que sachant encore à peine distinguer les rangs, et se contemplant au premier par son espèce, il se préparait de loin à y prétendre par son individu » (p. 294). — C'est le « regard » (*Anschauen*) qui, chez les deux auteurs, fait naître l'expérience de l'*alter ego*, puis l'affrontement : « Chacun, écrit Rousseau, commença à regarder les autres et à vouloir être regardé soi-même, et l'estime publique eut un prix » (p. 299). — L'enjeu de cet affrontement, chez Hegel, est la « reconnaissance » (*Anerkennen*) et, chez Rousseau, la « considération » : « Sitôt que les hommes eurent commencé à s'apprécier mutuellement, et que l'idée de la considération fut formée dans leur esprit, chacun prétendit y avoir droit, et il ne fut plus possible d'en manquer impunément pour personne. ... De là, tout tort volontaire devint un outrage, parce qu'avec le mal qui résultait de l'injure l'offensé y voyait le mépris de sa personne, souvent plus insupportable que le mal même. » (p. 299-300). — C'est Rousseau également qui avait insisté sur la relation entre le maître et l'esclave, non pas en général, mais très précisément sur son renversement dialectique : « De libre et indépendant qu'était auparavant l'homme, le voilà, par une multitude de nouveaux besoins, assujetti pour ainsi dire à toute la nature, et surtout à ses semblables, dont il devient l'esclave en un sens, même en devenant leur maître : riche, il a besoin de leurs services ; pauvre, il a besoin de leurs secours » (p. 306).

— C'est Rousseau, enfin, qui avait attribué au *travail*, à la fois l'origine servile et sociale, et la fonction civilisatrice. — A quoi l'on peut ajouter, encore qu'elle soit faite dans une tout autre intention, la référence terminale du *Discours* à « l'ataraxie du stoïcien ».

2. Ces brèves citations du *Discours sur l'inégalité* (qui seraient à compléter, comme on le verra plus loin, et, surtout, à confronter, dans leur mouvement d'ensemble, avec celui du texte hégélien) suffisent à situer dans l'histoire — c'est-à-dire au commencement de l'histoire — l'analyse de Hegel et à préciser, sinon l'ensemble du problème qu'elle traite, du moins le point où celui-ci s'insère dans la tradition.

Plus tard, Hegel reviendra à ce problème, plus explicitement, mais aussi plus brièvement. Rien de ce qu'il écrira alors ne contredit la *Phénoménologie*, mais pourrait servir à l'interpréter, de même, à l'inverse, que celle-ci pourrait fournir un commentaire aux textes plus tardifs. On se bornera ici à quelques indications, relatives à ce seul problème du passage à l'état de société.

Ce qui frappe le plus dans la *Phénoménologie*, c'est que la genèse de la conscience de soi y est retracée d'une manière entièrement objective (sans qu'à aucun instant interviennent ni un jugement moral ni une polémique contre d'autres théories) et dialectique (la progression semble s'effectuer par le seul jeu des concepts, sans recourir à des descriptions concrètes ni à des références historiques). Il en va tout autrement dans les textes ultérieurs.

Parlant de l'état de nature, Hegel critique à plusieurs reprises les théories qui placent la perfection au commencement de l'histoire et qui admettent au départ, soit un état d'innocence, soit un état paradisiaque, soit un état de droit et de liberté. Au fond de toutes ces « fictions », il y a une confusion entre ce qu'est l'homme selon son concept et ce qu'il est dans son *état naturel*, dans son *existence*. C'est cette dernière condition seule qu'il convient de placer au commencement, et elle constitue « un état d'injustice, de violence, de tendances non réprimées, d'actes et de sentiments inhumains ». Or, ce jugement s'applique à un état qui est caractérisé, exactement comme dans la *Phénoménologie*, par le *désir* (*Begierde*), la *singularité*, la « conscience immergée » (*Leç. sur la phil. de l'histoire*[2], éd. G. Lasson, t. I, 1920, p. 138, 96 ; *Encyclopédie*[5], éd. J. Hoffmeister, 1949, § 502 ; *Princ. de la phil. du droit*[4], éd. J. Hoffmeister, 1955, § 57, 194).

3. Dire qu'il y a là un état d'injustice et de violence, c'est porter un jugement moral et politique sur une condition qui, elle-même, ignore encore la différence entre le bien et le mal (*Hist.*, *loc. cit.*, p. 209) ou, comme l'avait dit Rousseau, « les hommes dans cet état... ne pouvaient être ni bons ni méchants, et n'avaient ni vices ni vertus » (*Sec. Disc.*, p. 278).

Aussi, quand on essaie de saisir cette condition le plus près possible de son propre niveau, peut-on la caractériser comme une « innocence engourdie, sans calcul » (*Droit*, § 349), où se trouvent, à l'état d'indistinction ou d'*arbitraire* (*Willkür*), la sauvagerie ou la bienveillance (*Hist.*, p. 39), l'inhumanité et la douceur (*Hist.*, p. 207). C'est un « engourdissement (*Stumpfheit*) sauvage ou doux » (*Hist.*, p. 143), ou encore une « *simplicité naturelle*, c'est-à-dire, moitié altruisme passif, moitié grossièreté du savoir et du vouloir » (*Droit*, § 187, p. 168). — De même pour Rousseau, dans ce même *état naturel* et pré-moral, la *pitié* a « été donné(e) à l'homme pour adoucir en certaines circonstances la férocité de son amour-propre » (*Sec. Disc.*, p. 280).

4. Cet état primitif, selon Rousseau, est, de fait, un état de paix : les hommes « n'avaient entre eux aucune espèce de commerce » et étaient « plus attentifs à se garantir du mal qu'ils pouvaient recevoir, que tentés d'en faire à autrui ». C'est seulement quand « les hommes eurent commencé à s'apprécier mutuellement, et que l'idée de la considération fut formée dans leur esprit », que débute le deuxième stade, celui qui correspond, chez Hegel, à la « lutte pour la reconnaissance », et que Rousseau appelle la *Jeunesse du monde* : « Cette période du développement des facultés humaines, tenant un juste milieu entre l'indolence de l'état primitif et la pétulante activité de notre amour-propre, dut être l'époque la plus heureuse et la plus durable » (*Sec. Disc.*, p. 284, 299-300, 301).

Mais pour Hegel, on l'a vu, cet état primitif est un état d'injustice et de violence (en quoi, comme on l'indiquera plus loin, Hegel se sépare de Rousseau, pour se rapprocher de Hobbes). Et ce jugement global peut se préciser et s'illustrer par l'étude d'un continent où, jusqu'à nos jours, s'est conservé intact « ce qu'on a appelé l'*état d'innocence*, celui de l'unité de l'homme avec Dieu et avec la nature », à savoir l'Afrique (*Hist.*, p. 209).

Le nègre africain, en effet, « représente l'homme naturel dans toute sa sauvagerie sans frein », dans toute son « immédiateté » (p. 208). On retrouve chez lui le passage brusque de sentiments débonnaires à un fanatisme destructeur (p. 221). Mus par l'*arbitraire*, et par « l'arbitraire sensible » (p. 218, 224), soumis à la nature et cherchant à prendre sur elle un empire imaginaire (p. 211, 214), la conscience emprisonnée dans sa *singularité* (*Vereinzelung*, p. 218), les nègres possèdent un « parfait *mépris* de l'homme » (p. 214-215). Ce mépris fait comprendre « qu'en Afrique, l'*esclavage* constitue la relation fondamentale du droit » (p. 215), et il se caractérise, « non pas par le mépris de la mort, mais par l'irrespect à l'égard de la vie » (p. 217). — Au total : « L'enseignement que nous tirons de cet état d'esclavage chez les nègres, et qui est tout ce qui nous intéresse ici, est celui que nous connaissons par l'idée, à savoir que l'état même de nature est l'état de l'injustice absolue et totale » (p. 216, avec référence implicite à la p. 96).

Ce texte est remarquable à plusieurs égards :

a) On peut le lire comme une illustration concrète des analyses de la *Phénoménologie*, sous cette double réserve : il ramène la genèse progressive de la conscience de soi à la description d'un état permanent ou, plutôt, stagnant, qui « n'est susceptible d'aucune évolution ni formation » (p. 224) ; il n'envisage la conscience de soi que dans son *immédiateté*, sa *singularité*, dans sa condition de « conscience immergée ». Autrement dit : il ne conduit pas la conscience de soi jusqu'à la *reconnaissance*.

b) Par là même, ce texte sert à éclairer la relation maîtrise-servitude qui, dans la *Phénoménologie*, termine la lutte pour la reconnaissance. Cette relation ne constitue nullement, comme l'esclavage africain, un état primitif et, s'il est vrai que « l'esclavage est en soi et pour soi de l'injustice » (*Hist.*, p. 216), ce jugement ne condamne que celui-ci, mais non pas, sans restriction, celle-là.

« Dans les États africains, écrit Hegel, l'esclavage est chez lui ; il y règne naturellement. Mais ce n'est que par arbitraire que l'on fait une distinction entre maîtres et esclaves » (*Hist.*,

p. 216). Cette dernière phrase, qui paraît étonnante, prend tout son sens à la lumière de la *Phénoménologie.* La distinction, en effet, que ce dernier texte établit entre le maître et le serviteur (cette traduction du mot *Knecht* sera justifiée plus loin, § 12 *i f.* ; en attendant, elle a au moins le mérite de maintenir en suspens le problème que pose ce mot, au lieu de le trancher par prétérition en traduisant, inexactement, par « esclave », comme on a coutume de le faire), n'a rien d'arbitraire : elle porte sur deux hommes, libres initialement et capables, chacun, de dire *moi*, dont le combat à outrance s'est terminé par le courage de l'un et la peur de l'autre. Elle repose donc sur une différence de valeur, alors que l'esclavage africain, c'est-à-dire primitif, suppose un mépris et une « absence de valeur » (*Wertlosigkeit*, p. 215) de l'homme, et « l'issue des batailles se décide généralement par le hasard » (p. 221).

c) D'où l'on voit aussi pourquoi l'*état naturel*, tel qu'il s'est perpétué en Afrique, « n'est susceptible d'aucune évolution ni formation » et qu'on peut le décrire comme un état de stagnation, où l'*arbitraire* et le *hasard* peuvent bien modifier et inverser les rapports entre vainqueurs et vaincus, entre maîtres et esclaves : de ces bouleversements apparents, il ne résulte pas le moindre progrès historique, parce qu'ils ne font pas accéder à cette vérité que « la vie en général n'a de valeur que dans la mesure où dans l'homme il y a une valeur supérieure. Le mépris de la vie chez le nègre... (vient de ce que) là vie en général n'a aucune valeur » (p. 218). Tant qu'il reste enfermé dans cet état primitif, l'homme est encore incapable de décider et de soutenir la lutte pour la *reconnaissance*, et les « batailles sanglantes » (p. 221) sont livrées pour rien. Cet état appartient donc à la préhistoire.

d) La lutte pour la reconnaissance, au contraire, se place au commencement de l'histoire ; ce n'est qu'à partir d'elle que commence vraiment la dialectique, la progression, l'histoire, en un mot. Aussi bien ces deux stades sont-ils nettement distingués, quand Hegel, avec référence explicite à la *Phénoménologie*, écrit dans la *Philosophie du Droit* : « Avant le commencement de l'histoire réelle, se placent, d'une part, l'innocence engourdie, sans calcul et, d'autre part, le courage de la lutte formelle de la reconnaissance et de la vengeance » (§ 349 : sur la vengeance, cf. *ibid.*, § 102, et, à ce même niveau de la lutte pour la

« considération », chez Rousseau : « Chacun punissant le mépris qu'on lui avait témoigné d'une manière proportionnée au cas qu'il faisait de lui-même, les vengeances devinrent terribles », *Sec. Disc.*, p. 300).

5. Cette distinction est posée encore plus clairement dans le texte de l'*Encyclopédie* sur la « conscience de soi reconnaissante ». Ce texte est non seulement exactement parallèle à celui de la *Phénoménologie* ; il en formule proprement le commentaire hégélien et en dégage, sous une forme remarquablement condensée, toute la signification historique et politique : on voit mal de quel droit l'exégèse négligerait ce commentaire que l'auteur a donné de son propre texte : « La lutte pour la reconnaissance et la soumission à un maître est la manifestation sous laquelle la coexistence des hommes est apparue comme un commencement des *États*. La *violence*, qui est le fondement de cette manifestation, n'est pas pour autant fondement du *droit*, encore qu'elle soit le moment ***nécessaire*** et ***légitime*** dans le passage de l'***état*** où la conscience de soi est immergée dans le désir et la singularité, à l'état de la conscience de soi universelle. Il s'agit du *commencement* extérieur ou *manifesté* des États, non de leur *principe substantiel* » (*Enc.*, § 433).

Ce texte — et c'est tout ce que nous en retiendrons pour le moment — situe la lutte pour la reconnaissance comme un « passage » entre l'état dit d'innocence et l'état civil (le « commencement des États ») et la qualifie, du point de vue de la justice. Préludant à l'état civil, lequel, une fois institué, va progresser vers la liberté et la justice, la lutte pour la reconnaissance et la soumission qui la termine se fondent bien sur la violence. Mais cette violence n'est pas, comme celle qui s'exerce dans l'état naturel, une « absolue et totale injustice » (*Hist.*, p. 216). Sans être « fondement du droit », elle est cependant « nécessaire et légitime » (« justifiée », pourrait-on presque traduire : *berechtigt*). C'est que cette violence institue et consolide l'état civil, et l'esclavage qu'elle laisse subsister n'est plus celui des temps préhistoriques. Ce nouvel esclavage, « en tant que présent dans l'État, est lui-même un moment du progrès, à partir de l'existence seulement singulière, sensible ; il est un moment de l'éducation, une manière de participer à une moralité plus élevée et à la formation qui y est liée. En soi et pour soi, l'esclavage est injustice, car l'essence de l'homme est la liberté ; mais il doit d'abord devenir mûr pour celle-ci. L'abolition progressive de l'esclavage est donc quelque chose de plus adéquat et de plus correct que sa suppression brusque » (*Hist.*, p. 216). — Les deux dernières phrases de ce texte débordent le problème précis qu'on s'est posé ici et feront l'objet d'une publication ultérieure (à paraître dans les *Actes* du XIIIe Congrès international de philosophie).

* * *

6. Avant d'envisager dans son contenu l'état de choses créé par la lutte pour la reconnaissance, on peut se demander si, d'après sa forme, il ne repose pas sur un contrat. « La soumission à un maître », qui termine cette lutte et *commence* les États, semble, en effet, évoquer la théorie du pacte de soumission.

Hegel, toutefois, ne le dit pas expressément, et cette omission, jointe à la substitution du mot *serviteur* à celui d'*esclave*, employé dans la terminologie classique, nous avertit qu'il prend ses distances à l'égard de cette théorie, de même que, plus généralement, Hegel préfère parler de « droit philosophique » plutôt que de « droit naturel » (*Droit*, § 3, p. 22), cette dernière expression étant « ambiguë », parce qu'elle confond le droit et le fait (*Encyclopédie*, § 502, critique que nous avons déjà rencontrée plus haut, § 2, *i. f.*). Or, telle est, précisément, la faute où tombent les théories du contrat et, si Hegel garde le schème général du pacte de soumission, ce n'est pas sans lui faire subir une réinterprétation qui en modifie profondément le sens.

a) Il faut distinguer, en effet, le concept de l'État de son commencement historique. Or, d'après son concept, « la nature de l'État ne repose pas sur la relation contractuelle, que l'on prenne l'État comme un contrat de tous avec tous ou comme un contrat de tous avec le prince et le gouvernement... En dépit de leur différence, ces deux points de vue ont ceci de commun, c'est de transposer les déterminations de la propriété privée dans une sphère qui est d'une nature tout autre et supérieure » (*Droit*, § 75). Les deux théories classiques, pacte de société et pacte de soumission, sont renvoyées, ici comme ailleurs (*ibid.*, § 258), dos à dos. Mais si toutes deux, semble-t-il, méconnaissent le concept d'État, les deux théories sont fort différentes en ce qui concerne le concept de *personne* : à cet égard, la doctrine du pacte social est nettement supérieure à sa rivale et, par là même, elle atteint de plus près l'essence de l'État.

b) La thèse du pacte de soumission ignore entièrement que l'on ne saurait « contraindre », dans l'homme, que « son côté physique et extérieur », mais non pas sa « libre volonté » (*Droit*, § 91) ; elle ignore que sont « inaliénables les biens, ou plutôt les déterminations substantielles... qui constituent ma personne au sens le plus propre et l'essence générale de ma conscience de soi, telles que ma personnalité même, ma libre volonté en général, ma moralité, ma religion » (*Droit*, § 66).

Comme exemples de l'aliénation de la personnalité, Hegel, dans le même paragraphe, cite l'esclavage et le servage ; comme exemples de l'aliénation de la « rationalité intelligente et de la moralité », il indique « l'autorité que je cède à autrui de me prescrire des actes que je devrai commettre (si quelqu'un se vend expressément pour commettre un pillage, un assassinat, etc., ou en vue de la possibilité de commettre des crimes) » (*Ibid.*, p. 73).

De même, dans sa critique de Pufendorf, Rousseau avait écrit : « Le bien que j'aliène me devient une chose tout à fait étrangère et dont l'abus m'est indifférent ; mais il m'importe qu'on n'abuse point de ma liberté, et je ne puis, sans me rendre coupable du mal qu'on me forcera de faire, m'exposer à devenir l'instrument du crime » (*Sec. Disc.*, p. 317-318) ; « une telle renonciation est incompatible avec la nature de l'homme ; et c'est ôter toute moralité à ses actions que d'ôter toute liberté à sa volonté » (*Du Contrat social*, I, IV). — Notons cependant que Hobbes, en tout cas, avait prévu l'objection, en exceptant, de l'obéissance absolue du vaincu, les actes « contraires aux lois divines » (*De Cive*, VIII, § 1 *i .f.*).

En revanche, la théorie du pacte de société et, plus précisément la forme qu'elle prend, chez Rousseau, du contrat social, pèche, dans une certaine mesure, contre l'idée d'État (elle détermine la volonté générale, non pas par sa rationalité, mais seulement par « ce qu'il y a de commun » aux volontés singulières), mais non pas contre l'idée de personne (Rousseau « a eu le mérite de rechercher un principe qui soit *pensée*, non pas seulement selon sa forme, mais selon son contenu, à savoir la pensée elle-même, c'est-à-dire la volonté ») (*Droit*, § 258, p. 209, *i. f.*) ; or, « la volonté n'est véritable et libre volonté qu'en tant qu'intelligence *pensante*. L'esclave ne sait pas son essence, son infinité, la liberté, il ne se sait pas comme essence ; — et c'est lui-même que, de cette manière, il ne sait pas, c'est-à-dire il ne se *pense* pas » (*Droit*, § 21, p. 41).

c) D'où l'on voit que le reproche, conjointement adressé aux deux théories, de « transposer les déterminations de la propriété privée dans une sphère qui est d'une nature tout autre », n'a pas du tout, dans les deux cas, le même sens. Si toutes deux, en effet, semblent ignorer la nature de l'État, la théorie du contrat de société connaît au moins le droit civil. Elle opère cette *transposition* en connaissance de cause, en connaissance de ce qu'est la personne, humaine et juridique, à savoir liberté.

La théorie du pacte de soumission, au contraire, en est encore à traiter l'homme « selon son existence *immédiate* », comme « un être naturel, extérieur à son concept » (*Droit*, § 57 déb.). Or l'idée même de propriété suppose une claire distinction entre la personne qui se sait libre et la chose où sa volonté personnelle « devient objective » (*Droit*, § 46). Mais la doctrine du pacte de soumission, traitant l'homme comme un simple *Naturwesen* et susceptible d'esclavage (§ 57, p. 66), n'est pas encore parvenue au niveau de cette distinction et ignore, par conséquent, la distinction qui s'y trouve liée entre la propriété et les biens inaliénables (§§ 65-66). Ce qui revient à dire qu'elle ignore même l'idée de contrat, qui a essentiellement pour objet la propriété (§§ 72 et 80, sous la réserve du § 67, qui ne touche pas au présent problème).

Autrement dit : cette doctrine emploie des termes dont elle ignore le sens. Le « pacte » qu'elle a en vue ne saurait fonder qu'une « injustice »; il est révocable de plein droit par « l'acte par lequel je prends possession de ma personnalité et de mon essence substantielle »; et cet acte, « ce retour en moi met à nu la contradiction qu'il y avait à donner en possession à autrui ma capacité juridique, ma moralité, ma religiosité » (§ 66, p. 73).

Ici encore, Hegel est en accord littéral avec Rousseau qui, lui aussi, avait critiqué le pacte de soumission comme étant à la fois injuste et contradictoire en soi : « Le droit d'esclavage est nul, non seulement parce qu'il est illégitime, mais parce qu'il est absurde et ne signifie rien. Ces mots, *esclavage* et *droit*, sont contradictoires » (*Du contrat social*, I, iv).

d) Mais si la théorie du contrat social définit correctement l'essence de l'homme, il est clair qu'elle atteint aussi de plus près l'essence de l'État, ayant reconnu comme *principe* de l'une et de l'autre la *volonté* (*Droit*, § 258, p. 209, *i. f.*). « Ces principes, ainsi exposés abstraitement, doivent être jugés corrects ; mais, ensuite, l'ambiguïté commence bientôt. L'homme est libre ; c'est là, en effet, la nature substantielle de l'homme ; et dans l'État, non seulement elle n'est pas abandonnée, mais tout d'abord constituée effectivement. La liberté de la nature, la disposition à la liberté n'est pas la (liberté) réelle ; car c'est seulement l'État qui est la réalisation de la liberté » (*Leçons sur l'histoire de la philosophie*[3], t. III, éd. H. Glockner, vol. 19, 1959, p. 528).

Le défaut le plus apparent de cette théorie est donc, à partir d'une juste conception de la personne et de l'État, d'interpréter ensuite la *volonté* comme de l'*arbitraire*, et de fonder l'État sur un *contrat*, lequel, à son tour, a « pour fondement », tout comme en droit civil (§ 75), « l'arbitraire, l'opinion, le consentement capricieux, exprès » (*Droit*, § 258, *loc. cit.*). C'est en cela, précisément, qu'elle « transpose les déterminations » du droit civil dans le droit constitutionnel.

Plus profondément, cependant, l'usage inadéquat fait de l'idée de *contrat*, ainsi que l'interprétation incorrecte donnée de l'idée de *volonté*, reposent sur une faute commune, qui est la confusion du droit et du fait, du concept et du commencement : si, comme le *Contrat social* l'assume avec raison, la volonté est principe de l'État, c'est de par le concept de celui-ci, et non parce que des volontés particulières en décideraient ainsi. C'est donc tout un de mettre l'arbitraire à l'origine du concept et d'engendrer l'État (historiquement ou théoriquement, peu importe) à partir de libertés particulières qui, au juste, ne sauraient exister qu'à l'intérieur d'un cadre étatique.

7. En définitive, donc, les deux théories, bien qu'à des degrés différents, manquent le concept d'État. L'une parce qu'elle prend pour fondement la violence qu'elle essaie de légaliser contradictoirement par le consentement du vaincu ; l'autre parce qu'elle construit l'État par le concours de volontés singulières et libres, alors que c'est l'État qui, tout d'abord, rend possible l'existence de telles volontés.

Mais rien n'empêche de considérer l'État, non plus d'après son concept, mais selon son commencement dans l'histoire, à condition, ici encore, de ne pas confondre le fait et le droit, l'origine et le fondement, l'existence et la réalité. A la condition, plus précisément, de ne pas conclure de l'origine historique au concept. A l'encontre de telles tentatives, Hegel, dans un texte très remarquable, insiste sur la contingence du devenir historique : « Quelle que soit ou ait été l'origine *historique* de l'État en général, ou plutôt de chaque État particulier, de ses droits et de ses déterminations, qu'il soit né de la crainte ou de la confiance, de la corporation, etc., que le fondement de tels droits se soit conçu et affermi dans la conscience comme droit divin ou positif, comme contrat ou coutume, etc., tout cela n'intéresse pas l'idée même de l'État, mais, eu égard à la connaissance scientifique qui, seule, est ici en question, c'est, en tant que manifestation, une affaire historique... L'investigation philosophique ne porte que sur l'intérieur de tout cela, sur le concept pensé » (*Droit*, § 258, p. 209).

Seule, la démarche inverse peut éclairer l'histoire : de même que, connaissant « l'état naturel par l'idée », nous avons pu, ensuite, le retrouver en Afrique (*Hist.*, p. 216), de même la connaissance philosophique de l'État nous permet « d'écarter le contingent » de l'histoire universelle (*Hist.*, p. 5) et d'interpréter celle-ci comme « la réalité de l'Esprit, dans toute sa complexité d'intériorité et d'extériorité » (*Droit*, § 341).

Or si, à la lumière du concept, on considère l'origine historique de l'État, on voit s'opérer un renversement entre les deux théories. La théorie du pacte social, qui, par son idée de libre volonté, atteint de plus près l'essence de l'État, est radicalement fausse du point de vue historique, précisément parce qu'elle projette l'essence au commencement de l'histoire (*Enc.*, § 502 ; *Hist.*, p. 95-96 ; *Droit*, § 194). La doctrine du pacte de soumission, en revanche, qui, par son idée contradictoire d'une violence consentie, manque tout à fait le concept d'État, décrit très fidèlement le commencement historique de l'État qu'elle a seulement le tort d'asseoir sur un fondement juridique. Elle prend « l'*extériorité* de la manifestation, du hasard contraignant, du besoin de protection, de la force, de la richesse, etc., non pas pour des moments du développement historique, mais pour la *substance* de l'État » (*Droit*, § 258, p. 210 ; cf. le texte de l'*Encyclopédie*, § 433, concordant jusque dans les termes, que nous avons cité plus haut).

8. On peut alors indiquer très exactement la part de vérité contenue dans la théorie de la soumission : « La prétendue légitimité de l'*esclavage* (dans toutes ses justifications détaillées par la violence physique, la captivité, le sauvetage et la préservation de la vie, la nourriture, l'éducation, les bienfaits, le propre consentement, etc.), de même que la légitimité d'une *domination* en tant que simple domination en général, et toute considération *historique* sur le droit d'esclavage et de domination supposent le point de vue où l'homme est pris pour un *être naturel* en général, selon *une existence* (dont fait partie aussi l'arbitraire), laquelle n'est pas adéquate à son concept » (*Droit*, § 57, p. 66).

Ce « point de vue » est donc faux, objectivement (d'après le concept de l'homme) et subjectivement (dans la théorie qui le légitime et le justifie). Mais il suffit de supprimer la seconde fausseté, et de situer historiquement la première, pour que ce point de vue devienne entièrement vrai et pleinement explicatif de la « manifestation » qui lui est soumise. Aussi bien, dans la suite immédiate de ce texte, Hegel peut-il écrire : « Cette manifestation antérieure et non vraie concerne l'Esprit qui n'en est encore qu'au point de vue de sa conscience ; la dialectique du concept et de la conscience seulement immédiate de la liberté provoque là même la *lutte pour la reconnaissance* et la relation de la *maîtrise* et de la *servitude* (cf. *Phénoménologie de l'Esprit*[6], p. 146 sqq., et *Encyclop. des sc. philosoph.*, § 430 sqq.) ».

Par ces deux références terminales, Hegel réunit lui-même les textes propres à éclairer la lutte pour la reconnaissance (*Phénoménologie*), « le commencement des États » (*Enc.*, § 433) et la théorie de la soumission.

Cette théorie a le seul tort d'interpréter la soumission comme le consentement à un pacte, et de prendre la « violence » comme le « fondement du droit » (*Enc.*, *loc. cit.*). Cette réserve faite, elle indique parfaitement comment s'opère le passage de l'état naturel à l'état civil. Ce qu'on pourrait appeler son constat historique concerne, en effet, non pas les rapports, arbitraires, passagers et réversibles qui caractérisent l'esclavage africain (celui de l'état de nature), mais une stabilisation effective et durable des rapports sociaux. La violence qui en est à l'origine n'est pas, on l'a dit, injustice totale, puisque, préludant à la constitution des États, elle va permettre la genèse progressive de la justice, non pas en dépit, mais en raison même de cette violence stabilisatrice qui en pose la première et primordiale condition.

Il reste à nous demander quel est, pris dans son contenu même, l'état de choses institué par la soumission qui achève la lutte pour la reconnaissance.

* * *

9. Deux traits, d'après ce même texte de l'*Encyclopédie* (§§ 434, 435), définissent cet état : 1º « La communauté du *besoin* et du soin mis en œuvre pour sa satisfaction » ; *communauté*, « puisque l'instrument de la domination, le serviteur, doit lui aussi être maintenu dans sa vie » ; 2º « L'être-pour-soi *singulier* » (mais non plus, comme dans l'état de nature, « immédiat ») du maître (dont le maître « regarde la validité » dans le serviteur et son service) et, d'autre part, « le passage à la conscience de soi générale » (grâce au travail du serviteur qui, au service du maître, « supprime sa propre volonté singulière, abolit l'immédiateté interne du désir et, dans cette aliénation et la peur du maître, fait le commencement de la sagesse »).

Essayons de dégager les conséquences de ce texte où, encore une fois, Hegel résume l'enseignement historique et politique de la « dialectique du maître et du serviteur ».

a) Ces deux traits sont ceux-là mêmes qui caractérisent la *société civile*. Celle-ci, en effet, se constitue, d'une part, comme « système des besoins » et, d'autre part, comme la conciliation du *général* et du *singulier*. Cette conciliation s'impose, comme un « ordre extérieur », par la police (*Droit*, § 231) et par la juridiction (§ 229), cette dernière n'ayant que « la signification du droit abstrait » (§ 229), conformément à cet *état de droit* dont la *Phénoménologie* déjà, dans un chapitre ultérieur (C, (BB.), VI,

A, c), avait rattaché l'origine au stoïcisme et à la relation maîtrise-servitude (éd. G. Lasson, 1929, p. 343).

b) L'instrument de « libération », par où cette société « obtient la rationalité dont elle est capable, à savoir la forme de la généralité », est le travail (*Droit*, § 187, p. 168 sq.). La fonction formatrice, libératrice et unificatrice du travail est décrite, dans ce texte, en des termes qui reprennent, souvent littéralement, la description que la *Phénoménologie* avait donnée du travail servile (« l'*immédiateté* et la *singularité* où est immergé l'esprit devront être supprimées, *weggearbeitet*, par le travail », *Droit*, p. 168 et § 194).

c) L'origine de la relation maîtrise-servitude et du « commencement des États » étant la violence, on comprend que la société civile soit appelée « l'État extérieur, l'État de nécessité » (*Droit*, § 183 ; plutôt que : « État des besoins », *Notstaat*, cf. §§ 127, 128 sur le *Notrecht*). Il s'agit du « commencement extérieur ou manifesté des États » (*Enc.*, § 433).

d) Cette violence demeure un élément constitutif de la société civile ; elle s'y retrouve sous la forme des appareils de contrainte (tribunaux et police), par lesquels « la force de la généralité » limite « l'arbitraire contingent et le bon plaisir subjectif » (*Droit*, § 185). Mais la violence, ici, est profondément transformée, précisément parce qu'elle se présente comme la « généralité » qui s'impose aux intérêts particuliers. Et cette transformation elle-même est due au « système des besoins » qui s'impose aux citoyens en vertu de sa dialectique propre et dont la sanction, policière et judiciaire, n'est que la traduction dans l'extériorité, la *manifestation*.

e) En effet, « la fin égoïste dans sa réalisation, conditionnée ainsi par la généralité, fonde un système de dépendance universelle, de telle sorte que la subsistance et le salut du particulier, ainsi que son existence juridique, sont imbriqués dans la subsistance, le salut et le droit de tous, sont fondés là-dessus et ne sont réels et assurés que dans cette interdépendance » (*Droit*, § 183).

Or le fondement de ce « système de dépendance » est dialectique : « Dans cette dépendance et réciprocité du travail et la satisfaction des besoins, l'*égoïsme subjectif* se renverse (et devient) la *contribution à la satisfaction des besoins de tous les autres* — la médiation du particulier par le général comme mouvement dialectique... (*Droit*, § 199).

C'est ce renversement, par où l'égoïsme victorieux est contraint de trouver son intérêt dans la reconnaissance des égoïsmes étrangers, c'est ce « système de dépendance universelle », qui est la leçon politique, et la seule, que contient la célèbre « dialectique du maître et de l'esclave ».

f) Dans sa *Philosophie du Droit*, Hegel indique même que la société civile pourrait faire l'économie de la lutte qui précède la relation : maîtrise-servitude, ainsi que de cette relation même, pour n'en retenir que ce renversement qui en est le résultat, attribuant l'origine de la société, « soit à la violence du maître, soit à une réunion librement consentie et introduite par les besoins unificateurs et l'échange de leur satisfaction » (§ 181).

10. Dans ce qui précède, la lutte pour la reconnaissance, la relation entre le maître et le serviteur et le retournement dialectique de cette relation ont été interprétés, conformément aux indications de l'*Encyclopédie* et de la *Philosophie du Droit*, comme aboutissant à la société civile, laquelle précède l'État, à la fois dans l'ordre chronologique (puisqu'elle en est le *commencement*) et dans l'ordre logique (puisque l'État constitué la présuppose et la conserve). Autrement dit, l'interprétation prend le texte de la *Phénoménologie*, à la lumière des textes ultérieurs, comme retraçant un moment de la genèse, de la *constitution*, dirait Husserl, de l'État.

Il y aurait place, à côté de ce commentaire, pour une lecture plus proprement historique. On pourrait se demander ainsi à quel moment de l'histoire universelle se place ce « commencement des États », s'il faut y reconnaître « la première forme de l'Esprit », qui est le monde *oriental*, ou, « exprimé plus concrètement, la relation patriarcale » (*Hist.*, p. 234), de même que, dans l'ordre de l'essence, la famille précède la société civile (*Droit*, § 181). Un texte de l'Introduction aux *Leçons sur l'histoire de la philosophie* (éd. J. Hoffmeister, 1940, réimpr. en 1944, p. 229) inclinerait à répondre par l'affirmative : ce texte caractérise le monde oriental par le rapport entre le maître et le serviteur (« la sphère du despotisme ») et par la peur (« catégorie dominante »). On se souvient que Hobbes avait traité de pair le « dominion paternel » et le « dominion despotique », ce dernier étant fondé sur « la peur de la mort » (*Leviathan*, chap. XX ; *De Cive*, chap. VIII et IX).

Sans aborder ici cette question que le texte de la *Phénoménologie* (qui passe immédiatement au monde romain, c'est-à-dire à une société civile entièrement constituée, grâce à son élaboration du droit abstrait) ne permet pas de trancher, on voudrait appeler l'attention sur deux descriptions concrètes, remarquablement concordantes, où Hegel expose ce « commencement » historique, mais, précisément, sans le situer dans une époque historique. Dans la *Philosophie du Droit* (§ 185), il s'agit de la société civile en général et, dans l'*Introduction aux leçons sur la philosophie de l'histoire* (*loc. cit.*, p. 96), il s'agit de l'état naturel, mais déjà limité par la société et par l'État : les deux textes opposent le désir, l'arbitraire, la passion, les besoins, la contingence, d'une part, et « la force de la généralité », la « médiation » qui les *limitent*, d'autre part. Les deux textes évoquent les pages de la *Phénoménologie* sur la servitude éducatrice et le travail comme « désir entravé », et leur restituent leur arrière-fond, à la fois historique (mais sans aucune précision chronologique) et, surtout, politique.

11. La description hégélienne de la société civile comme « système de dépendance universelle » (*Droit*, § 183), réserve faite de ses sources d'économie politique (*Ibid.*, § 189, p. 170), rappelle de très près celle que Rousseau avait donnée de la société naissante, parlant des « liens de servitude » qui n'étaient « formés que de la dépendance mutuelle des hommes et des besoins réciproques qui les unissent » (*Sec. Disc.*, p. 290). Cette servitude et cette dépendance, chez les deux auteurs, garantissent, tout d'abord, la survie et la durée même de cette société. Aussi bien la fonction stabilisatrice (c'est-à-dire, précisément, non-révolutionnaire) de la *soumission* et du *service* qui en résulte se reconnaît-elle, formellement, à la victoire remportée sur l'*immédiat* et l'*instantané* où s'épuise le désir, et à la production, dans le travail, de quelque chose qui *subsiste* et *demeure* (*Bestehen, Bleiben, Phénoménologie*, p. 148-149), c'est-à-dire « un instrument qui *dure* et une prévision qui envisage et assure l'avenir » (*Enc.*, § 434). En d'autres termes : si la *soumission* institue la société civile, la « dialectique du maître et du serviteur » lui confère sa structure permanente et sa permanence même.

12. Le maître n'est donc pas le prince ni le gouvernant (on sait que le gouvernement n'est traité que dans la section consacrée à l'État, niveau où la société civile n'est pas encore parvenue), pas plus que le serviteur n'est l'esclave appelé à la révolte qui renverserait la relation, selon le mode africain : l'un et l'autre préfigurent seulement ce « système de dépendance universelle » où les citoyens, les uns à l'égard des autres, sont à la fois maîtres et serviteurs. Et cela nous ramène aux théories du droit naturel.

On a vu le retournement qui se produit dans l'appréciation des deux doctrines, selon qu'on les rapporte au concept de l'État ou à son commencement dans l'histoire. On constate à présent que, si Hegel décrit ce commencement selon la théorie du pacte de soumission, il n'aboutit pas, pour autant, à l'institution d'un pouvoir gouvernemental. Et si, à l'inverse, Hegel rejette la doctrine du pacte social, appliquée à l'origine historique de l'État, il en garde le résultat : la violence et la soumission aboutissent à l'institution de la société civile, et d'elle seule.

Autrement dit : *Hegel conserve les deux théories, moins l'idée de contrat qui leur est commune, et pose les prémisses de Hobbes, pour leur donner la conclusion de Rousseau.*

Il faut préciser, en effet : *a*) que la théorie de la soumission, telle, en tout cas, qu'elle est impliquée dans le texte de la *Phénoménologie*, rappelle la genèse que Hobbes avait proposée du « dominion despotique », distingué de la « souveraineté par institution » (sans que nous ayons à nous demander ici, pas plus que Hegel ne le fait lui-même dans ses *Leçons sur l'histoire de la philosophie*, si cette genèse, où le pacte de soumission est conclu avec le vainqueur, convient avec celle du pouvoir institutionnel, où le contenu de ce même pacte revêt la forme juridique d'un contrat social) ;

b) que l'on comprend ainsi pourquoi Hegel, dans la *Phénoménologie*, substitue le terme de *serviteur* (*Knecht*) à celui d'*esclave*, en quoi Hobbes, précisément, l'avait précédé, opposant le *Servant*, lié par le pacte et jouissant d'une certaine confiance et d'une liberté relative, aux *Slaves* qui « n'ont pas d'obligation du tout » et sont gardés en prison ou maintenus dans les chaînes (*Leviathan*, chap. XX), et formulant cette même opposition, dans le *De Cive* (chap. VIII, § 2), en recourant au vocabulaire français : « Et serviunt quidem hi, sed intra ergastula, vel compedibus vincti, ideoque vocabantur non modo SERVI communi nomine, sed etiam peculiari appellatione ERGASTULI ; sicut & hodie diversa significant, UN SERVITEUR, & UN SERF, vel UN ESCLAVE. » On a vu que l'idée de pacte est remplacée, chez Hegel, par celle d'une « communauté du besoin » ;

c) que Hegel marque explicitement son accord à Hobbes pour sa description de l'état de nature : « Il prend cet état dans son sens véritable » (*Hist. de la Phil.*[3], éd. H. Glockner, t. III (vol. 19), p. 443) ; après Kant (*Religion*[5], éd. K. Vorländer, p. 104, note), Hegel approuve la proposition de Hobbes : *e tali statu exeundum* (*Hist. de la Phil.*, p. 444), proposition qu'il attribue à Spinoza, dans les *Leçons sur la Philosophie de l'Histoire*, t. I, p. 96, et qu'il prend à son compte, sans indication d'origine, dans l'*Encyclopédie*, § 502 ;

d) qu'enfin il y a une analogie évidente entre les mobiles qui suscitent et terminent la lutte pour la reconnaissance et, chez Hobbes, la compétition pour le pouvoir et l'honneur, à laquelle met fin la peur de la mort violente.

Et il faut ajouter, d'autre part, que la société civile est décrite en des termes qui reprennent la critique contre Rousseau : « la conception atomistique », selon laquelle « la volonté des *particuliers* en tant que tels serait le principe de l'État » (*Enc.*, § 98), convient parfaitement pour caractériser la société civile qui est « un système de l'atomisme » (*Enc.*, § 523).

* * *

13. Essayons de conclure.

a) Le développement de la conscience de soi, dans la *Phénoménologie de l'Esprit*, n'est certes pas une philosophie de l'histoire, ni ne s'y ramène ; au surplus, son mouvement, de la préhistoire au Moyen Age chrétien, ne coïncide pas avec le schème de l'histoire universelle, tel que Hegel l'établira plus tard.

b) Bien plutôt pourrait-on y trouver les éléments d'une philosophie politique, à considérer le rapport établi plus loin entre le stoïcisme et le droit abstrait ; puis entre la lutte pour la reconnaissance et, d'une part, la société civile et, d'autre part, les relations du droit international public (*Droit*, § 331, cf. § 349).

c) Que cet enseignement de philosophie politique n'épuise pas le contenu de ce texte, on l'a dit et accordé au début même de cet exposé. Mais ce n'est pas, ou ne devrait pas être, une raison de négliger cet enseignement, ni, dans le commentaire de ce texte, de passer sous silence les références que, dans ses ouvrages ultérieurs, Hegel lui-même y a faites.

d) Cela d'autant moins que la plupart des commentateurs, loin de s'en tenir à une simple exégèse de la conscience de soi, découvrent dans ce texte, par leurs propres moyens, des leçons politiques, telles, à la suite de Marx, que le « principe révolutionnaire », à quoi l'on ajoute, comme « l'autre moitié de la vérité », une philosophie du travail (N. Hartmann), encore que cette première leçon soit un contresens et que la seconde ne se trouve dans le texte que par implication ou, comme diraient les scolastiques, *in intentione obliqua*.

e) Pour l'historien de la philosophie, en tout cas, il est de beaucoup préférable de s'en tenir aux indications de l'auteur, lesquelles, bien que faites ultérieurement, nous instruisent au moins sur la manière dont Hegel voulait voir interpréter son texte ; on n'aura pas l'ingénuité — ou la présomption — de soutenir que ces indications, faites après coup, feraient violence au texte ou le mutileraient, d'autant qu'on a pu voir, au contraire, qu'elles contribuent à l'éclairer.

f) Que le sens politique de ce texte, rétabli d'après les indications de l'auteur, soit moins « profond » que celui qu'une certaine tradition a réussi à lui imposer, c'est, du point de vue de l'exégèse, indifférent et, du point de vue philosophique, rien moins que certain ; en revanche, il vaut la peine d'insister sur la profonde cohérence entre ce texte de la *Phénoménologie* et les ouvrages ultérieurs : elle permet de vérifier, sur le point considéré, que le reproche de « système », si souvent adressé à la philosophie hégélienne par une tradition, elle aussi menacée de sclérose, s'en prend en réalité à ce que Kant avait considéré comme « le principal office d'un philosophe » : *être conséquent*.

g) Les parallèles qu'on a relevés avec le *Discours sur l'origine de l'inégalité* et avec les traités de Hobbes n'attentent en rien à l'originalité de Hegel ; mais il n'est pas indifférent de comprendre que le problème que se pose Hegel s'insère dans la tradition et, tout d'abord, par ce lien que, à notre connaissance, personne n'avait établi avant Rousseau, entre le problème du passage de l'état naturel à l'état civil et, d'autre part, celui de la genèse de la conscience de soi.

h) Les théories du droit naturel sur l'origine et le fondement de l'État, examinées déjà dans l'article du *Journal critique*, sont utilisées, depuis la *Phénoménologie*, et synthétisées d'une manière si originale et si peu conforme à leur visée primitive que l'exégèse a de la peine, non seulement à reconnaître les éléments de la synthèse hégélienne, mais à définir les différentes valorisations, et leur renversement, de ces éléments.

i) On peut penser que ces théories ont grandement aidé Hegel à établir sa distinction entre la société civile et l'État, précisément parce que, dans son esprit, elles ne parviennent à expliquer que l'origine de celle-là, mais non pas, contrairement à leur ambition, le fondement de celui-ci.

j) La distinction entre la violence historique et la liberté comme principe et concept se retrouve dans l'exposé que Hegel a donné de la philosophie de Rousseau, où il semble bien qu'elle soit plus caractéristique de la conception de l'interprète que de celle de son auteur (*Histoire de la philosophie*[3], éd. H. Glockner, t. III (vol. 19), p. 527).

k) En fin de compte, une fois écartée l'interprétation qui, derrière le texte de la *Phénoménologie*, voudrait découvrir, comme dans un palimpseste, une philosophie de l'histoire qui en serait le sens véritable (Haym), il reste que ce texte, selon la volonté déclarée de son auteur, s'éclaire par les leçons historiques, politiques et juridiques dont il est le support, encore qu'il ne s'y réduise nullement. On a pu donner l'impression, dans ce qui précède, d'avoir insisté trop exclusivement sur ces leçons. Mais ce serait une illusion : on s'est borné à donner — et il faut bien préciser : à rendre — la parole à Hegel lui-même.

V. SCHOPENHAUER

SCHOPENHAUER LECTEUR DE LAMARCK:

LE PROBLEME DES CAUSES FINALES

La lecture de Lamarck par Schopenhauer relève sans doute de l'histoire de la philosophie plutôt que de l'histoire des sciences. Au moins présente-t-elle quelque intérêt dans ce domaine intermédiaire qu'est l'histoire des concepts et, plus précisément, du concept de finalité. Mais elle n'est pas indifférente non plus, sinon pour l'exégèse de la théorie de Lamarck, du moins pour l'histoire du lamarckisme. D'abord, parce que Schopenhauer, parmi tous les post-kantiens, est certainement celui qui, dès ses années d'étudiant, a été le mieux informé des questions de biologie; il se réfère souvent aux travaux des grands naturalistes français: Buffon et Lamarck, Geoffroy Saint-Hilaire et Cuvier, Cabanis surtout et Bichat. S'il est vrai, ensuite, que sa lecture de Lamarck se situe dans une perspective métaphysique, il est permis de penser que la théorie lamarckienne, de son côté, se place sous le patronage, soit exprès soit tacite, d'une conception qui est à peine moins métaphysique que la philosophie de Schopenhauer.

I

1. Une des multiples critiques que, depuis la Renaissance, la pensée moderne a adressées à Aristote, porte sur l'utilisation, en matière de physique, c'est-à-dire au sens le plus large, dans la science de la nature, de causes finales. Or, d'après la formule bien connue de Bacon: "Causarum finalium inquisitio sterilis est et, tamquam virgo Deo consecrata, nihil parit"

De fait, dans cette contestation (de même que dans les controverses sur l'esclavage naturel ou sur la méthode syllogistique), Aristote, patron de la "philosophie de l'Ecole", figure surtout comme le symbole d'une tradition à abattre. Ce dont il s'agit en réalité, c'est du rapport entre téléologie et théologie, rapport dont il n'y a pas trace dans les écrits aristotéliciens. Ce rapport (en laissant de côté, ici, Anaxagore) remonte peut-être, s'il faut en croire le témoignage de Xénophon, à la tradition socratique; mais c'est à l'époque hellénistique seulement que ce rapport reçoit sa formulation classique, c'est-à-dire stoïcienne, et d'ailleurs aussitôt combattue par l'Ecole d'Epicure.

L'idée stoïcienne de la Providence, liée à celle d'un Monde compris comme le "système des dieux et des hommes et des êtres nés en vue de ceux-ci" avait pour corollaire, principalement en matière de théodicée et dans la polémique avec les adversaires, une téléologie anthropocentrique qui, souvent, rejoint le finalisme intempérant de Xénophon. Les Epicuriens, pour leur part, afin d'écarter le moindre argument en faveur d'une Providence dont ils ne veulent à aucun prix, ont contesté toute espèce de finalité, au point, parfois, de sembler nier l'évidence, comme dans l'explication de la vision:

> "La clairvoyance des yeux n'a pas été créée, comme tu pourrais le croire, pour nous permettre de voir au loin...Interpréter les faits de cette façon, c'est faire un raisonnement qui renverse le rapport des choses, c'est mettre partout la cause après l'effet...Tous les organes, à mon avis, sont antérieurs à l'usage qu'on a pu en faire. Ils n'ont donc pu être créés en vue de nos besoins"(Lucrèce, IV, 825 sq., trad. Ernout).

2. S'il est vrai qu'Aristote combat le "mécanisme", tel qu'il croit en trouver, à tort ou a raison, chez Démocrite ou chez Empédocle ("Dire que les causes procèdent de la nécessité revient à peu près au même que de s'imaginer que l'eau a été extraite de l'hydropique seulement à cause de la lancette, et non à cause de la guérison en vue de laquelle la lancette a fait l'incision" *De gener. anim.*, V, 8 *i.f.*), sa conception de la finalité se situe tout à fait en dehors du cadre où s'enferment les Ecoles hellénistiques.

1° Le Moteur immobile est transcendant au Monde: il ne saurait donc y avoir, ni providentialisme, ni théodicée. Aussi bien Atticos (dont le *floruit* se situe en 176 après J.-C.), approuvé par Eusèbe, rapproche la théologie aristotélicienne de celle des "dieux inactifs" d'Epicure, et la juge même pire que celle-ci (Baudry, fr.III).

2° Le rejet du Dieu-Démiurge de Platon fait écarter, dans l'interprétation de la nature, tout finalisme anthropocentrique et, surtout, tout artificialisme. Non seulement, par conséquent, les phénomènes ne sauraient s'expliquer par l'utilité que nous en tirons, mais leur finalité interne même n'est programmée dans aucun entendement divin et ne procède d'aucune "délibération": elle n'est le résultat d'aucune fabrication mécanique, fût-elle surnaturelle (*Phys.*, II, 8 *i.f.*). Il faut souligner ce point, trop souvent méconnu. L'art, sans doute, est "plus connaissable pour nous", et il peut fournir, à l'apprenti-physicien, un exemple et comme une propédeutique pour s'initier aux procédés de la nature. Mais ce qui est vraiment premier et "plus connaissable par nature", c'est l'activité inconsciente de la vie, et c'est elle qu'il faut essayer de ressaisir. En toute rigueur, donc, c'est seulement quand et parce que nous savons ce qu'est la nature que nous comprendrons aussi, et ensuite seulement, ce qu'est l'art, à savoir une imitation de la nature.

3° La finalité n'est pas, comme dans les philosophies hellénistiques, une pièce de doctrine, à utiliser dans des discussions métaphysiques indécidables, mais un concept méthodologique destiné à guider des recherches concrètes. Cette absence de dogmatisme fait comprendre que la théorie aristotélicienne des causes puisse subir des variations dans ses différents exposés, selon le contexte scientifique où, à chaque fois, elle se formule.

4° En matière d'histoire naturelle, la finalité intervient principalement pour rendre compte de la régularité de la transmission des types biologiques. Cet emploi entraîne certaines règles de méthode, et il est commandé, d'autre part, par une métaphysique, encore que ce ne soit pas celle que, depuis les Stoïciens, la tradition devait y attacher:

a) Pour commencer par ce dernier point: l'aristotélisme enseigne l'éternité des espèces vivantes, elle-même liée à l'éternité du mouvement. Le monde sublunaire imite, bien qu'imparfaitement, l'être en acte du Monde céleste, et l'instrument de cette imitation (dans la succession infinie des mouvements de transmutation des corps élémentaires et, au niveau des vivants, de la génération et de la corruption) est, précisément, la finalité. "La fin qui détermine la production ou la génération d'un être tient la place du Beau"(*De partib.anim.*,I, 5):

la *fin*, autrement dit, est la forme sous laquelle notre monde reflète la *beauté* du monde céleste (*Métaph.*, M, 3).

b) Du point de vue de la méthode, il faut donc partir de la *constitution* de chaque être, et ensuite seulement en étudier les parties et la genèse, qui sont subordonnées à cette constitution comme à leur fin. On répudiera donc la démarche inverse, celle qu'avait suivie, par exemple, Empédocle, qui prétend expliquer la constitution d'un être par un processus génétique non dirigé, processus aveugle au cours duquel on rencontrerait des monstres, tels "des animaux bovins à faces d'hommes ou, chez les plantes, des espèces de vignes à tête d'olivier" (*Phys.*, II, 8).

c) Ajoutons que cette critique d'un "évolutionnisme" avant la lettre a bien pour fondement métaphysique l'idée de l'éternité du Monde, opposée aux vieilles visions cosmogoniques des Ioniens. Mais elle s'accorde également avec le peu d'estime qu'Aristote témoigne à l'histoire, discipline bien moins "philosophique", comme on sait, que la poésie, puisqu'elle ne parvient pas à dépasser la région de l'individuel dont, aux yeux du philosophe, il n'y a pas de science possible.

L'originalité de la théorie d'Aristote a été ressentie surtout - et mal acceptée - au niveau de la métaphysique. Le développement ultérieur de l'Ecole, chez Théophraste, puis chez Straton de Lampsaque, fait apparaître la difficulté qu'il y avait à maintenir ensemble les deux thèses de la finalité dans le monde et de la transcendance (interprétée comme une inactivité) de Dieu. Cette critique (qui, en fait, démolit toute la cohérence du système) sera renouvelée beaucoup plus tard. Dans son commentaire sur l'*Ethique*, H. A. Wolfson a montré (I, 423 sq) que la position de Spinoza peut se définir par rapport à l'aristotélisme. Tout se passe comme si Maïmonide (1135-1204) aussi bien que Spinoza trouvaient une inconséquence dans la doctrine d'Aristote d'après laquelle, d'une part, il y a dans la nature des causes finales, et, d'autre part, Dieu, dans la causalité qui émane de lui, n'a en vue aucune fin. Il s'agit donc de savoir laquelle des deux thèses devra être conservée. Selon Maïmonide, puisqu'il existe de toute évidence des causes finales, il faut attribuer à Dieu également une fin, à partir et en vue de laquelle il a institué de telles causes. Selon Spinoza, on doit admettre avec Aristote que Dieu ne se propose aucune fin: de quoi il résulte qu'il ne saurait y avoir de causes finales dans le monde.

Dans sa critique radicale de la finalité, Spinoza, d'ailleurs, va beaucoup plus loin que Bacon, qui n'avait banni les causes finales que de la physique, mais les avait admises en métaphysique. Descartes, pour sa part, exclut la téléologie, tant de la physique que de la métaphysique, pour des raisons de méthode sans doute, mais aussi parce que leur emploi nous incite à préjuger des desseins de Dieu, qui nous restent entièrement impénétrables. D'où l'on voit que l'usage exclusif des causes efficientes sur l'opportunité duquel tous les grands auteurs du XVIIe siècle (il faudrait y ajouter encore Hobbes) s'accordent, pouvait se concilier, à son tour, avec des positions métaphysiques fort différentes.

3. Une diversité comparable dans la manière de définir les rapports entre physique et métaphysique se constate un siècle plus tard, où l'on assiste à un renouveau de l'idée de finalité. Ce mouvement, qui se dessine d'ailleurs déjà au siècle précédent, présente une histoire difficile et enchevêtrée, sur laquelle on trouvera des indications précieuses dans les thèses de P. Vernière (*Spinoza et la pensée française avant la Révolution*, P.U.F., 1954), de J. Roger (*Les sciences de la vie dans la pensée française du XVIIIe siècle*, A. Colin, 1962), de J. Ehrard (*L'idée de nature dans la première moitié du XVIIIe siècle*, S.E.V.P.E.N., 1963) et plus récemment, de F. Courtès (*La raison et la vie, idéal scientifique et idéologie en Allemagne de la Réforme jusqu'à Kant*, Vrin, 1972). Il suffira ici de quelques remarques.

1° C'est la réussite prodigieuse de la mécanique rationnelle qui avait fourni le meilleur argument contre l'emploi, en physique, de causes finales. Or l'idée de nature, au XVIIIe siècle, s'étend à des domaines comme le droit, la civilisation, la religion, où les méthodes qui avaient si bien réussi en physique semblent bien désarmées, et où l'intérêt humain qui s'y attache, introduit nécessairement des considérations de finalité (Descartes déjà leur avait accordé une place dans le domaine psycho-physique et dans sa morale).

2° En ce qui concerne la physique même: elle inclut une vaste sphère qui paraît soustraite aux prises de ces méthodes:

> "Lorsque les sujets sont trop compliqués pour qu'on puisse y appliquer avec avantage le calcul et les mesures, comme le sont presque tous ceux de l'Histoire Naturelle et de la Physique particulière, il me paraît que la vraie méthode de conduire son esprit dans

ces recherches, c'est d'avoir recours aux observations, de les rassembler, d'en faire de nouvelles, et en assez grand nombre pour nous assurer de la vérité des faits principaux..."

Dans ce Discours *De la manière d'étudier et de traiter l'histoire naturelle*, Buffon ne prétend certes pas réhabiliter les causes finales; on sait qu'il en critique l'emploi à plusieurs reprises. Mais on trouve chez lui l'idée de l'unité de plan du règne animal, l' "idée d'un premier dessein sur lequel tout semble avoir été conçu..." On connaît, d'autre part, la résurgence, au XVIIIe siècle, de l'antique idée, aristotélicienne et stoïcienne, de la "chaîne des êtres", remise en honneur par Ch. Bonnet. Il est notable que Buffon, dont la conception de la nature se rapproche de celle d'Aristote, professe pour sa biologie une admiration constante, et s'en prend, dans sa critique des causes finales, à Platon, à Leibniz ou aux "Aristotéliciens", plutôt qu'à Aristote même.

On peut se demander si, chez lui, puis chez les grands naturalistes après lui, le discrédit jeté depuis Bacon sur l'idée de finalité ne détermine pas comme un blocage, interdisant tout recours à cette idée, toute tentative d'en préciser et affiner l'emploi, tout effort, enfin, pour la thématiser et la regarder en face. On peut même penser que c'est la soumission inconsidérée à l'interdit baconien, validé par la tradition, qui permettra à cette idée de s'introduire subrepticement sous d'autres noms, comme celui du "plan de la nature", et d'échapper, sous ses nouvelles formes, à tout examen de clarification, tant épistémologique que philosophique.

3° A s'en tenir même au mécanisme universel, la métaphysique et, plus précisément, l'apologétique y trouvaient fort bien leur compte: cette vaste machine appelant un Dieu-Horloger, à partir de quoi, par un choc en retour, la finalité, ici encore, pouvait se glisser dans l'explication scientifique. On ne soutiendra pas, accorde Voltaire, que les nez soient faits pour porter des lunettes, mais dit-il,

> "Cicéron qui doutait de tout ne doutait pourtant pas des causes finales. Il paraît bien difficile surtout que les organes de la génération ne soient pas destinés à perpétuer les espèces"(*Dict. phil.*).

On rejoint ainsi la preuve "physico-théologique", dont les origines prochaines remontent au (néo-)platonisme anglais: à Samuel Parker (*Tentamina physico-theologica de Deo*, 1669), à William Derham (*Physico-Theology*, 1713) et à Shaftesbury (*Lettre sur l'enthousiasme*, 1707). On sait la fortune extraordinaire de cet argument au XVIIIe siècle; Kant qui, après Hume (*Dialogues sur la religion naturelle*, 1779), en fera la critique, juge cependant que:

> "Cet argument mérite d'être toujours rappelé avec respect. C'est le plus ancien, le plus clair et le mieux approprié à la raison humaine. Il vivifie l'étude de la nature, en même temps qu'il en tire sa propre existence et qu'il y puise toujours de nouvelles forces".

4° De même, enfin, que le mécanisme s'accommode aussi bien d'un Démiurge divin que de la simple Nécessité, le "naturalisme", assorti ou non d'une finalité, s'allie aussi bien, comme chez Aristote, à l'idée d'un Dieu transcendant qu'à celle d'une Nature autonome et plasmatrice. L'attitude de Fénelon et celle de l'abbé Pluche sont ici bien significatives:

> "L'aristotélisme [restreint, faut-il préciser, à la seule Physique] leur paraît à cet égard beaucoup plus suspect [que le mécanisme]: leur méfiance est grande envers l'idée même de *nature* et ils ne veulent voir dans l'ordre universel qu'une finalité externe" (J. Ehrard, *op. cit.*, p.92).

II

La philosophie de Schopenhauer entreprend un approfondissement et une réhabilitation en règle des causes finales. Bien que cette tentative soit liée à l'ensemble de la doctrine, elle est faite surtout dans deux passages de son livre principal: *Le Monde comme Volonté et comme Représentation* (t.I, 1819, §§ 27 et 28; t.II, 1844, chap.26) et dans l'opuscule *Sur la Volonté dans la Nature* (1836): c'est dans ce dernier texte que l'auteur prend directement position à l'égard de la théorie de Lamarck (dans la section *Anatomie comparée*).

4. La situation, sans doute, n'est plus la même qu'au siècle précédent. Schopenhauer lui-même, dans le premier texte, a soin de rappeler les principales acquisitions de la philosophie et des sciences qui ont eu lieu entre temps: la *Critique de la faculté de juger* ("Kant dit avec raison qu'il serait absurde d'espérer un Newton du brin d'herbe, c'est-à-dire quelqu'un qui réduirait le brin d'herbe à des phénomènes de forces physiques et chimiques"), les progrès des sciences naturelles ("le type fondamental qui se trouve dans tous les phénomènes: aussi est-il devenu le principe conducteur des excellents systèmes zoologiques qui, dans ce siècle, remontent aux Français, principe mis en évidence, de la manière la plus complète, dans l'anatomie comparée, comme l'unité de plan, l'uniformité de l'élément anatomique"); il mentionne même, encore que restrictivement et non sans condescendance, les "philosophes de la nature de l'Ecole schellingienne" (il n'est pas question, bien que nous ne soyons encore qu'en 1819, de citer Hegel) (*Le Monde*, éd. E. Grisebach, t.I, § 27, p.202 sq.).

La réhabilitation des causes finales n'en est pas moins originale, et même courageuse , puisqu'au mépris de la tradition, elle ne craint pas de se placer décidément sous le patronage d'Aristote. Elle inclut une réfutation des principaux négateurs de la finalité (Lucrèce, Bacon, Spinoza); elle anticipe clairement des intuitions bergsoniennes; enfin elle répudie sans ménagement toutes les exploitations (ou, si l'on préfère: les présupposés) métaphysiques que la philosophie hellénistique renouvelée au XVIIIe siècle, y avait liées.

Dans le premier volume du *Monde*, cette réhabilitation s'entoure encore de quelques précautions, qui seront abandonnées ensuite: la finalité, attribuée à la "philosophie de la nature", y est distinguée de la causalité, seul instrument légitime de la science, c'est-à-dire de l' "étiologie". Mais en 1844, le principe de finalité est présenté comme "fil conducteur", dont le naturaliste devra se servir, bien que cela ne soit pas formulé expressément, comme d'un principe "constitutif", et non pas simplement, comme l'avait dit Kant "régulateur" (t.II, chap.26, p.386 sq.).

La finalité est le seul concept adéquat qui nous permette de comprendre le monde organique. Sans cela, c'est-à-dire si l'on bornait la science naturelle à la simple causalité, le monde organique, non seulement nous resterait fermé, mais encore serait livré à des explications réductionnistes, et ramené aux "forces générales que considère la physique": "Même Lamarck, dans sa *Philosophie zoologique*, explique la vie comme un simple effet de la chaleur et de l'électricité: 'Le calorique et la matière électrique suffisent parfaitement pour composer ensemble cette cause essentielle de la vie' (p.16). A ce compte, chaleur et électricité seraient proprement la chose en soi, et le monde des animaux et des plantes en serait le phénomène. L'absurdité de cette opinion se manifeste avec éclat aux pages 306 sq. de cet ouvrage" (*Le Monde*, t.I, § 27, p.201 *i.f.*, sq.).

Dans le présent contexte, ce passage est le seul où Lamarck soit cité nommément. Il n'en est que plus remarquable que, dans la suite immédiate (§28), Schopenhauer développe la théorie d'une double finalité, interne (c'est-à-dire l'accord de toutes les parties d'un organisme) et externe ("un rapport de la nature inorganique à l'organique en général, ou encore de certaines parties de la nature organique entre elles"): cette dernière constitue un véritable *consensus naturae*, une "adaptation et un accommodement" des plantes et des animaux par rapport à leur climat et leur environnement: le terme de *milieu* n'est pas prononcé, mais l'on sait, aussi bien, qu'il ne se trouve pas davantage chez Lamarck.

L'absence, ici, de toute référence à Lamarck, si surprenante soit-elle, peut se comprendre (sinon se justifier) par le fait que l'auteur n'approuve pas la manière dont celui-ci avait rendu compte de cette "adaptation". Lui-même propose une explication toute différente, tirée de l'idéalité du temps. Le temps, comme Kant l'avait enseigné, n'est qu'une forme de notre intuition, si bien que "les relations temporelles ne concernent que l'apparition de l'idée, non l'idée même" (t.I, p.223). L'adaptation, ainsi, n'est que l'objectivation, dans des phénomènes différents (espèces animales et environnement externe), d'une seule et même Volonté, à laquelle la "succession temporelle est tout à fait étrangère" (p.224). On comprend ainsi que, non seulement chaque espèce soit adaptée aux circonstances (géologiques et climatiques), mais qu'à l'inverse, les circonstances, même antécédentes, se soient, de leur côté, adaptées aux espèces qui devaient y naître un jour. Non seulement, en effet, "on doit ici faire abstraction de toutes les relations temporelles" (p.223), mais c'est le même Vouloir-vivre qui se manifeste et s'objective dans le monde organique et dans le monde inorganique: entre l'un et l'autre, il y a donc véritablement un "accord de la nature avec elle-même", par où, bien que l'auteur ne le dise pas expressément, même la finalité "externe" est ramenée à une finalité interne plus profonde. -Autrement dit: la métaphysique de la Volonté permet de traiter par prétérition le problème scientifique du transformisme.

5. La téléologie ainsi introduite dans l'histoire naturelle ne donne cependant pas lieu, comme cela est exposé très clairement dans le deuxième volume du *Monde*, à une quelconque théologie, et même l'exclut tout à fait. La finalité s'analyse en une fin proposée et des moyens mis en oeuvre pour réaliser celle-ci: "En effet, nous ne pouvons penser clairement la cause finale que comme une fin intentionnée, comme un motif" (t.II, p.390). Mais cette conception artificialiste, nécessairement inhérente à notre idée de finalité, ne rend nullement compte de l'activité, inconsciente, de la nature qui, elle, ne procède pas selon un *plan* préconçu qu'elle se donnerait les moyens, ensuite, de conduire à son terme. Schopenhauer retrouve ici l'enseignement d'Aristote, qu'il cite et commente longuement, selon lequel la nature est première, et c'est l'art qui imite (et tâche de comprendre) la nature. Il parle ainsi de l'oeil humain, "cet instrument optique compliqué d'une manière supra-technique"(t.II, p.390), et en propose une explication qui anticipe (si elle n'inspire) l'analyse bergsonienne dans le premier chapitre de l'*Evolution créatrice*. Si l'on se souvient que, pour Huyghens, la structure de l'oeil prouve sensiblement que Dieu a observé les règles de la géométrie, on comprend que, pour Schopenhauer, la téléologie dans la nature fasse apparaître comme dérisoire tout essai de "physico-théologie", c'est-à-dire l'hypothèse d'un Dieu-Artiste dans l'entendement duquel les idées des êtres vivants seraient déposées à titre d'archétypes: ce serait hypostasier l'impuissance humaine à comprendre autrement que par des métaphores artificialistes, l'activité de la nature, mettre au départ l'entendement qui ne peut comprendre la vie qu'après coup et c'est, au surplus, commettre un contresens métaphysique sur l'entendement même: lequel, loin de diriger et d'ordonner la volonté (comme le sous-entend la métaphore technicienne), n'est qu'un simple instrument que la volonté s'est donné. En d'autres termes: la téléologie dans la nature, bien qu'elle nous fournisse un "fil conducteur parfaitement sûr" (t.II, p.386), n'est recevable qu'à la condition de répudier toute espèce d'anthropomorphisme, c'est-à-dire, au juste, le schème même de fin et de moyen, séparés dans le temps, alors que, dans l'activité de la nature que nous ne parvenons jamais à ressaisir adéquatement, l'une et l'autre sont proprement simultanés.

Subsidiairement: ce fil conducteur nous enjoint de rechercher toujours les causes finales, et "quand, dans l'anatomie ou en zoologie, nous ne pouvons trouver la fin d'une partie existante, notre entendement en reçoit un choc semblable à celui que doit lui donner, en physique, un effet dont la cause reste cachée"(II, p.387). Schopenhauer admet cependant de "rares et surprenantes exceptions à cette règle, autrement si constante, de la nature"(p.388). Il ne cite pas, dans ce contexte, Buffon, mais il est clair qu'il désapprouverait le rejet généralisé des causes finales, fondé sur les "parties inutiles" que celui-ci avait cru discerner chez le cochon.

III

Dans *La volonté dans la nature*, texte publié à part, mais qui date de l'époque où il élabore les "compléments" au *Monde*, réunis ensuite dans le second volume, Schopenhauer examine enfin la théorie de "l'inoubliable Lamarck", un "zoologiste de premier rang" qui, "par sa découverte de la division, si profondément pensée, des animaux en vertébrés et non-vertébrés, s'est acquis un mérite immortel"(t.III, p.242).

6. Quand on considère "l'adaptation de chaque animal à son mode de vie et aux moyens de conserver son existence, on doit se demander d'abord si le mode de vie s'est réglé sur l'organisation, ou inversement"(p.239). A première vue, c'est cette première opinion qui paraît devoir l'emporter, puisque, dans l'ordre du temps, l'organisation précède le mode de vie, d'où l'on conclurait que l'animal aurait choisi la vie qui était la plus appropriée à sa structure: ainsi, l'oiseau vole parce qu'il a des ailes; telle était déjà l'opinion de Lucrèce (ce qui, toutefois,"est toujours mauvais signe pour une opinion"). Dans ce cas, l'entendement précèderait la volonté: c'est parce qu'il aurait compris l'usage qu'il pouvait faire de son organisation, que l'animal aurait choisi de s'en servir. Mais de fait, nous savons que c'est la volonté qui est première. Il faut donc préférer l'autre terme de l'alternative: c'est parce que l'animal voulait adopter tel mode de vie, que son organisation s'y est adaptée; cette explication, au surplus est corroborée par le sentiment d'Aristote: "La nature crée les organes d'après la fonction, et non pas la fonction d'après les organes"(*De part. anim.*, IV, 12, 694 b 13-14).

Or Lamarck, sur ce point, puisque "son esprit n'a pas été purifié par une philosophie plus profonde", s'est laissé aller à une "curieuse erreur":

"Il prétend très sérieusement, et essaie de montrer dans le détail, que la structure, les armes particulières et les organes de toute sorte tournés vers l'extérieur de chaque espèce animale n'existaient pas du tout dès l'origine, mais se seraient formés peu à peu, au cours du temps et par une génération continue, à la suite des tentatives volontaires de l'animal provoquées par la particularité de sa situation et de son environnement, grâce à ses propres efforts réitérés et aux habitudes qui en ont résulté".

Cette théorie néglige l'objection évidente qu'à ce compte, les animaux, avant d'acquérir les organes indispensables à leur survie, auraient dû périr entre temps.

Cependant, cette "hypothèse" provient d'une "conception très juste et profonde de la nature", elle est une "erreur géniale qui, en dépit de l'absurdité qu'elle renferme, lui fait encore honneur. Ce qu'il y a de vrai lui appartient en tant que naturaliste: il a vu très justement que c'est la volonté de l'animal qui est originaire et qui en a déterminé l'organisation". L'erreur est due à l' "état retardé de la métaphysique en France" où, à la suite de Locke et de Condillac, on prend les corps pour des choses en soi, et l'espace et le temps pour des qualités des choses en soi. "Ainsi Lamarck ne pouvait jamais concevoir l'idée que la volonté de l'animal pourrait bien se situer, en tant que chose en soi, hors du temps et, en ce sens,être plus originaire que l'animal même". Il retombe alors dans la faute traditionnelle qui consiste à dériver la volonté de l'entendement. Selon Lamarck, en effet, l'animal, au départ, est dépourvu d'organes précis, et n'est doué que de sensation; celle-ci lui fait connaître l'environnement dans lequel il aura à vivre, et de cette connaissance proviennent ses efforts, c'est-à-dire sa volonté d'y adapter ses organes. S'il avait été conséquent avec lui-même, Lamarck "aurait dû supposer un animal originaire, sans structure ni organes, lequel, selon les circonstances climatiques et locales et selon leur connaissance, se serait transformé en des myriades de formes animales, depuis la mouche jusqu'à l'éléphant. En réalité, cet animal originaire est le vouloir-vivre; mais comme tel, il est quelque chose de métaphysique, non de physique" (t.III, p.243-4).

Au-delà de son mélange d'éloge et de blâme, ce texte, autant par ce qu'il dit que par ce qu'il sous-entend, contient une interprétation de la théorie de Lamarck, dont on peut essayer de dégager quelques traits.

7. 1° Il ne fait pas le moindre doute, aux yeux de Schopenhauer, que Lamarck se sert comme d'un fil conducteur, de l'idée de finalité. Quand on sait la gêne profonde qu'éprouvent les commentateurs modernes à prononcer ce mot, les prudences verbales dont ils entourent l'usage de ce terme dont, d'autre part, leur exégèse, comme *re ipsa cogente*, ne parvient pas à faire l'économie, on jugera la lecture schopenhauerienne courageuse autant que compréhensive, et cela dans la mesure même où elle dépasse (mais pas plus que les commentaires modernes) la littéralité des textes de Lamarck.

2° Ce finalisme, selon Schopenhauer, est celui-là même qu'avait défini et appliqué Aristote, le seul, donc, qui convienne au naturaliste, c'est-à-dire une téléologie sans théologie. Comme la "preuve psysico-théologique" vient d'être stigmatisée, une fois de plus, dans ce qui précède immédiatement (p.237), on doit conclure, *e silentio*, que Schopenhauer acquitte pleinement Lamarck du soupçon d'avoir favorisé, si peu que ce soit, cette "preuve". Ici encore, l'interprétation est parfaitement compréhensive. Elle l'est même doublement: sur le point précis qu'elle concerne (c'est-à-dire l'explication des phénomènes, où jamais Lamarck ne fait appel à un artificialisme divin) mais tout autant parce qu'elle laisse ouverte une question qui n'entre pas dans le présent contexte. On sait, en effet, la "conception transcendante" que Lamarck se fait "du rôle de la divinité" (E. Guyénot), conception qui pourrait être rapprochée de la théologie d'Aristote. Et, comme chez Aristote encore, la production des êtres vivants, selon Lamarck, relève de la seule Nature. Une telle conception d'où est absente toute idée d'un Démiurge, ne laissait aucune place à quelque "physico-théologie". En mettant comme entre parenthèses la véritable théologie de Lamarck, Schopenhauer fait preuve de sens exégétique, en cela même qu'il réserve une question, que bien des commentateurs venus après lui ont tranchée indiscrétement, au gré de leurs propres présupposés.

3° Lamarck "a très bien vu que la volonté de l'animal est originaire et en a déterminé la structure": comme ce jugement est précédé de deux références précises, non seulement à la *Philosophie zoologique*, mais encore à l'*Histoire naturelle des animaux sans vertèbres*, il est assez clair qu'on est ici en face d'une lecture originale, sur laquelle il n'y a pas lieu de postuler la moindre influence de Cuvier.

4° On a noté, dans ce qui précède, que le premier exposé de la double finalité, interne et externe (*Le Monde*, t.I, § 28) ne fait aucune mention de Lamarck. En lisant les éloges hyperboliques de notre texte (l' "inoubliable Lamarck", un "zoologiste de premier rang", etc.), on peut se demander si l'on n'est pas en présence d'un *afterthought*, d'un hommage tardif qui, bien plus que sur la distinction des vertébrés et des invertébrés, porte en réalité sur l'intuition centrale du lamarckisme, c'est-à-dire sur le lien établi, grâce à l'idée d'adaptation, entre le règne organique et le règne inorganique. L'auteur du premier volume du *Monde* a dû y trouver une confirmation éclatante de sa propre conception de la Volonté qui, en tant que chose en soi, se manifeste également dans ces deux domaines, et dont l'identité fondamentale rend compte précisément, encore que ce soit au niveau de la métaphysique, de l'adaptation de l'un à l'autre.

(5° Pour ce qui est de l'idée d'adaptation, on peut noter par parenthèse qu'une comparaison s'impose avec l'idée de *convenance* qui définit, comme on a essayé de le montrer ailleurs, le rapport entre la loi et son environnement dans *L'Esprit des lois*. Peu importe ici de la question subsidiaire et subalterne des "sources" (Schopenhauer ne mentionne jamais Montesquieu et rien ne dit, d'autre part, que Lamarck ait été "influencé" par lui). Il s'agit d'une parenté de structure, évidente, et éclairante en ceci, entre autres, que chez Montesquieu pas plus que chez Lamarck, le concept de causalité ne suffit à rendre compte du rapport qu'il s'agit de comprendre (entre la législation ou la vie, et son environnement, physique et moral); la figure du législateur, chez Montesquieu, peut être comparée à la Nature lamarckienne. On doit se borner ici à indiquer ce rapprochement, qui devrait être repris et précisé).

6° Cette confirmation, pourtant, n'est-elle pas acquise au détriment de ce qui, pour beaucoup, fait le principal mérite de la théorie de Lamarck, c'est-à-dire le transformisme, expressément récusé dans notre texte? - On touche ici au point décisif de la rencontre des deux auteurs, et à la raison qui amène le philosophe à critiquer le savant au niveau même de la science. Parmi tous les grands naturalistes que cite Schopenhauer et dont, la plupart du temps, il accepte entièrement l'enseignement scientifique, Lamarck est le seul qui provoque décidément sa contradiction. Il est le seul, en effet, à proposer, tout à la fois, une vérité métaphysique et une explication scientifique propre, non pas à fonder cette vérité, mais à l'obscurcir totalement.

a) la réplique de Schopenhauer est ainsi motivée par deux appréciations tout à fait différentes: quand il envisage sa "très juste et profonde conception de la nature", il ne lui ménage pas son approbation; dans l'explication, au contraire, par où Lamarck justifie cette "conception" (l'adaptation lente et procédant par "génération continue"), le philosophe ne voit qu'un "naturalisme", un "matérialisme réchauffé" (depuis les Atomistes et Epicure), c'est-à-dire une "physique sans métaphysique" (*Le Monde*, t.II, chap.17, p.203).

b) Le transformisme constitue, précisément, une telle "physique", il n'est donc pas étonnant que, bien des années plus tard, Schopenhauer puisse écrire:

> "Du livre de Darwin, j'ai lu un extrait détaillé dans le *Times*, d'après lequel il ne présente aucune parenté avec ma théorie, mais c'est un plat empirisme qui ne suffit pas en la matière: c'est une variation de la théorie de Lamarck"(*Lettre à A. von Doss*, du 1er mars 1860; éd. Grisebach, p.384).

c) L' "empirisme", en l'espèce, c'est la méconnaissance de l'idéalité du temps: or "la volonté indestructible exclut la possibilité d'une histoire de la vie" (A. Roger, Introduction au *Fondement de la morale*, Aubier, 1978, p.XVII). De plus, Schopenhauer tient pour l'éternité des espèces (A. Roger, *ibid.*, n.3), lesquelles, d'après la doctrine du *Monde*, ne sont "rien d'autre que les Idées platoniciennes" (t.I, § 25 *i.f.*, p.186). On notera que les "idées platoniciennes", interprétées, ici, comme les "degrés de l'objectivation de la volonté", servent ainsi à commenter la "chaîne des êtres", et à apporter la caution du platonisme à la thèse (aristotélicienne) de l'éternité des espèces vivantes. A quoi est liée la condamnation de l'histoire comme prétendue science: comme Aristote l'avait déjà vu, l'histoire est moins "philosophique" [c'est-à-dire, scientifique] que la poésie, puisqu'elle ne saisit pas, comme celle-ci, l'universel, mais se perd dans le détail infini et non-signifiant de l'individuel: "La devise de l'histoire en général devrait être: *eadem, sed aliter*. Si quelqu'un a lu Hérodote, il a déjà, du point de vue philosophique, étudié assez d'histoire" (*Le Monde*, t.II, chap.38, p.515, 521 *i.f.*, sq.).

IV

8. Cette dépréciation de l'histoire politique contribue, sans aucun doute, à expliquer le refus d'une histoire de la vie. Peut-elle suffire, cependant, à le justifier? En déniant à l'histoire tout *sens* métaphysique, conçu selon le mode hégélien, est-on fondé, pour autant, à rejeter, à titre de fait empirique ou simplement d'hypothèse, les transformations qu'a pu subir notre globe avec les êtres qu'il contient? De fait, ni dans *Le Monde*, ni dans *La volonté dans la nature*, le transformisme n'est envisagé comme tel: "En vérité, tout organe doit se comprendre comme l'expression d'une universelle manifestation de volonté, c'est-à-dire faite une fois pour toutes, d'une aspiration fixée d'un acte de volonté, non pas de l'individu, mais de l'espèce. Toute forme animale est l'aspiration du vouloir-vivre, provoquée par les circonstances"(*Vol. dans la Nat.*, p.235).

L'auteur ne précise pas comment on doit imaginer cet acte accompli "une fois pour toutes": de fait, on ne peut pas l'imaginer du tout, puisqu'il est pré-empirique. Or, en face de cette vérité philosophique, en quoi une hypothèse évolutionniste est-elle irrecevable? En ceci seulement, qu'elle prétend engendrer les espèces animales dans la succession temporelle et que, frappée de cécité spéculative, elle transfère le pouvoir effectif de la Volonté, chose en soi, à cette simple forme de l'intuition qu'est le temps. Mais que l'acte de volonté, par quoi s'est constitué l'animal avec ses organes (acte métaphysique et, comme tel, soustrait au temps), puisse, aux yeux de la science humaine, c'est-à-dire de l' "étiologie", s'étaler sur une plus ou moins longue durée, la doctrine de Schopenhauer pourrait parfaitement l'admettre, dès lors qu'une telle "évolution" ne se présenterait que comme une hypothèse scientifique, laissant intacte la vérité philosophique qu'elle se bornerait à transcrire dans son registre, qui est celui de l'histoire naturelle, soumise aux concepts de causalité et de finalité. De fait, il y a un texte au moins, où il semble que l'auteur admette cette hypothèse, et c'est aussi le seul où le problème du transformisme soit vraiment pris en compte, après avoir été écarté, dans les ouvrages précédents, comme une naïveté matérialiste et empiriste.

Dans *Philosophie et science de la nature*, qui figure au 2nd tome des *Parerga* (1851), Schopenhauer essaie de définir "le rapport des derniers résultats de la géologie avec ma métaphysique" (t.V, § 85, p.157) et, plus généralement, de concilier les derniers résultats des sciences physiques et biologiques avec son idéalisme. Cet accord ne va pas de soi et ce qui rend cette tentative de conciliation dramatique, émouvante même, c'est qu'à l'acceptation des données scientifiques se joint l'effort pour maintenir les droits de la philosophie.

Ainsi, Schopenhauer approuve la "pénétrante cosmogonie" de Kant et de Laplace, tout en soulevant la question, proprement philosophique, de savoir comment se la représenter:

> "En effet, on doit, d'une part, concéder que tous ces événements physiques, cosmogoniques, chimiques et géologiques, puisque nécessairement ils ont dû précéder de beaucoup, à titre de conditions, la naissance d'une conscience, ont existé aussi avant cette naissance, donc en dehors d'une conscience; mais l'on ne peut nier, d'autre part, que lesdits événements en dehors d'une conscience, puisque c'est dans et par les formes de celle-ci qu'ils peuvent d'abord se représenter, ne sont rien du tout, et ne peuvent même pas être pensés"(t.V, § 85, p.154-155, note).

Cette restriction étant faite, on peut faire succéder, à la cosmogonie de Kant et de Laplace, la géologie, de Deluc à Elie de Beaumont, puis la botanique, la zoologie et la physiologie: on se donne ainsi une "histoire complète de la nature", qui permet d' "envisager l'ensemble du phénomène du monde donné empiriquement". Reste toujours, il est vrai, ici encore, le problème métaphysique, qui se spécifie en deux points: "l'essence en soi des forces naturelles et le conditionnement du monde objectif par l'intellect"(p. 157). On peut cependant retracer, à partir de la géologie, une histoire de la terre et des règnes végétal et animal, histoire qui, comme le drame antique, se déroulerait en cinq actes et qui culminerait, en passant par les espèces inférieures, dans l'apparition de l'humanité: "Ce dernier stade, celui de l'humanité, doit, à mon sens, être le stade ultime, parce qu'ici est déjà atteinte la possibilité d'une négation de la volonté, l'inversion de tout ce processus, par où, ensuite, cette *Divine Comédie* touche à sa fin (§85, p.157-158).

9. Sans prendre position, explicitement, à l'égard de la théorie de Lamarck, ce récit cosmogonique, si éloigné de l'éternitarisme d'Aristote (et de l'intemporalité où était plongé *Le Monde*...), accepte le schème évolutionniste, auquel la suite du passage apportera d'autres arguments (§ 89, p.165; § 91, p.167; § 92, p.175). Aussi n'est-il pas surprenant que, quelques pages plus loin, le nom de Lamarck se glisse, comme malgré lui, sous la plume de l'auteur: on s'étonnerait plutôt que cette référence ne concerne que le seul problème de la génération spontanée (§ 90 déb., p.165). Quoi qu'il en soit, il paraît difficile de méconnaître qu'il y a, dans tout ce passage, comme une adhésion tardive, un peu contrainte sans doute, à un évolutionnisme, c'est-à-dire, au sens le plus large, au concept d'histoire, qui se voit concéder enfin une vertu explicative, du moins au niveau des phénomènes. Ceux-ci sont empruntés principalement à la cosmologie et à la géologie: c'est dans le sillage et sous le couvert de ces deux sciences, que la biologie transformiste réussit à s'introduire et finit par se faire une place, sinon ouvertement et en titre, du moins implicitement et comme par occupation.

On a vu que la doctrine de la finalité externe, telle qu'elle est exposée dans le premier tome du *Monde*, avec l'adaptation quasi-prévisionnelle des circonstances extérieures aux espèces vivantes qui devront y naître un jour, procédait déjà, quitte à prendre des libertés avec elle, de la théorie de Lamarck. Il est assez beau que la conscience scientifique du philosophe ait tâché, quelque trente ans plus tard, de concilier avec sa propre vision métaphysique, cette théorie sur le point précisément qui, d'abord, avait provoqué sa contradiction. Que même alors le nom de Lamarck n'apparaisse que fugitivement, et non pas à cette place d'honneur qui lui revenait de plein droit à l'intérieur du système, atteste combien était tenace la répugnance de Schopenhauer à un temps créateur, et combien il lui coûtait de pardonner à Lamarck d'avoir contaminé sa "conception très juste et très profonde de la nature" avec ce "plat empirisme" qu'est l'idée d'évolution.

"L'étiologie de la nature et la philosophie de la nature ne se font jamais tort mutuellement: elles s'accompagnent l'une l'autre, en considérant le même objet d'un point de vue différent"(*Le Monde*...,t.I, p.199 *i.f.* sq.). Après avoir vu la confirmation que l'étiologie apporte à la philosophie, il resterait à se demander si la philosophie, à son tour, peut éclairer la "morphologie, qui énumère, compare et ordonne toutes les formes constantes de la nature organique", par le dévoilement des "forces primitives" qui s'y manifestent (*ibid.*, p.200).

Il faudrait reprendre, à cet égard, ce qui, dans la

théorie de Lamarck, fait à la fois l'originalité et l'embarras: l'idée (sinon le terme) d'adaptation. L'adaptation se présente, tantôt comme un accord entre les vivants, disposés selon la "chaîne des êtres", et leur environnement, mais tantôt aussi comme une réplique aux circonstances qui perturbent la chaîne des êtres. On est ainsi amené à poser comme une rupture et une antinomie entre la "nécessité intelligible" de la série et la "contingence des circonstances" (M. Barthélémy-Madaule, *Lamarck ou le mythe du précurseur*, Seuil, 1979, chap.3). La métaphysique schopenhauerienne résout cette aporie , au-delà même de la thèse de la finalité externe et de l'idéalité du temps, par l'identité fondamentale des phénomènes environnants (géologiques et climatiques) et des espèces vivantes qui, avec le concours même de ces phénomènes, parviennent à s'y adapter.

L'explication, sans doute, ne trouve aucun appui littéral dans les textes de Lamarck: elle déborde de beaucoup le domaine des recherches concrètes où le grand naturaliste a tenu à se borner. Elle ne trahit pas, cependant, l'esprit même de ces recherches, pas plus que la conception métaphysique qui sous-tend celles-ci:" l'attitude de Lamarck, comme celle du XVIIIe siècle, repose sur la nécessaire harmonie de l'univers"(F. Jacob, *La Logique du vivant*, Gallimard, 1970, p.165).

C'est ce que Schopenhauer avait appelé le *consensus naturae*. On pourrait se demander si l'idée (et, tout d'abord, la constatation) de l'adaptation, tout en résolvant des problèmes, n'en pose pas nécessairement d'autres, que l' "étiologie" n'est habilitée, ni à trancher, ni, cependant, à récuser, et pour la maîtrise desquels le schème moniste (avec plus de puissance convaincante, peut-être, que celui d'une "harmonie préétablie") s'offre et s'impose invinciblement. C'est ainsi que, pour rendre compte de l'adaptation de la conscience à la matérialité, *L'Evolution créatrice*, en enseignant leur "origine commune", recourt à ce même schème et explique cette même "harmonie".

Ainsi, la lecture de Lamarck par Schopenhauer s'accompagne de deux commentaires. Au niveau de la science, elle met en évidence la finalité dont Lamarck, dans ses investigations positives, se sert comme d'un "fil conducteur", lors même qu'il ne conviendrait pas, sur le plan de la théorie, de sa légitimité scientifique. Elle restaure et réhabilite, à ce même niveau, l'idée proprement biologique de la finalité (en remontant, par-delà les querelles "physico-théologiques" de la tradition, à l'aristotélisme authentique, "perdu" et recouvert par cette même tradition), et en fait honneur à Lamarck. Au niveau, d'autre part, de la philosophie, elle interprète et approfondit cette idée par sa métaphysique de la Volonté. Par où elle prolonge, plutôt qu'elle n'abandonne, la conception lamarckienne de l'harmonie cosmique, et fait voir en même temps que le transformisme, s'il a besoin d'une métaphysique d'où il procède, en requiert encore une pour le dépasser.

DEUXIEME PARTIE

QUESTIONS DE METHODE

LA DIANOEMATIQUE

Ce qui a fait la renommée internationale de M. Gueroult, ce sont ses travaux monographiques, sur Fichte d'abord, puis sur les auteurs du XVIIe siècle : Descartes, Malebranche, Spinoza. Et il est bien certain que ces ouvrages illustrent avec éclat la fécondité de sa méthode d'exégèse, et la nouveauté des résultats qu'elle permet. Il est vrai aussi que ces livres répondent très exactement à l'intitulé de la chaire que M. Gueroult a occupée au Collège de France : *Histoire et technologie des systèmes philosophiques.* Le terme de technologie désigne l'étude des structures démonstratives propres à chaque système : de telles études, par définition, requièrent le cadre monographique. Toutefois, ces œuvres maîtresses ne sauraient suffire, ni en fait ni en droit, à délimiter le champ des investigations historiques de l'auteur, ni surtout à faire apparaître la visée philosophique qui inspire ses recherches.

En fait, d'abord, des études monographiques étaient préparées et largement avancées sur Leibniz et sur Kant. Des articles, nombreux et variés, embrassent autant dire toute l'histoire de la philosophie jusqu'à l'époque contemporaine. La pensée antique n'a cessé de nourrir les méditations de l'auteur. Ce n'est pas le fait du hasard si la première publication du futur titulaire de la chaire d'histoire de la philosophie moderne à la Sorbonne porte sur le Xe Livre des *Lois* (*R.E.G.*, 1924), à quoi s'ajouteront des études sur le *Phédon* (*R.M.M.*, 1926), sur le *Ménon* (*Bulletin de l'Université de Strasbourg,* 1935) et sur la méthode aristotélicienne (*Log. et Anal.*, 1963).

En fait donc, l'œuvre de l'historien ne se réduit pas aux monographies, et il serait étonnant que le philosophe se fût contenté de parcourir ainsi et d'explorer tout le domaine de la pensée occidentale, sans s'interroger sur le sens même de son exploration et sur la valeur des doctrines qui en fournissent l'objet.

Aussi bien, et en droit, on peut dire, à l'inverse, que l'auteur, n'aurait-il écrit que le *Descartes selon l'ordre des raisons*, était déjà engagé, par ce seul livre, dans une réflexion philosophique sur l'objet et sur le sens de l'historiographie de la philosophie. Car la méthode d'exégèse appliquée à Descartes présente une portée universelle, et elle permet, d'autre part, de définir le statut de l'œuvre philosophique en général. Annonçant « l'analyse objective des structures » des *Méditations*, l'*Avant-Propos* poursuit : « La découverte de telles structures est capitale pour l'étude de toute philosophie car c'est par elles que se constitue son monument à titre de *philosophie*, par opposition à la fable, au poème, à l'élévation spirituelle ou mystique, à la théorie scientifique générale, ou aux opinions métaphysiques ». Un peu plus loin, il est dit : « Sans insister sur cette question que nous traiterons ailleurs... » (p. 10 *sq*.). Cette « question » renvoie à la *Dianoématique*, qui désigne l'enquête fondamentale sur les conditions dernières de toute historiographie de la philosophie. Avant d'essayer d'en évoquer les traits principaux, il faut insister sur le fait que cette recherche toute nouvelle soit annoncée dans le *Descartes* : c'est qu'elle est proprement présupposée par ce livre – et par les monographies qui lui font suite –, en tant qu'elle est requise pour rendre compte des fondements ultimes de la méthode, sans laquelle aucun de ces livres n'aurait vu le jour. Aussi doit-on considérer que cette recherche représente – idéalement – la moitié de l'œuvre de M. Gueroult, puisqu'elle constitue la théorie philosophique qui sous-tend et qui légitime les exégèses historiques. Et cela est vrai même matériellement, puisque cette théorie est entièrement élaborée dans une première version, qui comprend quatre forts volumes, et dont des fragments ont été communiqués dans de nombreux articles et dans des cours. Sans faire état ici de cette version encore inédite, il suffira de s'en tenir aux travaux publiés, pour essayer de caractériser brièvement cet ouvrage.

Le projet d'ensemble est esquissé dans une note, placée au début d'une étude critique sur le livre d'E. Souriau, *L'Instauration philosophique* (*Mélanges Souriau*, Paris, 1952, p. 95), et se présente ainsi. Intitulé *Problème des rapports de la philosophie avec son passé*, l'«ouvrage comprendra deux livres: l'un portant sur l'*Histoire du problème* (Ière partie: De Xénophon au Cartésianisme (inclus); IIème partie: Allemagne, de Leibniz à nos jours; IIIème partie: France, du Cartésianisme (exclu) à nos jours); l'autre, sur la *Philosophie du problème* (Essai d'une *Dianoématique*)».

La *dianoématique* est le titre pour «une discipline portant sur les conditions de possibilité des philosophies (*dianoema*, doctrine) comme objets d'une histoire possible». Cette formule pose un rapport entre les philosophies et leur histoire. Ce rapport même revêt une triple signification, qui appelle et détermine le projet de la dianoématique: il se présente d'abord comme une constatation empirique. Cette constatation enveloppe des apories. Ces apories enfin vont motiver le projet de la dianoématique, et en définir la question fondamentale.

A titre de constatation empirique: toute doctrine philosophique est en rapport (généralement de polémique) avec des doctrines, contemporaines ou passées. Plus généralement, toute doctrine, même la plus novatrice, présuppose la tradition qui la précède. D'un point de vue pédagogique: «L'esprit philosophique ne saurait se former que par le contact avec les philosophies. Il s'engendre par une perpétuelle réflexion sur ses produits». Le premier terme de l'expression: histoire de la philosophie n'offre donc pas le même sens que, par exemple, en matière d'histoire politique ou d'histoire des sciences. Il implique sans doute une certaine temporalité; mais le principe d'Aristote: «Le temps est, de soi, cause de destruction plutôt que de génération» (*Phys.*, 222^{b} 19) n'est pas applicable à l'histoire de la philosophie: les doctrines, en naissant, acquièrent une «indestructibilité», qui les apparente aux oeuvres d'art.

De cette constatation et de cette comparaison surgissent des apories, qu'il n'y a pas lieu ici d'élaborer, et qui peuvent se ramener à celle-ci: si vraiment le statut de l'oeuvre philosophique était comparable à celui d'une oeuvre d'art, sa pérennité, pas plus que sa coexistence avec ses congénères, ne soulèverait aucune question: la recherche de l'essence de l'art (ou du beau) est l'affaire de l'esthétique, c'est-à-dire d'une discipline tardivement apparue. Pour l'historien de l'art, la pluralité des oeuvres et leur standard de beauté est une simple donnée qu'il se contente d'étudier et qui, en tant que donnée, ne soulève aucune question de principe. Au contraire, l'historien de la philosophie est en face d'oeuvres que leur singularité et leur «architecture» rend sans doute comparables à celles de l'art, mais qui, en outre, se trouvent comme en guerre ouverte les unes à l'égard des autres. Et cela, non pas à cause de leur diversité de *style,* mais en raison d'une prétention qui les constitue proprement et que l'historien ne saurait mettre entre parenthèses: leur prétention à être vraies. La pluralité de ces prétentions met la philosophie en état de «discorde avec son passé». A quoi il faut ajouter le progrès des sciences, qui laisse démunies (et, par là, privées de vérité) les doctrines du passé qui avaient cherché appui dans un état de la science désormais dépassé ou même, parfois, réfuté. Que la prétention d'un système à être vrai, soit contredite par les prétentions concurrentes des autres systèmes et par l'«avancement des sciences» (Bacon), cela seul, sans doute, ne fournit pas matière à aporie. Mais bien ce fait incontestable qu'en dépit de cette double contradiction, le système n'en continue pas moins à survivre et à conserver intacte sa substantialité proprement philosophique.

La survie des systèmes, en effet, à titre de donnée empirique, ne se réduit pas à la survivance matérielle, telle qu'elle serait assurée par les manuscrits, les éditions, les commentaires ou les manuels: elle s'étend à leur sens même, à leur visée de la vérité, bref à leur essence philosophique. Cette aporie affecte «les philosophies». Mais elle affecte tout autant, et par là même *la* philosophie, laquelle, comme Hegel y avait insisté, ne nous est jamais donnée que dans la pluralité des systèmes, situés dans ce *milieu* qui semble tenir de l'éternité, tout autant que de la temporalité, et qu'on appelle *histoire*, terme, ici, équivoque, puisqu'il renvoie à un domaine, où se place la génération, mais non point la corruption.

C'est cet état de choses qui fait concevoir, et proprement motive le projet de la dianoématique. Ce projet dont l'élaboration, à ce jour, est restée inédite, s'est formulé principalement dans deux écrits: *Le problème de la légitimité de l'histoire de la philosophie* (in *La philosophie et l'histoire de la philosophie*, Rome/Paris, 1956) et *La discorde de la philosophie avec son passé* (Milan, 1965). De ces deux écrits (auxquels on joindra la *Leçon inaugurale*, faite le 4 décembre 1951, au Collège de France), on retiendra ici, pour caractériser ce projet, deux comparaisons, et un programme. Une comparaison, tout d'abord, est possible avec l'esthétique: la dianoématique «serait à l'égard des monuments philosophiques l'équivalent d'une esthétique ou théorie transcendantale de la possibilité des oeuvres d'art comme objets possibles d'une histoire de l'art» (*Discorde*, p. 21). La seconde comparaison est plutôt négative: elle consiste à écarter, en dépit de la formulation kantienne du problème, tout rapprochement avec la Première *Critique*: «Le problème de la légitimité de l'histoire de la philosophie n'a donc rien à voir avec celui de la métaphysique comme science, que Kant croyait pouvoir résoudre par référence à la solution du problème de la légitimité de la science, car on admet ici, préalablement, l'existence de cette histoire dont on recherche la possibilité, tandis que Kant posait le problème d'une métaphysique n'ayant encore jamais existé. Il s'agit de rechercher, non pas *si* cette histoire est possible et légitime, mais — son existence comme fait donné étant indubitable — *comment* elle l'est» (*Probl. de la légit.*, p. 45 *sq.*).

Quant au programme d'une telle recherche, il semble se spécifier en deux questions, dont la première, conformément au projet même, serait proprement transcendantale, mais dont la seconde aura trait, ne fût-ce que négativement, à l'ontologie. En premier lieu, en effet, il faut enquêter sur le «passage de la vérité de jugement» (laquelle est visée par tout système) «à la vérité intrinsèque» (laquelle, seule, est effectivement atteinte), et ce sont les conditions de possibilité de ce passage qui définissent proprement le problème transcendantal. Mais la pluralité des jugements de vérité, émis, respectivement, par chaque système, renvoie au problème de la «vraie réalité» (*Probl. de la légit.*, p. 68). Cette dernière question, qui lui est confiée par chacune des philosophies, en «discorde» entre elles, la dianoématique l'accueille à son tour, que ce soit à des fins d'arbitrage, ou pour prononcer un *non liquet* argumenté. Toujours est-il que la dianoématique, de transcendantale qu'elle était d'abord, devra ensuite se faire ontologie, lors même qu'elle n'aurait pas à enseigner quelque ontologie dogmatique. Car, à s'en tenir au seul problème transcendantal, elle trahirait la vocation même des philosophies sur lesquelles elle prétend enquêter: toutes, en effet, construisent une représentation du réel, et c'est en cela même que consiste leur «jugement de vérité».

Tel est, brièvement indiqué, ce projet de Dianoématique, pour autant qu'il résulte des textes jusqu'ici publiés. On se bornera donc, pour essayer d'en apprécier la visée, aux remarques suivantes.

1. Définie comme «philosophie des philosophies», la Dianoématique ne pouvait cependant être conçue que par un historien. Plus précisément: par un historien pratiquant la «technologie des systèmes», c'est-à-dire «l'analyse des techniques constitutives» de chaque doctrine (*Leç. inaug.*, p. 30). Une telle analyse seule, en effet, permet de comprendre toute doctrine comme douée d'une vérité intrinsèque, indépendante de sa «vérité de jugement».

2. Plus généralement: l'enracinement de la dianoématique dans l'histoire est fondamental et peut se préciser à deux égards: a) Objectivement, d'abord, et à titre de fait, ayant donné naissance, successivement, à la pluralité des systèmes, l'histoire suscite, parallèlement et continûment, la question de la vérité, partielle ou exclusive, qu'il convient d'accorder à l'un ou à tous ces systèmes.

Autrement dit: c'est l'histoire même de la philosophie, qui pose les prémisses dont le projet de la dianoématique est la conclusion provisoire; b) d'où, méthodologiquement, la place faite, dans l'économie de l'ouvrage, à l'*Histoire du problème*, répartie sur trois livres.

3. Cette histoire du problème (qui ne se confond pas avec l'histoire de la philosophie) serait, en un sens, l'histoire de l'historiographie de la philosophie. Mario Dal Pra avait consacré à ce sujet un livre, borné à l'antiquité (Milan, 1950), dont M. Gueroult a rendu compte dans la *Revue philosophique* (1959, p. 116). De fait, l'histoire du problème ne porte que subsidiairement sur l'historiographie comme telle: elle s'attache essentiellement à recenser et à soumettre à une analyse critique, les tentatives faites depuis l'Antiquité de résoudre le problème posé par le pluralisme des doctrines, de concilier les doctrines entre elles et avec leur passé. A la différence de la simple doxographie, il s'agit donc d'une histoire qui envisage les philosophies en tant, précisément, que leur diversité et leur divergence font problème. Les fondateurs d'une histoire de la philosophie ainsi entendue sont Aristote (*Disc.*, p. 8) et Hegel. Cette comparaison est précisée dans *Logique, argumentation et histoire de la philosophie chez Aristote* (*Logique et Analyse*, déc. 1963, p. 431), étude qui forme un chapitre de l'*Histoire du problème*.

4. D'autres chapitres de cette *Histoire* ont été publiés: sur Renouvier (*Rev. de théol. et de phil.*, 1967), Dilthey (*Revista brasil. di filos.*, 1952), Brunschvicg (*Bull. de la Sté fr. de Phil.*, 1954), Bergson (*Etudes bergs.*, V, 1960), Bréhier (*Revista brasil. di filos.*, 1954; *cf. R. M. M.*, 1952), E. Souriau (*Mélanges Souriau*, 1952). — Ces études peuvent appeler deux remarques. La première, c'est qu'elles comportent généralement deux parties: un exposé analytique, suivi d'une critique. Elles appliquent donc, à cet égard, une démarche des plus classiques, bien différente de celle qui est suivie dans les grandes monographies, où il s'agit, par la mise en évidence de l'architectonique de l'oeuvre, de montrer la profonde cohérence de la pensée de Descartes ou de celle de Spinoza, mais nullement de les critiquer. Il faut bien qu'il en soit ainsi, puisque l'*Histoire du problème*, préalable à la *Philosophie du problème*, est en même temps l'histoire des erreurs. On comprend donc très bien que chaque chapitre doive se conclure sur une *pars destruens*.

5. La seconde remarque est d'une portée plus générale. Il pourrait sembler, à en juger d'après les fragments jusqu'ici publiés de l'Histoire du problème, que cette histoire ne soit «historique» qu'en apparence, et qu'elle brise en réalité le devenir de la pensée philo-

sophique par une succession discontinue d'enquêtes monographiques. A quoi il faut répondre deux choses. La première, c'est qu'incontestablement l'intérêt de M. Gueroult était attiré par les doctrines, plutôt que par les courants: l'étude de ceux-ci répondant à l'aspect historique de l'histoire de la philosophie, l'étude de celles-là répondant à son aspect philosophique, et formant proprement l'objet de la «technologie des systèmes». Ces deux manières de concevoir et de pratiquer l'histoire de la philosophie sont opposées et définies avec toute la clarté souhaitable dans *La discorde de la philosophie* ... (p. 17 *sq.*), et la préférence de l'auteur est nettement marquée. Cela étant dit et reconnu, il convient d'ajouter, et c'est là le second point: qu'il s'agit là d'une préférence, et nullement d'une infirmité. La preuve en serait fournie par cet écrit même sur *La discorde,* qui renferme, en une dizaine de pages, un raccourci saisissant de l'histoire du problème, des Anciens au XXe siècle. Une histoire proprement dite, plus élaborée et plus technique, est donnée dans le chapitre liminaire de la thèse sur Fichte: les *Antécédents doctrinaux de la Doctrine de la Science* (ESDS, I) débrouillent une période de la pensée allemande, où s'enchevêtrent les courants et les problèmes, et en écrivent le récit d'une manière qui en fait un modèle du genre. Pour ce qui concerne, plus précisément, l'Histoire du Problème, on peut penser que les considérations proprement historiques n'en sont nullement absentes, comme cela ressort à l'évidence de la partie consacrée au XVIIe siècle français et, plus particulièrement à Pascal et Huet, qui a fait l'objet d'un cours professé au Collège de France (*cf. Annuaire du Collège de France,* 1957, pp. 217—231). — Il est trop clair, enfin, que même les grandes monographies ne négligent pas les courants d'idées, le contexte politique et sociologique, ni, s'il y a lieu, les questions de biographie. Seulement, elles se refusent à en faire l'essentiel, et à confondre les éléments qui conditionnent une philosophie avec ceux qui la constituent.

6. Or ce qui constitue, le plus visiblement, une pensée philosophique, c'est l'oeuvre écrite. La formule qui définit la dianoématique parle indifféremment des «philosophies» et des «oeuvres philosophiques» (*Probl. de la légitimité* ..., p. 68). Cette identification, ou réduction, permet de caractériser tout système à l'aide de deux comparaisons, dont aucune, prise séparément, n'est pertinente, mais dont la conjonction peut aider à serrer de plus près «le mystère philosophique» (*ibid.*): le système tient à la fois de la science (par son «jugement de vérité») et de l'oeuvre d'art (en tant qu'instauré par une architectonique). La première comparaison se

justifie en intention (par la prétention du système à la vérité), mais non en fait (cette prétention étant contredite par les prétentions concurrentes des autres systèmes, et aussi par le progrès des sciences); la seconde comparaison est correcte en fait (l'oeuvre philosophique, tout comme l'oeuvre d'art, est douée d'une vérité intrinsèque), mais non en intention (autrement que l'oeuvre d'art, l'oeuvre philosophique vise une vérité extrinsèque). C'est à éclaircir ce «mystère», qu'est requise la dianoématique.

7. L'inspiration kantienne de ce projet saute aux yeux. Elle est indiquée d'ailleurs, bien qu'assortie de quelques réserves, dans *Le problème de la légitimité* . . ., p. 45. Il s'agit bien à partir d'un fait (l'indestructibilité, empiriquement constatable, des systèmes), de poser la question du *quid juris*, et d'en rechercher les conditions de possibilité. On ajoutera que même la conception kantienne d'une *Histoire de la Raison pure* n'est pas sans analogie (et lui apporte sa justification philosophique) avec la première partie de l'ouvrage, consacrée, comme on l'a indiqué plus haut, à l'*Histoire du problème*. Le point de départ empirique, sinon de l'enquête, du moins du problème, pourrait même justifier la réduction des «philosophies» aux «oeuvres». Cette réduction, sans doute, laisse hors de la philosophie de larges parties de la pensée orientale et, dans l'Occident même, les philosophes qui n'ont pas été des «auteurs»: Socrate, les maîtres de la Nouvelle Académie, Ammonios Saccas et, peu s'en est fallu, Epictète et Plotin. Elle est admissible, pourtant, à l'intérieur d'une aire culturelle que l'on peut, avec Husserl, considérer comme le lieu privilégié de *la* philosophie, et à titre, précisément, de constatation empirique (on pourrait rappeler, à cet égard, que, dans d'autres domaines aussi bien, par exemple en matière d'esthétique, la recherche contemporaine tend à interpréter l'universalité kantienne comme une généralité sociologique).

8. Ce point de départ empirique est de la dernière importance: M. Gueroult y a insisté souvent, et c'est ce départ qui donne sa véritable originalité au projet de la dianoématique. Il ne s'agit pas, en effet, d'aborder le problème avec une idée préconçue de ce qu'est ou devrait être la philosophie (comme c'est le cas chez Hegel, Dilthey, Renouvier, Bergson ou E. Gilson). Ce que l'on sait, au départ, c'est seulement ce que sont les philosophies (car il n'y a pas là, où nous restons sur le sol ferme de l'expérience, matière à préjugé). Mais sur ce qu'est *la* philosophie, nous ne serons renseignés qu'au terme de l'enquête: «La détermination de *ce qu'est* la philosophie, de son essence, de la sorte de vérité qui est la sienne, est

ce qui doit *conclure* l'investigation, et non ce qui doit l'introduire» (*Le problème de la légitimité* . . ., p. 52).

9. Un des résultats auxquels aboutit la dianoématique, en tant que «problématique de la réalité», c'est qu'«on doit conjecturer que, puisqu'il n'y a pas d'autre réalité que celle qu'institue à chaque fois la pensée philosophante, celle-ci ne saurait en aucun cas fonder sa validité sur sa prétendue conformité à un réel tout fait, antérieur à son décret» (*Le problème de la légitimité* . . ., p. 68). — Ici encore, la fidélité à l'égard du criticisme kantien paraît certaine.

10. Un autre résultat, et non des moins importants, paraît comme anticipé dans la manière même dont est défini le problème. — Le système vise la vérité extrinsèque de la science, mais doit se contenter de la vérité intrinsèque de l'oeuvre d'art. Il y a là (et nous avons trouvé la même structure ailleurs, chez les philosophes de l'axiologie et, en particulier, chez Scheler) comme un dédoublement de la conscience. Le philosophe vise ce qu'il n'atteint pas, et atteint ce qu'il n'avait pas visé. Il ne garde, de ce fait, que la conscience de sa visée: la conscience (et le savoir) de son échec et de sa réussite non-intentionnée est attribuée au dianoématicien. Comment d'ailleurs en serait-il autrement, puisque cette discipline inédite est appelée à résoudre le «mystère philosophique» auquel, par définition, aucun philosophe, à ce jour, n'est encore parvenu à arracher son voile? On voit l'ambition héroïque, au sens grec du terme, de l'entreprise. Mais c'est un Grec aussi, qui avait dit: καλὸς γὰρ ὁ κίνδυνος.

REMARQUES SUR LA MÉTHODE STRUCTURALE EN HISTOIRE DE LA PHILOSOPHIE

L'histoire de ce qu'on appelle structuralisme est encore à écrire. En tant que, selon la formule de J. Piaget, «le structuralisme est bien une méthode et non pas une doctrine»[1], cette tâche relèverait de l'histoire des sciences, et elle requerrait, pour être menée à bien, un spécialiste d'une compétence quasi universelle. Pareil titre, en revanche, n'est nullement exigible de l'historien des idées qui envisagerait, lui, le structuralisme en tant que conception du monde, idéologie politique, courant littéraire, mode journalistique, bref en tant que «doctrine».

Peut-être d'ailleurs est-il contradictoire de concevoir l'histoire d'une notion qui, dès l'origine, s'est définie en marge de l'histoire ou contre elle. Peut-être aussi la seule manière adéquate de connaître la méthode des structures dans l'une du moins des nombreuses sciences qui la revendiquent aujourd'hui consiste-t-elle à la pratiquer soi-même dans un domaine précis. Les modalités d'application de cette méthode diffèrent en effet d'une science à l'autre, au point de rendre incorrect l'emploi même du terme d'application: comme s'il s'agissait d'une méthode préexistante qui, ensuite, subirait des variations selon la diversité des terrains cultivés. Il n'est même pas sûr que l'on puisse, de ces variations, dégager après coup une méthodologie universelle, si ce n'est sous une forme abstraite et vague, dont la généralité et la banalité ne retiendraient rien du travail effectif des savants et de leur démarche réelle. Il est vrai, d'autre part, que même la pratique concrète de cette méthode n'habilite pas nécessairement à en effectuer la théorisation, ni même, plus modestement, à en fournir un compte rendu réfléchi, au sens propre du terme. Tant il est vrai que la mise en œuvre des «catégories de la connaissance» n'implique pas forcément la «connaissance des catégories»[2].

Dans un chapitre liminaire où il souligne «l'importance de la pluralité originaire des formes du structuralisme», G.-G. Granger énumère, outre la linguistique saussurienne et les travaux des mathématiciens bourbakistes, comme «troisième source du structuralisme», l'histoire de la philosophie[3] (à quoi l'on ajouterait la sociologie[4]). — En se limitant pour l'essentiel aux travaux de l'auteur (parce qu'il est malaisé, en l'espèce, de parler au nom d'autrui et qu'il n'existe pas, en matière d'histoire de la philosophie, une «école structuraliste» proprement dite), on se propose de présenter ci-après quelques remarques non exhaustives pour servir à une réflexion possible sur l'idée de structure dans l'exégèse philosophique.

I

1. «Ce qui est essentiel dans une pensée philosophique, écrit E. Bréhier, c'est une certaine structure.»[5] Cette idée est précisée et développée dans un chapitre de la *Transformation de la philosophie française*, sous le titre de «genèse et structure»[6]. L'opposition est éclairante à plusieurs égards. Elle anticipe, en 1950, les affrontements idéologiques qui devaient se produire plus tard entre partisans de l'histoire et tenants de la structure; elle rend compte d'une des plus puissantes motivations qui ont conduit à la création et au perfectionnement de la notion de structure en tant qu'instrument scientifique: le souci de mettre un outil solide et adéquat à la place de la «genèse dont la recherche a causé tant de déceptions»[7]. Elle peut, enfin, introduire directement à l'histoire de la philosophie.

Pendant longtemps, en effet, cette discipline avait cru faire des progrès décisifs et se constituer en une science digne de ce nom, en travaillant sous le signe de l'évolution. Ce faisant, elle subissait l'influence occulte d'un hégélianisme vulgarisé et laïcisé[8] et, plus consciemment, l'attrait du positivisme comtiste (et aussi spencérien), ainsi que le prestige des goûts biologiques de l'époque. Les méthodes et les procédés alors mis en œuvre ont certes abouti à des résultats utiles et, partiellement, sûrs. Mais ces résultats ne donnent pas accès au *sens* des doctrines étudiées et, en ce qui concerne notamment Platon et Aristote qui ont fourni aux recherches évolutionnistes leurs principaux champs d'application, ces résultats restent largement tributaires de l'hypothèse qui les soutient: l'idée d'évolution. Or cette hypothèse s'est révélée arbitraire et simplifiante; elle entraîne à confondre la chronologie des œuvres avec l'itinéraire philosophique de l'auteur, à interpréter cet itinéraire selon le mode biologique; enfin et surtout elle invite à exagérer les obscurités et les «contradictions» apparentes des textes, sans chercher à les approfondir, parce qu'elle y trouve autant de points commodes pour tracer sa courbe ou postuler des «strates»; elle aboutit souvent, «grâce à des cercles nombreux, à affirmer ce qui est en question et à expliquer les obscurités doctrinales par une évolution qui, elle-même, s'est construite principalement avec ces obscurités»[9].

L'hypothèse, sans doute, conserve des partisans, mus d'ailleurs par des motifs qui ne sont pas les mêmes chez tous, ni, nécessairement, d'ordre strictement scientifique. Dans l'ensemble, cependant, on peut appliquer à l'histoire de la philosophie ce que Bréhier disait, plus généralement, de la «déception» qu'avait causée la recherche de la genèse. L'idée d'évolution ne joue plus aucun rôle dans la thèse du P. Le Blond (1939), c'est-à-dire dans un des livres les plus novateurs, à sa parution; elle est absente également de la thèse de P. Aubenque (1962) et même de l'ouvrage de Ph. Merlan[10]. Quant aux tentatives récentes d'appliquer le schème évolutionniste de W. Jaeger à la «psychologie» d'Aristote (F. Nuyens, 1948; Ch. Lefèvre, 1972), on admettra difficilement qu'elles aient abouti à des résultats solides, et ce schème même a été critiqué[11]. — Pour ce qui est de Platon, P. Shorey s'était élevé, dès 1933, contre l'arbitraire de l'hypothèse évolutionniste et avait dénoncé la fausse rhétorique qui, souvent, lui avait servi de support[12]; plus récemment, H. Cherniss a explicitement récusé, de son côté, cette hypothèse, où il voit «only a version of the pathetic fallacy»[13]. Et c'est une réflexion sur l'insuffisance des méthodes génétiques qui avait dicté mes recherches sur la structure des *Dialogues* de Platon.

2. Ce qu'on peut dire de plus général et de moins contestable sur l'idée de structure, c'est que le terme renvoie à un «système de relations», à une «totalité dont les éléments ne peuvent être analysés sans référence à cette totalité»: il est vrai qu'à partir de là, «on se demande comment une idée aussi banale a pu provoquer une révolution scientifique»[14]. — De fait, lors de son usage scientifique, cette «idée banale» — tant au niveau épistémologique que dans ses applications concrètes dans le cadre des différentes disciplines — reçoit une élaboration plus technique[15] et permet des résultats qui ne sont rien de moins que communs. — Mais il est vrai que cette idée est, sinon banale, du moins assez ancienne. Elle résume la structure de la fable tragique, selon Aristote[16]; elle peut caractériser l'idée même que certains auteurs se font de la philosophie: on la trouve dans le concept de l'implication réciproque *(antakolouthia)* des stoïciens[17], dans la conception schopenhauerienne, opposée à celle d'un système déductif et linéaire[18] (conception qui pourrait être rapprochée de celle de Bergson[19]); l'*Architectonique de la raison pure* (où le tout comme système articulé s'oppose à un amas *(coacervatio)*[20]) est commandée par l'«harmonie finale du système de nos facultés»[21], c'est-à-dire qu'elle est déjà conçue selon le modèle d'une totalité organique et téléologique[22] (et, comme telle, d'ordre biologique plutôt qu'historique)[23].

On peut rappeler que F. Bopp, assimilant la langue à un organisme, donne à ce dernier mot «le sens que nous donnons à celui de structure»[24]. Quant au système philosophique, tous les auteurs, sans doute, ne le conçoivent pas à la manière d'un tout organique[24a]; mais l'on peut penser qu'en écrivant: «Etre conséquent est le suprême office du philosophe et c'est pourtant ce qu'on rencontre le moins souvent», Kant n'a pas seulement en vue une suite démonstrative.

L'idée de structure est donc liée à celle de système et pourrait aider à formuler, sur des bases nouvelles, la question de savoir ce qu'est une doctrine philosophique et, par là, la philosophie elle-même. Comme cette question déborderait le cadre d'un exposé seulement méthodologique, on doit se borner à indiquer au moins des travaux où l'on trouve déjà, pour essayer de la résoudre, la mise en œuvre de l'idée de structure, sinon le terme même. On pourrait citer ainsi les livres de K. Groos[25], de H. Leisegang[26] et, en Angleterre, les ouvrages de R. G. Collingwood[27]. En France, il faut rappeler le livre d'E. Souriau que la date de sa parution a privé en partie du retentissement qu'il aurait dû avoir[28]. M. Gueroult qui, plus que personne, a illustré la méthode des structures, a consacré au problème de l'essence de la philosophie un ouvrage pour une part historique et dont la partie systématique devait prendre le titre de *Dianoématique*[29]. De cet ouvrage, longtemps resté inédit, des fragments ont été communiqués dans des articles et des cours[30]; la partie systématique vient d'être publiée par les soins de Ginette Dreyfus[31].

II

3. Ce qu'on peut dire de plus simple et de plus fondamental de la méthode structurale en histoire de la philosophie est compris dans une idée, commune à beaucoup de philosophies du XVIIIe siècle jusqu'à Kant, et que Rousseau a formulée ainsi: «Comparer, c'est juger.»[32] Ce qui signifie, à la limite, qu'aucune structure n'est intelligible à l'état isolé (où elle reste, au contraire, une donnée à expliquer), mais seulement grâce à la confrontation avec une autre structure (sollicitée ou construite, elle, à titre de modèle[33] explicatif). C'est ainsi qu'au IVe livre de la *République*, la structure de la Cité avec ses trois classes sociales est explicative de cette autre structure qu'est la tripartition de l'âme. Mais l'organisation sociale de la Cité elle-même n'est pas intelligible de soi et grâce au nombre trois, mais seulement à l'aide d'une nouvelle structure qu'elle renferme, et qui

est l'harmonisation, sous l'action de la justice, des trois autres vertus dites cardinales. La tripartition de l'âme, de son côté, ne peut s'expliquer par l'ordre social et le nombre trois que parce qu'à son tour elle est éclairée par la dialectique des quatre vertus.

Pour prendre un autre exemple: si le mythe hésiodique des races exige une explication, c'est parce que, tout en présentant une structure lui-même, il en renferme une autre, mais qui, loin d'expliquer la première, la rend apparemment incohérente. De prime abord, en effet, on est en face d'un récit de la succession des races d'«hommes périssables», races dont la valeur décroissante s'exprime (et s'explicite) par la mention des métaux qui, à chacune d'elles, servent comme d'emblèmes. Mais, d'autre part, ces hommes «périssables» accèdent, au terme de leur séjour terrestre, à une condition quasi divine; de plus, vers la fin de cette série s'introduit un élément apparemment incompatible avec l'économie primitive du récit: la «race divine des héros», dont on voit mal la place parmi ces hommes périssables et auxquels aucun emblème métallique n'est réservé. — Comme le texte tel qu'il est, se comprend difficilement, on cherchera donc une autre structure qui puisse en expliquer l'ordonnance. On a pu ainsi faire appel, soit au système de la tripartition fonctionnelle des Indo-Européens (comme cela a été proposé, à la suite d'une suggestion faite, en 1941, par G. Dumézil, par J.-P. Vernant, en 1960), soit à la théologie des êtres divins, attestée par les Inscriptions et enseignée par les Pythagoriciens, par Platon et par Plutarque (comme je l'avais indiqué moi-même, en 1950). Ces deux tentatives de solution ont ensuite fait l'objet d'une controverse amicale et même, jusqu'à un certain point, d'un accord de principe[34]; la dernière prise de position à l'égard de ce problème est, à ma connaissance, celle de E. R. Dodds[35].

4. Peu importe ici le détail de ces deux tentatives de solution, et même la préférence qu'on veuille accorder à l'une ou l'autre. Mais elles permettent, à partir du texte d'Hésiode, joint à celui de Platon, de dégager un certain nombre de conclusions.

a) Les deux solutions conviennent en ceci qu'elles se proposent d'éclairer une structure donnée, de prime abord obscure et incohérente, à la lumière d'une structure connue et, en elle-même, claire, bien qu'à chaque fois située, primitivement, dans un contexte tout à fait différent.

b) On remarquera, par parenthèse, que les deux structures sollicitées (théologie grecque tripartite et tripartition fonctionnelle indo-européenne) se présentent, précisément, comme des structures, alors que c'est un récit apparemment historique qu'elles sont appelées à expliquer. Or si l'on admet la solution théologique, la classification des êtres divins ne serait pas seulement invoquée comme schème explicatif que l'historien rapprocherait plus ou moins arbitrairement du mythe: elle serait visée par l'intention consciente du poète même, et alors le texte d'Hésiode serait doublement mémorable, puisqu'il constituerait un des plus anciens exemples, sinon le plus ancien, d'une «conciliation tentée entre un mythe génétique et une division structurale»[36]. Un exemple plus tardif sera fourni par le Ve chant de Lucrèce, où l'histoire de la civilisation «est en quelque sorte l'étalement dans le temps de la hiérarchie épicurienne des désirs»[37], ou encore, les deux interprétations ne s'excluant nullement, un catalogue des inventions humaines, d'une «heurématologie»[38].

c) La méthode d'explication (ou de recherche) structurale, qu'elle soit pratiquée par l'historien ou, comme dans le cas de la *République*, par le philosophe même, peut s'appeler du terme platonicien de *paradigme.* Le procédé est clairement formulé par Platon: «Si l'on demandait à des gens qui n'ont pas la vue bien perçante de lire à longue distance de petites lettres, et que quelqu'un s'avisât que ces mêmes lettres se trouvent peut-être ailleurs en plus grand et sur une surface plus grande, ce serait, j'imagine, une vraie chance de déchiffrer d'abord celles-ci et d'examiner ensuite les plus petites pour voir si ce sont justement les mêmes» (*Rép.*, II, 368 d).

Dans la mesure où, dans les exemples jusqu'ici envisagés, il s'agissait d'une coordination de terme à terme, on peut caractériser ce procédé, consciemment appliqué par les auteurs mêmes, comme celui des «séries correspondantes»; on en trouverait bien d'autres exemples chez Platon ou Plutarque, chez les stoïciens ou chez Kant[39].

d) Comme il y a de fausses évidences, il ne suffit pas de coordonner deux séries dont on proclamerait l'une explicative de l'autre: il faut encore rendre compte de la légitimité de la coordination même. C'est ce qu'indique très bien le texte qu'on vient de citer: commencer par lire les gros caractères et examiner ensuite les autres «pour voir si ce sont justement les mêmes». Dans l'exemple choisi par Platon, cette légitimité se manifeste elle-même, comme dans le déchiffrement de la pierre de Rosette. C'est que les lettres sont d'elles-mêmes signifiantes et porteuses d'un sens univoque. Il peut encore en être de même, en matière de linguistique, par exemple, de sociologie ou de sociologie religieuse. Ainsi le lien historique fournit une légitimité de principe à des comparaisons structurales entre l'indo-européen et les langues qui en sont dérivées, ou encore, comme dans les travaux de G. Dumézil, entre les civilisations de l'Inde, de l'Iran, de Rome, des Germains ou des Celtes, qui ont gardé quelque chose de leur origine.

A ignorer la nécessité d'un tel principe légitimant la comparaison, on risque de tomber dans l'arbitraire et de succomber à des apparences trompeuses: «Ce qui, aux yeux de beaucoup, avait discrédité longtemps l'analyse structurale, en matière de mythologie comparée, c'était l'apparence d'arbitraire dans le choix des matériaux: n'importe quoi pouvant être comparé à n'importe quoi. Que ces critiques n'aient pas été, en l'espèce, pertinentes, n'est pas une raison, surtout aujourd'hui où la «méthode structuraliste» subit tant d'applications fantaisistes, d'en méconnaître le fondement de principe. Il peut y avoir, sans doute, des structures communes «spontanées»: encore, la plupart du temps, posent-elles plus de problèmes qu'elles ne permettent d'en résoudre. Mais l'on doit, chaque fois qu'on le peut, justifier, avant toute analyse de détail, des conditions de possibilité de la confrontation, surtout quand il s'agit d'un texte littéraire (ou philosophique).»[40]

On peut ajouter que ce problème qui nous est imposé aujourd'hui par certaines méthodes (et modes) contemporaines, n'a rien de nouveau: Platon et Aristote avaient recommandé, comme le signe d'un esprit philosophique, d'apercevoir des similitudes entre des choses en apparence très éloignées les unes des autres: de telles recherches correspondent en philosophie à ce qu'en matière de stylistique on appelle l'usage des métaphores; or les manuels antiques de rhétorique s'accordent pour mettre en garde contre l'emploi inconsidéré ou arbitraire de ce procédé[41].

e) Quand il s'agit de textes, littéraires ou philosophiques, justifier des conditions de possibilité de la comparaison, c'est, essentiellement, montrer que la structure explicative alléguée a pu entrer dans le champ de conscience, sinon dans l'intention de l'écrivain. Ainsi, on peut bien confronter l'ordre des trois classes sociales des peuples indo-européens avec la tripartition de la *République*: on aura proposé par là un «modèle» objectivement et historiquement acceptable et, d'un point de vue sociologique, éclairant: mais la comparaison n'est explicative du texte même que si l'on parvient à répondre affirmativement à cette question: «Platon en avait-il conscience?» En soulevant cette question, à propos d'un livre de G. Dumézil, E. Bréhier a exactement formulé le problème qui se pose ici[42]. On ferait une remarque analogue au sujet du mythe hésiodique des races: la tripartition fonctionnelle indo-européenne, si elle peut être objectivement juxtaposée au texte (et, par là, fournir une contribution à la sociologie religieuse), n'en éclaire pas la visée interne; alors que la théologie tripartite permet de ressaisir le sens, et le sens tout à fait nouveau, que le poète confère à l'antique récit des âges du monde dont il fait le mythe étiologique de cette hiérarchie; elle permet, autrement dit, de retrouver l'intention de l'auteur.

Or c'est l'intention de l'auteur qui, en dernier ressort, devra légitimer les confrontations, et c'est à partir de là que l'on peut poser, d'une manière plus précise, le problème de la méthode des structures appliquée aux textes philosophiques.

III

5. Il y deux manières de lire les auteurs. La première consiste à en prendre une connaissance historique, comme disait Kant, une *cognitio ex datis*, et c'est un détour inutile pour arriver à l'énoncé des «philosophèmes» que l'on trouverait, exposés plus succinctement et, souvent plus clairement, dans les recueils doxographiques, antiques ou modernes. La seconde consiste à les lire comme ferait l'apprenti-géomètre des *Eléments* d'Euclide: elle s'efforce de comprendre les *dogmata* comme ce qu'ils étaient pour l'auteur même, c'est-à-dire comme des *mathemata*[43]. Or quand il s'agit de théorèmes philosophiques, la démonstration, selon la réponse que Hegel a faite à Kant, n'est pas «une affaire extérieure à la chose», parce que la philosophie est «le processus qui engendre pour lui ses moments et les parcourt, et c'est ce mouvement entier qui constitue sa positivité et sa vérité»[44]. C'est pourquoi, s'il est vrai que l'on «ne peut jamais apprendre la philosophie, si ce n'est historiquement», cette lecture est en même temps le seul moyen d'«apprendre à philosopher»[45], parce qu'elle rattache les *dogmes* à leurs principes et, par là, mérite le nom de *cognitio ex principiis.* Le «processus qui engendre pour lui ses moments et les parcourt», c'est ce qui, au sens étymologique du mot, constitue pour une philosophie sa *méthode*, et j'appelle structure d'une œuvre ou d'une doctrine l'ensemble des procédés de recherche, de découverte, d'exposition et de démonstration qui en assurent la cohérence et lui confèrent son intelligibilité. De la part de l'historien, la méthode structurale est l'effort pour mettre en évidence cette structure, ce qui peut se faire, il est vrai, à des niveaux et à l'aide de termes de comparaison différents.

On pourrait soutenir que la philosophie grecque, dès ses origines, s'est posé des questions de méthode. Ce qui est certain c'est qu'à partir de Zénon d'Elée à qui Aristote attribue l'invention de la dialectique, les grands philosophes de l'Antiquité, Platon, Aristote, Chrysippe, Plotin ne séparent pas leur recherche doctrinale d'une réflexion sur les conditions théoriques de celle-ci; on sait l'importance des méthodes, très diverses d'ailleurs, qu'a élaborées et mises en œuvre la pensée médiévale[46]; le

XVIIe siècle peut être caractérisé comme celui du *Discours de la méthode*: tous les grands Cartésiens en ont composé l'équivalent; les considérations de méthode jouent un rôle déterminant chez Kant et les Postkantiens; cela est vrai également pour Aug. Comte et Renouvier, de même, faut-il ajouter, et en dépit des apparences, pour Bergson; à l'époque contemporaine, de Husserl à la philosophie analytique, on peut même se demander si les réflexions de méthode ne deviennent pas toute la philosophie.

Or la méthode enseignée par un philosophe est le premier terme, le plus apparent et le plus accessible, qu'on doive comparer à l'œuvre où la méthode est appliquée; cette confrontation est légitimée et même exigée par l'auteur même, et l'on peut généraliser à cet égard ce que Descartes écrit de la méthode exposée dans le *Discours*: «Elle consiste plus en pratique qu'en théorie, et je nomme les traités suivants des *Essais de cette Méthode*, parce que je prétends que les choses qu'ils contiennent n'ont pu être trouvées sans elle, et qu'on peut connaître par eux ce qu'elle vaut.»[47] — On doit rappeler ici la thèse du P. Le Blond qui, tout entière, a été inspirée par cette idée, alors toute nouvelle, que la méthode d'Aristote est connue très imparfaitement par la lecture du seul *Organon*, si on n'y joint «sa pratique de la science»: d'où le programme formulé dans les titres donnés aux deux parties de l'ouvrage: *I. La méthode d'après la théorie de la science; II. La méthode dans les traités de science*[48]. — Chez Platon, la méthode dialectique est étroitement solidaire de la structure des *Dialogues*; il y a là, pour le lecteur, un rapport symétrique; puisque, autant la méthode dialectique permet d'élucider la structure des écrits platoniciens, autant la démarche concrète de ces écrits contribue à éclairer les indications théoriques que Platon a données sur sa méthode. — Le système stoïcien est commandé, dans chacune de ses trois parties, par la théorie logique de la *conséquence* et de l'*implication réciproque*. — Dans ses *Méditations*, Descartes suit la méthode analytique, décrite dans le *Discours*: «Descartes dispose les idées comme font les géomètres, non par ordre de matières, mais par ordre de raisons», comme l'avait indiqué Lévy-Bruhl[49], et comme l'a fait voir magistralement M. Gueroult dans son *Descartes selon l'ordre des raisons*. — L'œuvre critique de Kant (jusqu'à la troisième *Critique*) est difficilement concevable sans la logique classique qui lui sert à la fois de fil conducteur et de confirmation[50], encore qu'il la perfectionne et la réinterprète entièrement. — Il n'y a pas lieu, dans de telles comparaisons, de s'asservir inconditionnellement à la chronologie: ainsi on peut montrer que la méthode qui se dégage de la conférence sur *L'Intuition philosophique*, faite en 1911, permet d'expliquer la structure des quatre grands livres de Bergson dont les trois premiers cependant lui sont antérieurs[51]. — En revanche, l'étude comparative de la méthode et de son application ne doit pas se tromper d'objet. Ainsi nous possédons un écrit de jeunesse de Rousseau, intitulé *Idée de la méthode dans la composition d'un livre.* Ce petit texte permet de rendre compte, pour une part, de la structure du *Discours sur les sciences et les arts*, mais c'est en vain qu'on le mettrait à contribution pour comprendre les ouvrages de la maturité, comme le *Second Discours*, et, bien moins encore, le *Contrat social*, comme on a pu le tenter inconsidérément[52].

6. Ces indications sont insuffisantes. D'abord, il peut arriver que la réflexion méthodologique d'un auteur (ainsi que l'ambition qui y est liée) excède son application concrète: il en serait ainsi, à en croire la thèse du P. Le Blond, pour Aristote ou encore, à suivre l'opinion dominante, pour F. Bacon et J.-Stuart Mill. — Ensuite, la structure d'une œuvre peut être commandée par un schème qui n'appartient pas en propre à l'auteur. Par exemple, le *Discours sur l'origine de l'inégalité*, et c'est même là la première chose à comprendre pour l'interprète, conforme son ordonnance, apparemment historique, à l'ordre des matières tel qu'il est établi dans les traités contemporains de droit naturel (on retrouve ici, quant au rapport entre histoire et division structurale, quelque chose de tout à fait comparable à ce qui a été noté plus haut pour le Ve chant de Lucrèce). Un autre exemple peut être trouvé dans le recueil de *Maximes Capitales* d'Epicure, et c'est même un exemple de choix, puisque le recueil ne contient, et par définition, que ce que Kant avait appelé des *dogmata*, dépourvus de leur appareil de démonstration et se succédant, les uns aux autres, dans un état d'isolement et, aux yeux de l'érudition, d'incohérence qui a pu faire attribuer l'ensemble à un élève maladroit. Or, en joignant le schème circulaire qui, souvent, commande la composition des Anciens, et le procédé antique, mis en évidence par H. Cherniss, de composer par «séquences de pensée et association d'idées»[53], on parvient à restituer au recueil sa structure originale (et son entière cohérence), laquelle, en retour, permet d'éclairer son enseignement doctrinal. — Enfin et surtout: la réflexion méthodologique d'un auteur, même quand elle s'est expressément formulée dans un programme, reste toujours en deçà de la démarche réellement suivie par le philosophe et ne saurait jamais rendre compte entièrement de celle-ci. Cette démarche, en effet, ne se réduit pas à la simple application de «règles» préétablies; elle obéit, en se développant, à de nouvelles exigences méthodiques qu'elle semble inventer à mesure qu'elle progresse, et qui ne sont pas nécessairement, à leur tour, l'objet d'une théorie réflexive. Pour la distinguer de la méthodologie proprement dite, on peut l'appeler la *méthode en acte.* Celle-ci coïncide avec la philosophie même où elle s'expose et qu'elle expose (et sans qu'il y ait lieu, ici, de faire la moindre distinction entre invention et exposition), et elle présente une structure dont la complexité définit l'ensemble de la doctrine.

a) Si cette démarche, formellement considérée, est la philosophie même, plusieurs conseils exégétiques résultent de là. La recherche de la vérité ne se fait ni instantanément ni globalement: elle consiste dans un mouvement qui se place dans ce qu'on pourrait appeler le *temps logique*[54]. C'est dans ce temps que se situe progressivement la découverte des *dogmes*, de telle sorte cependant que chacun d'eux demeure solidaire de la démarche qui lui a donné naissance et de celle qui le prolongera. L'interprète aura donc soin de ne jamais isoler une thèse de sa méthode génératrice et fondatrice, sans laquelle elle serait privée de son sens même. On récusera donc toute espèce d'historiographie qui, prêtant aux dogmes enlevés à leur contexte originaire, une fausse intelligibilité, prendrait modèle sur la doxographie des Anciens. On renoncera du même coup à juger de la cohérence (et, plus volontiers et plus aisément, de l'incohérence) d'une philosophie en juxtaposant ses dogmes, coupés de leur démarche, dans la fausse intemporalité d'un présent éternel où l'on aura beau jeu de faire ressortir leur apparent désaccord. Il y aurait lieu, à cet égard, de méditer cette phrase de Rousseau: «Toutes mes idées se tiennent, mais je ne saurais les exposer toutes à la fois.» On répudiera de même toute comparaison entre deux doctrines qui bornerait son horizon (et son travail) au recensement de leurs dogmes respectifs[55].

b) Si la démarche (la *méthode* traduite par *via et ratio*), comprise comme l'acte même de philosopher, contient elle-même ses règles d'interprétation, en quoi celles-ci ont-elles rapport au structuralisme, et où chercher alors le terme de comparaison dont on a affirmé plus haut la nécessité? (Cette nécessité d'ailleurs ne commande pas seulement la lecture des textes philosophiques[56].) Autrement dit: l'œuvre se présentant comme la structure à expliquer, quelle sera la structure explicative? A cette question, on ne peut, d'un point de vue technique, que faire des réponses circonstanciées, aussi nombreuses que la variété des textes à comprendre. On peut cependant, d'un point de vue technique encore, mais plus large, donner une réponse aussi générale que l'est la question: la structure explicative de l'œuvre est l'œuvre même. Elle y est cachée comme la statue dans le bloc de marbre, ou, dans le vivant, la structure anatomique et les fonctions qui y correspondent. En usant d'une métaphore peut-être plus adéquate, on dirait que l'œuvre, à la lecture répétée, dégage comme un éclairement interne qui en révèle à la fois le sens, la cohérence et la nécessité. Cette espèce de dédoublement n'est rien d'autre que le passage, selon Aristote, de «ce qui est plus clair et plus connu par nous» à «ce qui est plus clair et plus connu par nature» ou, si l'on préfère une formulation contemporaine de cette même vérité: la «substitution d'une complexité mieux intelligible à une autre qui l'était moins»[57].

c) Dans la constitution des structures et dans l'effort de l'interprète pour les ressaisir, il y a une idée sur laquelle il faudrait insister: c'est celle de *mouvement*. S'agissant ici uniquement de l'historiographie de la philosophie, on doit préférer ce terme (lié à l'idée de temps logique) à celui de transformation qui est d'un emploi à la fois plus large et plus technique, et que met en évidence J. Piaget quand il définit l'«activité structurante» comme un «système de transformations»[58]. L'idée de mouvement est impliquée dans tous les sens où nous avons pris le terme de structure. Cela est vrai de la méthode théorique d'un auteur qui renferme des règles pour une démarche. Cela est vrai de cette démarche même, de la méthode en acte, au cours de laquelle ces règles, auxquelles viendront s'en ajouter d'autres, se mettent en application et en mouvement et, par là même, subissent des transformations; et l'œuvre, une fois construite, conserve le mouvement qui l'a engendrée. Cela se vérifie enfin de la démarche subséquente du lecteur ou de l'interprète qui ne consiste en rien d'autre qu'à retrouver et à réeffectuer le mouvement qui avait donné naissance à l'œuvre. Et c'est cela qui donne sa justification profonde à un commentaire *line by line*: ce n'est pas que tout commentaire, dans sa présentation définitive, doive s'astreindre à cette discipline, mais aucun ne peut, préalablement, en faire l'économie.

Ainsi, il y a un mouvement dans chaque dialogue de Platon (encore que particularisé et, en ce sens, «transformé» par rapport à la structure générale de la démarche dialectique qui se dégage de la méthodologie du philosophe); il y a un mouvement dans la *Critique de la Raison pure* (en dépit de la diversité chronologique de ses parties), et c'est parce qu'il ne semble pas y en avoir, de prime abord, dans la *Métaphysique* d'Aristote que l'exégèse s'est réfugiée sur le sol réputé ferme de l'évolution de l'auteur. Dans *La Philosophie comme science rigoureuse*, seul le mouvement du texte permet de comprendre que les valeurs vitales, d'abord enracinées par les «conceptions du monde» dans le sentiment, seront enfin fondées en raison par la philosophie comme science.

7. Rapporter l'œuvre à son lecteur, parler, comme on vient de le faire, de ce qui est *clair*, pour nous ou par nature, admettre des degrés d'intelligibilité — c'est, pourrait-on objecter, entacher la méthode structurale d'un subjectivisme qui pourtant lui était entièrement étranger: le procédé fondamental de *comparaison* qu'elle implique avait été élaboré précisément pour rompre le tête-à-tête du lecteur et de l'œuvre et pour protéger celle-ci contre les divagations et l'impérialisme de la subjectivité qui peut s'acharner sur elle sans entrave, alors que le garde-fou de la mise en rapport avec un autre terme, d'une structure comparable et explicative, devait au contraire borner le lecteur, sans pour autant lui rendre la lecture plus facile, au rôle de simple enregistreur. S'il est permis, ici encore, de suggérer une métaphore: le dédoublement dont il a été question de la structure à expliquer et de celle qui explique peut se comprendre, dans un sens entièrement «objectiviste», comme celui qu'opèrent, par rapport au réel, les *idoles* épicuriennes qui se dégagent des structures atomiques et nous les font connaître. L'objection serait d'autant plus spécieuse que, jusqu'à présent, nous n'avons pris en considération que la démarche de l'auteur, et prescrit à l'interprète d'en ressaisir l'intention.

Cependant, la structure, on l'a dit au départ, est, sinon un organisme, un système; elle a beau se construire au cours d'une démarche apparemment linéaire: celle-ci, une fois parvenue à son principe d'arrêt, n'en a pas moins produit une totalité achevée (ou, exigeant, dans des œuvres postérieures, un nouvel achèvement). Pour que cela soit possible, il semble que la démarche ait dû obéir à d'autres règles, lors même que celles-ci n'auraient pas été formulées par l'auteur ni même, nécessairement, intentionnées par lui. Il s'agit ici, pour employer un terme neutre, d'exigences, souvent formelles, qui assurent la cohérence de la doctrine et concourent à déterminer la structure de l'œuvre, non pas à la manière d'axiomes commandant un système, mais plutôt à titre de catégories, en ce sens du moins qu'elles rendent possible la connaissance, sans être elles-mêmes objet de connaissance. Aussi ne peut-on essayer de les saisir qu'en prenant le système, selon l'expression scolastique, *in intentione obliqua.* Leur action dans et sur le système n'en est pas moins tout à fait objective, et objectivement repérable, encore qu'elle impose à l'interprète un autre effort et une intentionalité plus subtile que ce qui était exigible d'une lecture linéaire du texte. — On doit se borner ici à quelques exemples.

Une des exigences dominantes, mais non formulées, du système stoïcien est le souci de concilier monisme et pluralisme. On enseigne ainsi l'unicité de la cause, de la vertu, de la divinité, mais on promeut concurremment des recherches poussées sur la multiplicité des causes, des vertus, des dieux. — Dans la physique, les êtres (organiques et inorganiques) sont unifiés et «contenus» par un mouvement de tension *(tonos)* qui va du centre à la périphérie, pour revenir au centre; de même, la hiérarchie des catégories peut être parcourue dans les deux sens. — Le schème qui sous-tend la thèse du «mélange total» (selon laquelle une goutte de vin peut pénétrer l'océan tout entier) se retrouve dans le «paradoxe» du sage dont le bonheur, logé dans un seul instant, vaut l'éternité. — La primauté accordée au présent, autant qu'une assertion dogmatique, est un schème de connaissance qui commande l'ensemble de la philosophie stoïcienne[59]. — E. Bréhier a fait remarquer que le concept tout formel d'*akolouthia* intervient dans les trois parties du système[60]. — De son côté, Claude Imbert a pu renouveler l'interprétation de la logique stoïcienne en confrontant, selon leur parenté structurale, la théorie de la représentation et la dialectique, considérée dans ses deux parties, et montrer, au surplus, que cette même parenté se constate, à l'époque alexandrine, entre les arts picturaux et les arts de la parole[61] (l'exemple est d'autant plus instructif qu'il conduit à écarter une fausse analogie: celle que, depuis les travaux de Lukasiewicz et d'autres, on avait cru devoir établir entre la logique stoïcienne et, d'autre part, le calcul des propositions et la sémantique frégéenne, ce qui, outre un présupposé anachronique, requérait un traitement isolé infligé à la seconde section de la dialectique, isolement contre lequel les textes, comme par anticipation, s'étaient inscrits en faux[62]). — Dans l'Epicurisme, qui est un infinitisme, Ph. H. De Lacy a fait ressortir le rôle central de l'idée de *limite* qui, à titre de «thème unificateur», permet de résoudre des problèmes d'éthique, de physique et de logique[63]. — Dans cette même philosophie, la diversité des langues nationales et celle des systèmes de droit positif sont traitées de pair, bien que cela ne soit jamais dit expressément: dans les deux cas, on a affaire à des productions naturelles ou (dans le cas du droit) conformes à la nature: aucune d'elles, par conséquent, ne saurait fournir le moindre argument en faveur d'un relativisme (ou d'un scepticisme juridique); (en revanche, une interprétation faussement structurale a voulu coordonner les stades de l'évolution du langage avec ceux du droit: exemple ici encore instructif, puisqu'il montre que la méthode structurale ne comporte pas une application mécanique). — La logique épicurienne, selon les récits doxographiques des Anciens, fait partie de la physique: de fait, la recherche du critère qu'elle permet et l'idée qu'elle implique d'un avenir qui n'est pas entièrement soustrait à nos prises, se retrouvent, tant dans l'éthique que dans la théorie du droit[64].

8. A partir de là, on concevrait des recherches sur les fondements d'un système (ou sur ce que Collingwood a appelé ses «présupposés»[65]): non pas certes pour découvrir, à la manière des bergsoniens, une «intuition originelle», un «noyau simple, volontaire et libre», bref quelque chose comme un «caractère intelligible» (on sait que la caractérologie, voire la psychanalyse ont pu se choisir des philosophes pour victimes), mais plutôt pour rechercher, puisque de toute manière ce «caractère» n'est donné à l'interprète que dans ses effets et dans son comportement, ce qu'on pourrait appeler sa «structure de comportement»[66], c'est-à-dire la constellation de concepts et de modes de penser qui confère à une doctrine son originalité. Il faut citer ici le beau travail auquel on ne connaît guère d'équivalent, de George Boas sur *Some Assumptions of Aristotle*, où sont étudiés des thèmes tels que: ordre sériel, principe de parcimonie, observation et raison, nécessité et hasard, nature, supériorité du tout sur ses parties, le concept de hiérarchie, etc.[67].

De telles recherches s'efforceraient de parvenir à la structure constitutive du système et, à la limite, à ce qu'on pourrait en considérer comme le premier moteur. Mais celui-ci, en retour, ne saurait se concevoir séparé de l'œuvre qu'il est censé avoir suscitée, qui demeure l'unique lieu de sa manifestation et le seul terrain où puisse s'attester sa puissance inaugurale et efficace. On est donc renvoyé de nouveau à un usage plus proprement exégétique de tels schèmes ou concepts, usage qui peut se situer, comme on l'a dit au départ, à des niveaux très différents et dont il serait assez artificiel de vouloir classer les modalités. Indiquons seulement, à titre d'exemples, deux ordres de questions que de telles «assomptions», intégrées dans une lecture structurale, peuvent aider à résoudre.

a) La première question porterait sur la cohérence d'une doctrine, selon ses *dogmes*, qui ne sont pas toujours expressément mis en rapport par l'auteur, mais qui se trouvent liés par une idée plus fondamentale. Ainsi, chez Descartes, l'idée d'invention (d'où allait sortir, plus tard, celle de perfectibilité) détermine et accorde entre elles, la théorie des animaux-machines, la théorie du langage[68], la morale[69] et, dès le départ, la conception de la méthode[70]. — Chez Spinoza, le rapport, souvent mis en doute, entre la théorie politique et la métaphysique se découvre clairement par une comparaison structurale entre l'*Ethique*, le *T.d.I.E.* et le *Traité politique*[71]. — Chez Bergson, il y a une parenté nécessaire entre la théorie du nombre, celle de l'activité de l'esprit, le principe d'individuation, l'ontologie et la conception de la philosophie (selon une structure opposée, presque point par point, à celle qui commande les théories de Kant[72]). — Chez Aristote, comme on aura l'occasion de le montrer ailleurs, la théorie de la tragédie ne peut se séparer de celle du hasard, elle-même liée à celle de l'être par accident.

b) La seconde question porterait globalement sur des textes pris en eux-mêmes, dont la rigueur et même la cohérence ont pu être contestées par la critique, et dont une lecture structurale peut faire apparaître la rigueur: ainsi le IVe livre de la *Physique* (concernant les problèmes du lieu et du temps)[73], le premier livre de la *Politique* (et la théorie de l'esclavage)[74], le problème de l'exégèse biblique soulevé au XIIe livre des *Confessions* de saint Augustin[75], la prétendue incohérence dans la composition de *L'Esprit des lois* (pourtant déjà fort bien expliquée par d'Alembert)[76], ou dans celle du *Contrat social*[77], les difficultés, dans la première *Critique*, de la Déduction des Principes[78], ou encore le texte de la *Phénoménologie de l'Esprit* sur ce qu'on continue à appeler la «dialectique du maître et de l'esclave» (texte d'ailleurs d'autant plus instructif qu'il permet, autrement que par des clichés, de voir concrètement à l'œuvre la méthode hégélienne, et les vrais rapports, dans sa philosophie, entre dialectique et histoire)[79]. Même à un auteur aussi opposé aux «systèmes» (et, en apparence[80], à la rigueur) que Kierkegaard, l'«analyse de la structuration interne de l'œuvre» a pu être appliquée avec succès[81].

9. Le mot de «rigueur» pourrait prêter à un malentendu qui, lui-même, fournirait une occasion opportune de terminer ces remarques générales. — Pas plus qu'un commentateur ne doit se croire plus «logique» que son auteur (travers dans lequel tombent souvent les exégèses qui se prévalent de la philosophie analytique), pas plus il ne s'agit de pourvoir le texte d'une rigueur que l'auteur n'aurait pas été capable d'y mettre lui-même. La rigueur n'est exigible que du commentaire, et ce qui y correspond dans le texte est d'un autre ordre, et serait mieux appelé d'un autre nom, par exemple par celui, proposé par Kant, de *conséquence.* Mais peut-être vaut-il mieux, après avoir tout au long de ces remarques parlé des tâtonnements du commentateur, partir pour une fois de l'œuvre même.

On doit, avant toute lecture, créditer une (grande) philosophie de ce que, faute de mieux, on pourrait appeler son *unité substantielle*: «Celle-ci ne garantit pas toujours un accord à la lettre, encore qu'elle y pourvoie plus généralement que ne l'imagine l'exégèse stochastique, à l'affût de formules apparemment incompatibles, cueillies de-ci de-là. Mais elle répond de la concordance fondamentale de cette pensée avec elle-même, et doit recommander au lecteur, quand il se croit en face d'incohérences, d'en chercher la cause, d'abord et de préférence, dans sa propre inaptitude à la lecture, et en dernier lieu seulement et en désespoir de cause, chez son auteur»[82].

Cette substantialité (aristotélicienne) du système pourrait faire comprendre pourquoi aucun commentaire (qui ne peut «expliquer» que les autres catégories dont elle est porteuse) ne saurait oblitérer le texte ni, bien moins encore, se substituer à lui. La méthode structurale ne jouit à cet égard d'aucun privilège, et le seul «progrès» qu'elle a pu faire accomplir à l'exégèse, c'est d'avoir contribué à faire lire un peu mieux les textes. Et aussi, peut-être, d'avoir fait comprendre, contrairement aux illusions de l'interprétation *dogmatique*, que, dans la «république des esprits», les érudits ne sont pas logés au même étage que les créateurs.

Cela étant, un auteur ne dit pas toujours tout ce qu'il sait (présupposé gentiment comique qui avait servi de fondement aux constructions des historiens évolutionnistes[83]), ni tout ce qu'il serait utile au lecteur pressé et souhaitable de savoir: soit qu'il s'agisse, comme d'Alembert l'avait bien vu, d'«omissions volontaires et raisonnées» quand il «laisse à suppléer aux lecteurs les idées intermédiaires»[84], soit qu'il répugne, comme saint Augustin, par égard pour ses adversaires, à une polémique trop ouverte[85], soit enfin, plus simplement et plus généralement, parce que la pensée d'un philosophe ne progresse pas tout à fait selon le même rythme et selon les mêmes lois que la besogne du commentateur. En ce sens, la complexité de l'œuvre à laquelle le lecteur est confronté au départ, n'est pas seulement «ce qui est plus clair et plus connu pour nous» (§ **6.b**): même quand elle aura été analysée en «ce qui est plus clair et plus connu par nature», elle garde quelque chose de son secret, et c'est en cela que consiste sa substantialité ou la part à faire au génie, bref la vie propre de l'œuvre, qui la fait survivre à toute description anatomique

IV

10. Il resterait à indiquer, faute de pouvoir les discuter ici plus longuement, quelques objections, dont la plus générale se rattacherait à ce qui précède immédiatement.

On a rappelé au début, à la suite de G.-G. Granger, les «sources du structuralisme». Pour ce qui concerne les sciences humaines, la légitimité d'une méthode structurale n'est guère contestée (j'entends de la part de ceux qui sont compétents pour en juger) en linguistique ni en anthropologie. C'est que ces deux sciences ont pour objet des données, non pas peut-être naturelles, mais objectives et objectivement constatables, étendues dans le temps et dans l'espace, et dont la naissance ni le développement ne doivent rien à quelque conscience individuelle. Il est donc possible ici d'assigner à chaque fois des formes ou modèles invariants dont la position hypothétique est susceptible de vérification. (Du moins est-ce là une possibilité théorique, confiée à la discrétion — et à la conscience scientifique des doctes. Elle n'empêche pas la subjectivité, principalement en matière de sociologie appliquée soit au présent soit à l'histoire jusque dans l'Antiquité grecque, de s'introduire subrepticement sous la forme d'une idéologie qui présente comme structures explicatives ses grilles préfabriquées, maniées sans façons.)

Il n'en va pas de même en face d'un texte ou d'un système philosophique, où c'est l'*intention* de l'auteur qui est, non seulement à l'origine mais à l'aboutissement, et de laquelle la donnée, en l'espèce, ne saurait être séparée, sans que soit détruite la donnée même. (La phrase bien connue de Valéry au sujet du *Cimetière Marin*[86] n'a rien à voir avec le phénomène ici en question, et ne saurait servir à couvrir quelque paresse exégétique, précisément parce qu'une œuvre philosophique, on y reviendra plus loin, n'est pas une œuvre d'art.) Une méthode structurale, donc, ne saurait prétendre ici, de par son objet même, sinon à la même rigueur, du moins à la même évidence que dans les autres disciplines. Il ne serait cependant ni juste ni pertinent de la rabaisser au niveau d'un «structuralisme» pratiqué récemment en matière d'histoire littéraire, entreprise qui a pu s'attirer des critiques méritées[87]. Cette entreprise, en effet, même en admettant libéralement qu'elle soit dictée par la recherche de la vérité et non par une soumission aux goûts du jour, n'en serait pas moins le fait d'auteurs qui, dans l'histoire de ce mouvement, occupent une place d'épigones, alors que les premiers historiens de la philosophie attentifs aux structures ont inventé eux-mêmes et comme sous la contrainte de l'objet, une méthode qui, alors, n'avait ni antécédents ni célébrité.

11. Trois autres objections s'en prendraient à ce qu'on pourrait considérer comme les présupposés de la méthode structurale, et se formuleraient ainsi: cette méthode privilégie indûment l'idée d'œuvre, et de l'œuvre écrite (1); elle dissout l'histoire de la philosophie dans une intemporalité anhistorique (2); elle fait prévaloir, dans l'étude de la philosophie, des préoccupations d'ordre esthétique, au détriment de la vérité des doctrines (3).

1) La méthode structurale ne peut s'appliquer qu'à un texte écrit (on a noté plus haut que son ambition est précisément de mieux faire lire les textes) et à cet égard, met incontestablement l'accent sur l'œuvre écrite, comme l'unique témoignage où se manifeste une pensée philosophique. Or de larges parties de la sagesse orientale ne répondent pas à cette conception et, dans l'Occident même, il y a eu des philosophes qui n'ont pas été des auteurs: Socrate, les maîtres de la Nouvelle Académie, Ammonios Saccas et, peu s'en est fallu, Epictète et Plotin. Il ne semble pas, toutefois, qu'il y ait là une objection dirimante. Il se trouve qu'en dépit de l'opposition un peu factice construite par Gilbert Murray[88], la

civilisation gréco-romaine est devenue de bonne heure une civilisation de l'écriture (le *Phèdre* même, dans sa protestation contre le «discours écrit», en porte témoignage), que la philosophie dès ses origines s'est formulée par écrit (H. Cherniss a montré que les premiers *physiologues* de l'Ionie furent les créateurs de la prose, et de la prose fixée par l'écriture[89]) et qu'après tout, la philosophie, comme Husserl y a insisté, est une invention européenne: les travaux sur la «philosophie comparée» n'ont pas réussi à ébranler ce fait. Le présupposé — si présupposé il y a — est donc parfaitement recevable pour l'aire culturelle où il s'applique. La grande exception de Socrate est, malgré tout, restée isolée: ce qu'elle signifie, il est vrai, revit dans certaines philosophies hellénistiques et jusque dans ce que Kant dira du concept cosmique de la philosophie: mais cela déborde entièrement le cadre méthodologique qu'on s'est fixé ici.

On pourrait ajouter une considération moins générale. L'idée d'œuvre pourrait servir aujourd'hui à déterminer, non pas certes l'essence, mais un *propre* de la philosophie, l'empêcher de s'affadir en philosophie populaire et la protéger contre les contaminations, favorisées souvent par la mode du «structuralisme», avec ce qui n'est pas elle: mythologie, psychanalyse, linguistique, poésie, roman, cinéma, etc. A cet égard, souligner le lien nécessaire entre la méthode structurale et l'œuvre écrite est une considération parfaitement inactuelle et, par là même, très salubre.

2) Défendre les droits de l'histoire contre la méthode structurale (en négligeant ici les controverses idéologiques qui se sont élevées sous le couvert, et le prétexte, de ces deux termes), c'est, à un premier niveau, chercher une querelle entièrement gratuite. Qu'une œuvre philosophique ait une date de naissance, que cette date doive être replacée dans le réseau des déterminations historiques qui la définissent, qu'il faille en tenir compte pour la compréhension de l'œuvre, que cette œuvre même, enfin, s'insère dans un devenir historique où elle a eu des antécédents et aura des successeurs — bref qu'il y ait pour chaque système un conditionnement historique et des sources variées, il serait insensé de le contester et, de la part du structuraliste, de l'ignorer. Ce sur quoi il pourrait y avoir débat, c'est sur le point de savoir si ces déterminations historiques qui conditionnent l'œuvre, peuvent suffire, en outre, à la constituer en tant que philosophie. Il ne le semble pas et il paraît, au surplus, que l'histoire comme telle n'est pas habilitée à se prononcer sur ce point. Que l'histoire, politique, économique et sociale, la psychanalyse ou le marxisme étudient et exploitent une philosophie comme un *document*, rien de plus légitime. Mais cette même philosophie, à titre de philosophie (et inséparable, comme telle, de l'intention de l'auteur et de sa prétention

à être vraie), requiert une investigation et une interprétation d'une autre nature.

L'œuvre n'est nullement enlevée, par là, à son *environnement* ni privée de ses «sources». Celles-ci ont pu être l'objet de ce qu'on avait appelé la «recherche des sources», tâche très utile mais qui, de la manière dont elle était conçue, relevait de l'érudition pure, sans parvenir à expliquer l'œuvre. C'est que les «sources», qu'on ne doit pas borner à des bribes de citations et à des phrases détachées, présentent elles-mêmes des structures, et l'office du lecteur devrait consister à s'attacher aussi bien qu'à l'intention de l'auteur, à l'intention de ce que, plus correctement que des «sources», on appellerait ses interlocuteurs, afin de mettre au jour, dans ce dialogue (qui n'est pas toujours polémique)[90], les structures de pensée où l'environnement de l'œuvre est comme intégré dans sa substance même. On n'insistera pas sur ce point qu'on a essayé d'établir au sujet du *Discours sur l'inégalité*, sinon pour préciser que la méthode structurale, loin de couper un texte de son contexte, peut servir à en définir les rapports, et cela, non pas à des fins d'érudition, mais conformément à l'intention philosophique de l'œuvre. Cet environnement, d'ailleurs, n'est pas nécessairement d'ordre philosophique seulement ou scientifique: il peut être d'ordre politique ou juridique aussi bien, sans que la méthode d'exégèse soit pour autant prise en défaut; c'est ce qu'on a essayé de montrer concernant la doctrine d'Epicure.

Il ne saurait s'agir de soulever ici des questions plus générales touchant l'idée même d'histoire et son équivoque, quand elle désigne à la fois la succession des faits politiques, des découvertes scientifiques, des créations artistiques et des systèmes philosophiques, ni la temporalité (liée, mais non identique, à ce qu'on a appelé le temps logique) où se construisent et se conservent ces systèmes, ou encore le mode d'existence des courants (à quoi l'on réduit parfois l'histoire de la philosophie).

Sur l'histoire des courants, on peut mentionner deux études au moins qui mettent en œuvre, la deuxième surtout, une méthode structurale: les *Antécédents doctrinaux de la Doctrine de la Science*[91] et *L'Héritage kantien et la Révolution copernicienne*[92]. Les conditions de possibilité, au sens transcendantal de l'expression, d'une histoire qui semble dominer sur les systèmes qui en sont les éléments pour les ordonner et coordonner dans une conscience qui ne pourrait être que celle de Dieu (c'est bien dans la compréhension de cette exigence que s'enracine la doctrine hégélienne de l'Esprit Absolu — doctrine profonde et incommode, que l'idéologie du jour n'en finit pas de poursuivre de ses candides réfutations) n'ont guère fait l'objet, à notre époque, d'une réflexion fondamentale. On peut seulement constater que, sur ce point, le roman moderne a devancé depuis longtemps la réflexion exégétique (et philosophique), quand il substitue à la chronologie vulgaire, avec sa prétention naïve de contenir tous les événements, une temporalité d'un autre ordre, centrée, précisément, dans une (ou dans plusieurs) conscience(s).

Il doit suffire ici de distinguer l'histoire de la philosophie (quels que soient le sens qu'on lui donne, et le niveau où on veuille la traiter) de deux entreprises rivales qui, elles, ne soulèvent pas le moindre problème transcendantal: l'histoire des idées, d'une part (discipline relativement récente et qui, chez ses meilleurs représentants, distingue soigneusement les «idées» des «doctrines») et, d'autre part, l'*aperçu historique*, dont l'initiateur est Nietzsche et le continuateur très imité, Heidegger: il s'agit là de constructions ouvertement arbitraires où l'histoire est mise en perspective pour faire valoir une thèse personnelle de l'auteur, et le schème chronologique n'intervient qu'à titre d'argument d'autorité[93].

12. 3) En faisant ressortir, dans une œuvre philosophique, les structures par quoi elle s'est instaurée et constituée, on risque de confondre le moyen avec la fin, et de traiter un système comme une simple œuvre d'art: «Comment, en effet, admirer, sinon esthétiquement, un ordre qui ne conduit pas à ce que l'on reconnaît soi-même pour vrai?»[94] Ce reproche a été formulé lors d'une controverse autour de l'interprétation de Descartes; il serait sans intérêt de ranimer le débat, mais il peut servir à poser quelques questions.

a) Que le lecteur adhère ou répugne à la vérité dogmatique d'une philosophie, cela, quant au résultat, est tout à fait indépendant de sa méthode de lecture, qui peut bien être structuraliste, mais aussi bien existentialiste, psychanalytique, marxiste ou tout ce qu'on voudra, puisque toute adhésion (ou fermeture) est en fin de compte un acte décisoire (qui repose sur ce qu'on a appelé ailleurs la responsabilité philosophique[95]). Il n'y a donc là rien de spécifique ni de spécifiquement opposable à telle méthode en particulier, si ce n'est qu'on en reste au niveau de l'interprétation *dogmatique* et, par là, soumis à la perpétuelle tentation de prêter sa propre vérité à l'auteur[96] — ce contre quoi la méthode structurale devait précisément mettre en garde.

b) Quant au reproche de faire voir une vérité à laquelle l'interprète lui-même ne croit pas (en laissant ici de côté l'argument *ad hominem*), il atteindrait n'importe laquelle des méthodes, historiques et philologiques, qui se sont constituées depuis le positivisme et, par là, méconnaît la situation de l'historien moderne. D'Aristote à Hegel, il suffisait, en face d'une doctrine du passé, de se demander si elle était vraie: depuis la deuxième moitié du dernier siècle, on doit se demander d'abord ce qu'avait voulu dire l'auteur. — Cette situation, à vrai dire, n'est pas absolument inédite: on en trouverait l'analogue dans l'état de l'exégèse biblique tel que saint Augustin l'a parfaitement analysé, en opposant deux lectures: celle qui se contente d'atteindre la *voluntas* de l'auteur et celle qui, à partir de là, voudra accéder à la *veritas rerum*. Et il a cherché à élaborer une méthode qui puisse concilier ces deux approches d'un texte[97].

c) La méthode structurale, on l'a noté plus haut, présuppose (et fait approuver) cette vérité kantienne qu'il n'est pas possible d'apprendre la philosophie, mais, tout au plus, d'apprendre à philosopher. Une fois qu'on a compris cette vérité, le concept de vérité dogmatique, autour duquel s'affrontent partisans et adversaires d'une doctrine, celui de la vérité- chose, déposée dans un livre, ne conserve plus le moindre sens. Car comment cette vérité serait-elle concevable, autrement que comme un objet, séparée de l'esprit qui l'avait découverte ou qui essaie de la redécouvrir? Et l'esprit même n'a l'universalité que comme vocation, nullement comme une possession: aussi ne serait-ce pas merveille que G. Bruno fût un des rares lecteurs à avoir compris Epicure, alors que «l'opinion vulgaire n'interprète pas ainsi Epicure»[98]. Ce n'est pas que ce concept statique n'ait pas été souvent agité au cours de l'histoire, à la manière d'une enseigne, mais le lecteur actuel, passé par l'écolage — non par le catéchisme — des grands systèmes, sait que la *veritas rerum*, autant que dans leur enseignement doctrinal, se trouve dans la *voie* qu'ils se sont frayée pour y parvenir, c'est-à-dire dans les structures lesquelles ne sont nullement un simple «moyen», parce que la vérité, en matière de philosophie, ne se sépare pas de la recherche de la vérité. — Sans développer ici ces indications, ajoutons seulement qu'on a essayé de montrer dans quel sens on peut, en face d'un système, poser cette question, sous les titres traditionnels de vérité formelle et de vérité matérielle, en quoi les analyses épistémologiques de G.-G. Granger ont apporté une précieuse confirmation[99]; et que le concept, défini et illustré par Alain Roger de *schématisation artistique*[100] pourrait, convenablement transposé et adapté, fournir à son tour des indications pour l'emploi des structures philosophiques.

d) L'idée de schématisation ne signifie pas que l'œuvre philosophique doive être considérée comme une œuvre d'art: les travaux de Panofsky procèdent certes par analyse structurale, mais de l'identité (générique) d'une méthode à celle des objets, la conséquence n'est pas bonne.

La comparaison d'un système avec l'œuvre d'art remonte au Romantisme allemand (Schelling); elle est reprise dans l'*Histoire de la philoso-*

phie de W. Windelband et dans l'*Instauration philosophique* d'E. Souriau; il est permis de regretter que M. Gueroult, par égard peut-être pour ce dernier livre[101], l'ait parfois reprise à son compte, tout en la jugeant insuffisante.

Le terme quelquefois employé d'architectonique peut bien suggérer cette comparaison: il reste d'un emploi purement métaphorique. Ainsi, la Sixième Partie de *L'Esprit des lois* (où l'érudition n'a voulu voir qu'un «appendice») fait équilibre avec la Première et, en ce sens, contribue à définir l'architecture de l'œuvre. Mais cette constatation n'a rien d'esthétique: elle introduit à l'intelligence du texte, en faisant comprendre que le système juridique et constitutionnel, objet de la Première Partie, est en fait inséparable de son devenir historique[102]. De même, les deux chapitres consacrés respectivement au Législateur et à la Religion civile s'intègrent dans la structure du *Contrat social*, à laquelle ils impriment un mouvement circulaire: mais cette constatation en apparence purement formelle, importerait peu, si elle ne donnait accès au contenu doctrinal du traité[103]. Aucune des structures mises en évidence par l'interprétation n'a une visée esthétique.

A considérer l'œuvre philosophique, tout ensemble comme une œuvre d'art, instaurée par l'architectonique qui lui est propre, et comme un jugement de vérité qui la rend tributaire du progrès des sciences, on s'embarrasse dans une inextricable aporie[104]. De plus, à une lecture superficielle, le Vrai et le Beau, dans cette perspective (réduits, l'un à la vérité scientifique, l'autre à une espèce de l'art pour l'art) seraient à la fois disjoints et contradictoirement accouplés (favorisant ainsi la facile objection d'«esthétisme»). Or les structures constitutives d'une doctrine sont inintelligibles sans leur ambition de promouvoir la vérité, et le Beau artistique, de son côté, même compris, à la suite de l'idéalisme kantien, comme «nature artialisée» (A. Roger), est inséparable de la vérité. La première mise en question de l'art, chez Platon, s'est faite au nom de la vérité; Aristote a jugé la poésie «plus philosophique» que l'historiographie (et la tragédie, selon lui, parvient même à résoudre le problème du hasard devant lequel la philosophie reste désarmée); parfois même, comme chez Zola, l'art procède explicitement d'une philosophie. La vérité, à son tour, même cantonnée dans le domaine des sciences, peut atteindre un niveau et une portée philosophiques: Schelling a pu juger que «les véritables promoteurs de la philosophie en France et en Angleterre sont les grands naturalistes»[105], et l'on a pu se demander, de nos jours, s'il n'y avait pas, dans les travaux de Cl. Lévi-Strauss, plus de philosophie que dans tout ce qui se publie aujourd'hui sous ce titre.

Il paraît donc préférable, tout en reconnaissant ces rapports de participation, de conserver à l'œuvre philosophique, avec sa vérité autonome manifestée dans sa configuration propre, son irréductible et indissociable originalité.

NOTES

[1] J. Piaget, *Le structuralisme*, P.U.F., 1968, p. 123.

[2] N. Hartmann, *Ontologie*, III, Meisenheim, 1949, p. 123.

[3] G.-G. Granger, *Pensée formelle et science de l'homme*, 2e éd., Aubier, 1967, p. 1-3.

[4] Voir Cl. Lévi-Strauss, *Anthropologie structurale*, Plon, 1958 (1974), p. 353-4 (cf. p. 37-40).

[5] E. Bréhier, *La philosophie et son passé*, 2e éd. P.U.F., 1949, p. 41.

[6] E. Bréhier, *Transformation de la philosophie française*, Flammarion, 1950, ch. XI.

[7] E. Bréhier in *Revue philosophique*, 1949, p. 388.

[8] Cf. V. Goldschmidt, *Platonisme et pensée contemporaine*, Aubier, 1970, p. 229 sqq.

[9] V. Goldschmidt, *Questions platoniciennes*, Vrin, 1970, p. 30.

[10] Ph. Merlan, *From Platonism to Neoplatonism*, Nijhoff,1953, p. 182-183.

[11] Voir, en dernier lieu, M. Craven Nussbaum, *Aristotle's De motu animalium*, Princeton University Press, 1978, p. 11, 146 sqq.

[12] P. Shorey, *What Plato said*, Univ. of Chicago Press, 1933, p. 66.

[13] H. Cherniss, «Plato 1950-1957» in *Lustrum*, 1959/4, p. 260.

[14] R. Boudon, *A quoi sert la notion de structure?*, Gallimard, 1968, p. 12.

[15] Cf. Cl. Lévi-Strauss, *Anthropologie structurale*, p. 305 sqq. (et p. 39 sqq.).

[16] La fable, «puisqu'elle est l'imitation d'une action, doit se rapporter à une action une et entière, et ses parties doivent être composées de telle sorte que, si quelque partie est ou déplacée ou retranchée, le tout serait modifié et bouleversé; car ce qui peut s'ajouter ou ne pas s'ajouter sans différence perceptible ne fait pas partie du tout (*Poétique*, chap. 8, *i.f.*).

[17] Cicéron, *De Finibus*, III, 74: «... quid posterius priori non conuenit? quid sequitur quod non respondeat superiori? quid non sic aliud ex alio nectitur ut, si ullam litteram moueris, labent omnia? Nec tamen quicquam est quod moueri possit.»

[18] «Dans d'autres systèmes philosophiques, on obtient la conséquence, en déduisant une proposition d'une autre. Pour cela, le contenu du système doit nécessairement se trouver déjà dans les propositions premières, et alors le reste qui en est déduit, sera nécessairement monotone, pauvre, vide et ennuyeux, car ce n'est que développement et répétition de ce qui était déjà affirmé dans les propositions fondamentales [...]. En revanche, mes propositions ne reposent pas, en général, sur des déductions, mais directement sur l'intuition du monde même; ainsi la conséquence rigoureuse de mon système n'est pas, en général, obtenue d'une manière simplement logique; elle est plutôt l'accord naturel des propositions qui se produit immanquablement du fait qu'elles reposent toutes sur la connaissance intuitive [...]. C'est pourquoi la concordance de mes propositions ne m'a jamais donné de soucis, même

quand certaines thèses particulières m'ont paru pendant un temps inconciliables, car plus tard l'accord s'est trouvé établi tout seul, parce qu'il n'est rien d'autre que l'accord de la réalité avec elle-même, qui ne saurait jamais faire défaut» (*Parerga* I, éd. Grisebach, t. IV, p. 156, sq.).

[19] Cf. *Le système stoïcien*..., p. 64, n. 5.

[20] Kant, *C.R.P.*, A 832 sq.: «L'unité du but auquel se rapportent toutes les parties, en même temps qu'elles se rapportent les unes aux autres dans l'idée de ce but, fait que l'on ne peut manquer de remarquer l'absence d'une partie quelconque, quand on connaît toutes les autres, et qu'aucune addition accidentelle, ou aucune grandeur indéterminée de perfection, qui n'ait pas ses limites déterminées *a priori*, n'y peut trouver place» (je cite la traduction de Barni-Archambault, rééd. par B. Rousset, Garnier-Flammarion, 1976, p. 621, qui rend ici très exactement le texte en faisant l'économie de la «correction» de Hartenstein; cf. l'apparat critique dans l'édition de R. Schmidt, Reclam, p. 840).

[21] L'expression est de M. Gueroult in *Revue intern. de phil.*, 1954, p. 333 (réimpr. in *Etudes de philosophie allemande*, G. Olms, 1977, p. 16).

[22] Kant, *Critique de la faculté de juger*, B 351 sqq. (§ 77).

[23] Après A. Kojève (*Kant*, Gallimard, 1973, p. 59 sqq.), Y. Yovel trouve dans l'*Architectonique* une «vue proto-hégélienne» (*Kant and the Philosophy of History*, Princeton, University Press, 1980, p. 228); plus loin, cependant, il restreint beaucoup ce jugement et avec raison (p. 239). — Le *modèle* de l'*Architectonique* est bien d'ordre biologique et, en l'espèce, *a priori*, sans quoi il ne saurait servir, précisément, de modèle et de confirmation. — L'*histoire* de la philosophie est bien une découverte hégélienne.

[24] G Mounin, *Histoire de la linguistique*..., P.U.F., 1967, p. 172.

[24a] De quoi l'on doit rapprocher, au XVIIIe siècle, le modèle de la machine: cf. Montesquieu, *Pensées*, 2092 (833), éd. A. Masson, II, p. 641 déb.

[25] K. Groos, *Der Aufbau der Systeme*, F. Meiner, 1923.

[26] H. Leisegang, *Denkformen*, de Gruyter, 1928. La méthode de l'auteur avait déjà été appliquée dans *Die Gnosis*, A. Kröner, 1924 (trad. Payot).

[27] R. G. Collingwood, *Speculum mentis*, Oxford, Clarendon Press, 1924, et surtout *An Essay on Philosophical Method, ibid.*, 1933.

[28] E. Souriau, *L'instauration philosophique*, Alcan, 1939.

[29] Le projet de cet ouvrage est annoncé et analysé par l'auteur dans les *Mélanges d'esthétique et de science de l'art offerts à Etienne Souriau*, Nizet, 1952, p. 95, note.

[30] On a essayé de caractériser la *Dianoématique* d'après les publications alors accessibles dans un hommage collectif à Martial Gueroult in *Archiv f. Geschichte d. Philosophie*, 59, 1977, p. 304-12.

[31] M. Gueroult, *Dianoématique*, Livre II: *Philosophie de l'histoire de la philosophie*, Aubier, 1979.

[32] Cf. V. Goldschmidt, *Anthropologie et politique*..., p. 409, et F. Courtès, *Etude historique et critique sur «La fausse subtilité des quatre figures syllogistiques»*..., Vrin, 1972, p. 105 sqq.

[33] On doit donc distinguer une structure encore confuse, à l'état brut et à titre de donnée, et un modèle, soit construit soit simplement découvert, qui puisse expliquer la première. C'est, dans un domaine plus particulier, la différence entre *relations sociales* et *modèle social* (Cl. Lévi-Strauss, *Anthr. structurale*, p. 305 sq.).

[34] Pour une mise au point, cf. *Questions platoniciennes*, p. 159-172.

[35] E. R. Dodds, *The Ancient Concept of Progress,* Oxford, Clarendon Press, 1973, p. 3.

[36] *Questions platoniciennes*, p. 155 n. 104.

[37] J. Brunschwig in *Revue philosophique*, janv.-mars 1962, p. 137.

[38] Ph. Merlan in *Journal of the History of Ideas*, XI/3, 1950, p. 368.

[39] Cf. *Questions platoniciennes*, p. 155 n. 103; *Le système stoïcien...*, p. 19-20 note.

[40] *Questions platoniciennes*, p. 171 sq.

[41] *Le paradigme dans la dialectique platonicienne*, P.U.F., 1947, §§ 32-34.

[42] E. Bréhier, «Les trois classes de la cité platonicienne», *Rev. phil.*, juil.-sept. 1942-43, p. 84, réimp. in *Etudes de philosophie antique*, P.U.F., 1955, p. 54 sq.

[43] Kant, *C.R.P.*, A 836-837, 736 (tr. B.-A., p. 623-4, 561).

[44] Hegel, *Phénoménologie...*, Préface, p. 36, 39, éd. G. Lasson.

[45] Kant. *C.R.P.*, A 837.

[46] Cf., par exemple, H. de Lubac, *Exégèse médiévale*, Aubier, 1959.

[47] Descartes, *Lettre à Mersenne*, mars 1637 (A.T., t. I, N° LXX, p. 349; Bibl. de la Pléiade, p. 960).

[48] J.-M. Le Blond, *Logique et méthode chez Aristote*, Vrin, 1939.

[49] L. Lévy-Bruhl, *ap.* E. Gilson, *Commentaire* sur le *Discours de la méthode*, Vrin, 1925 (1976), p. 342.

[50] Cf. *Le système stoïcien...*, p. 19 n. 3.

[51] J'avais précisé ces indications dans une communication faite à l'*Association des Amis de Bergson*, le 21 février 1953.

[52] M. Launay in *Etudes sur le «Contrat social»*, Les Belles Lettres, 1964, p. 358 sq.

[53] H. Cherniss, *Plutarch's Moralia*, XIII, Part II, coll. Loeb (L.C.L.), 1976, p. 396. – Cf. *La doctrine d'Epicure et le droit*, p. 285.

[54] Cf. *Questions platoniciennes*, p. 13 sqq.

[55] Sur les quatre présupposés d'une telle historiographie, cf. *Platonisme et pensée contemporaine*, p. 236 sqq.

[56] Ainsi en histoire ancienne: «Un unique document est à peine un document, il en faut toujours un autre qui fournirait moins une quelconque confirmation qu'une remise en cause du découpage auquel semblait inviter le premier» (Nicole Loraux, «Thucydide n'est pas un collègue», in *Quaderni di storia*, juil.-déc. 1980 (12), p. 64).

[57] Cl. Lévi-Strauss, *La pensée sauvage*, p. 328.

[58] J. Piaget, *Le structuralisme, loc. cit.*, chap. I.

[59] Cf. *Le système stoïcien...*, p. 35, 25, 45 et *passim.*

[60] E. Bréhier, *ap.* A. Virieux-Reymond, *La Logique et l'épistémologie des stoïciens*, Chambéry, s.d., p.v.

[61] Cl. Imbert, «Théorie de la représentation et doctrine logique dans le stoïcisme ancien» in *Les stoïciens et leur logique*, Vrin, 1978, p. 223-249. Cette interprétation est développée dans «Stoic Logic and Alexandrian Poetics», in *Doubt and Dogmatism*, Oxford, Clarendon Press, 1980, p. 182-216.

[62] Cf. Cl. Imbert, «Sur la méthode en histoire de la logique» in *Lecture Notes in Mathematics*, Logic Conference, Proceedings of the International Summer Institute and Logic Colloquium, Kiel, 1974, Springer-Verlag, 1975, p. 364-383.

[63] Ph. H. De Lacy, «Limit and Variation in the Epicurean Philosophy» in *Phoenix*, 23 (1969), p. 104-113.

[64] Cf. *La doctrine d'Epicure...*, p. 166-172, 273.

[65] R. G. Collingwood, *An Essay on Metaphysics*, Oxford, Clarendon Press, 1940, Chap. IV et V et *passim*.

[66] Cf. *Questions platoniciennes*, p. 14 sq.

[67] G. Boas, «Some Assumptions of Aristotle» in *Transactions of the American Philosophical Society*, New Ser.-Vol. 49, Part 6, Philadelphie, oct. 1959.

[68] Cf. N. Chomsky, *La linguistique cartésienne*, tr. fr. Seuil, 1969, p. 18 sqq. (p. 3 sqq. de l'éd. orig.); *Anthropologie et politique...*, p. 286 sqq.

[69] «... Pour connaître ce qu'il doit faire ou ne pas faire en toutes les occurrences de la vie» (*Lettre à Elisabeth*, 4 août 1645).

[70] «... Pour qu'en chaque circonstance de la vie son entendement montre à sa volonté le parti à prendre» (*Regula* I *i.f.*).

[71] «La place de la théorie politique dans la philosophie de Spinoza» in *Manuscrito*, Campinas, vol. II, N° 1, oct. 1978, p. 105-122.

[72] *Questions platoniciennes*, p. 275-284.

[73] «La théorie aristotélicienne du lieu» in *Mélanges de philosophie grecque offerts à Mgr Diès*, Vrin, 1956, p. 79-119.

[74] «La théorie aristotélicienne de l'esclavage et sa méthode» in *Zetesis*, Antwerpen/Utrecht, 1973, p. 147-163 (tr. ital. in *Schiavitù Antica e Moderna*, éd. par Livio Sichirollo, Guida Editori, Napoli, 1979).

[75] «Exégèse et axiomatique chez saint Augustin» in *Etudes sur l'histoire de la philosophie en hommage à Martial Gueroult*, Fischbacher, 1964, p. 4-32.

[76] Montesquieu, *De l'esprit des lois*, Garnier-Flammarion, 1979, t. I, p. 11-57.

[77] «Rousseau et le droit» in *Tijdschrift voor Filosofie*, 40/4, déc. 1978, p. 578-608.

[78] J. Vuillemin, *Physique et métaphysique kantiennes*, P.U.F., 1955. (Cf. G.-G. Granger, *R.M.M.*, 1956, p. 195-200).

[79] «Etat de nature et pacte de soumission chez Hegel» in *Rev. phil.*, janv.-mars 1964, p. 45-65.

[80] La comparaison devenue banale, dans la perspective de l'existentialisme, entre Kierkegaard et Nietzsche néglige totalement cette différence que Kierkegaard, lui, avait reçu une formation philosophique et avait «appris à philosopher» dans la discipline de la dialectique hégélienne.

[81] A. Clair, *Pseudonymie et paradoxe. La pensée dialectique de Kierkegaard*, Vrin, 1976.

[82] *Anthropologie et politique...*, p. 12.

[83] *Questions platoniciennes*, p. 28 déb. et, plus récemment, M. Craven Nussbaum, *A. 's, De motu animalium, op. cit.*, p. 11: «It is dangerous to assume that in each work Aristotle set out to tell us everything he believed about a given problem...».

[84] D'Alembert in Montesquieu, *De l'esprit des lois*, éd. citée, p. 57, 36.

[85] «Exégèse et axiomatique chez saint Augustin», *loc. cit.*, p. 31.

[86] P. Valéry, *Œuvres*, Bibl. de la Pléiade, t. I, p. 1507.

[87] R. Boudon, *op. cit.*, p. 227-229; Cl. Lévi-Strauss, *Anthropologie structurale*, 2, p. 322-325.

[88] G. Murray, *Greek Studies*, Oxford, 1946; cf. A. J. Toynbee, *La civilisation à l'épreuve*, tr. fr., Gallimard, 1951, chap. IV.

[89] H. Cherniss, *Ancient Forms of Philosophic Discourse*, The First Annual George Boas Lecture (1er mai 1970) in *Selected Papers*, Brill, Leyde, 1977, p. 14 sqq.

[90] Cf. «Le problème de la civilisation chez Rousseau (et la réponse de d'Alembert au *Discours sur les sciences et les arts*)» in *Jean-Jacques Rousseau et la crise contemporaine de la conscience*, Beauchesne, 1980, p. 269-316. – «Schopenhauer lecteur de Lamarck: le problème des causes finales», in *Actes du Colloque Lamarck*, Vrin, 1981.

[91] M. Gueroult, *L'évolution et la structure de la doctrine de la science chez Fichte*, Les Belles Lettres, 1930 , t. I, p. 3-153.

[92] J. Vuillemin, *L'héritage kantien et la révolution copernicienne*, P.U.F., 1954.

[93] Cf. *Platonisme et pensée contemporaine*, p. 239-246.

[94] F. Alquié, «Note sur l'interprétation de Descartes par l'ordre des raisons» in *R.M.M.*, juil.-déc. 1956, p. 417.

[95] Cf. *Questions platoniciennes*, p. 20.

[96] Cf. *Platonisme et pensée cont.*, p. 258, et J. Vuillemin: «L'historien de la philosophie croit souvent que, pour rester philosophe, il doit apprêter la réalité. Il conçoit alors sa tâche à la façon d'un Dialogue des morts. Il donne beaucoup pour recevoir un peu. L'intérêt de l'histoire est à ce prix que les Modernes ne peuvent gagner qu'autant que perdent les Anciens» (*Physique et métaphysique kantiennes*, p. 2.).

[97] Cf. «Exégèse et axiomatique chez saint Augustin», *op. cit.*, p. 39.

[98] G. Bruno, *Des fureurs héroïques*, I, V, éd. P.-H. Michel, Les Belles Lettres, 1954, p. 271 *i.f. sq.*

[99] Cf. *Questions platoniciennes*, p. 19-21.

[100] A. Roger, *Nus et paysages. Essai sur la fonction de l'art*, Aubier, 1978.

[101] Livre auquel M. Gueroult a consacré une importante étude: «La voie de l'objectivité esthétique» in *Mélanges d'esthétique et de science de l'art offerts à Etienne Souriau*, Nizet, 1952, p. 95-124.

[102] Cf. Montesquieu, *De l'esprit des lois*, éd. citée, p. 38 sq.

[103] Cf. «Rousseau et le droit», *loc. cit.*, p. 585 sqq.

[104] Cf. l'article déjà cité dans *Archiv f. Gesch. d. Phil.*, 59, 1977, p. 312.

[105] Schelling, *Contribution à la philosophie moderne, Gesamtausgabe*, Stuttgart-Augsbourg, 1856 sqq., t. X, p. 199 *i.f.* sq. (cité in *Platonisme et pensée contemporaine*, p. 246).

INDEX DES NOMS

TABLE DES MATIERES

PREMIERE PARTIE : ETUDES

DEUXIEME PARTIE : QUESTIONS DE METHODE

Imprimerie de la Manutention à Mayenne – 5 juillet 1984 – N° 8733